高等职业学校"十四五"规划公共基础类通识教育课程群建设新形态精品教材

大学美育

主 编 熊安锋 阳 军

副主编 倪 喆

华中科技大学出版社
http://press.hust.edu.cn
中国·武汉

内 容 提 要

本书从美育基本知识和基本理论出发，从大学美育基础知识、自然美、社会美、生活美、文字美、语言美、艺术美、科技美八个方面进行了翔实介绍，全面覆盖人文科学、艺术科学、工程科学等多个领域。

本书内容丰富，结构严谨，注重引入经典传统文化艺术案例赏析，展示了中国独特的人文力量和美学特征，不仅深入探讨了美育的本质与特征，还通过具体作品分析、实践案例分享等，帮助学生掌握艺术鉴赏的基本方法和技巧，提升学生的审美辨识力和敏感度。本书是为适应各类院校开展美育教学需要而编写的教材，也可供广大美学爱好者学习使用。

图书在版编目（CIP）数据

大学美育 / 熊安锋，阳军主编 . -- 武汉 ：华中科技大学出版社，2025.2（2025.8重印）. --（高等职业学校"十四五"规划公共基础类通识教育课程群建设新形态精品教材）. -- ISBN 978-7-5772-1231-9

Ⅰ . G40-014

中国国家版本馆 CIP 数据核字第 2024U8G369 号

大学美育

Daxue Meiyu

熊安锋　阳　军　主编

策划编辑：李承诚

责任编辑：林珍珍

封面设计：吴梦涵

责任校对：张汇娟

责任监印：周治超

出版发行：华中科技大学出版社（中国·武汉）　　　　电话：（027）81321913

　　　　　武汉市东湖新技术开发区华工科技园　　　　邮编：430223

录　　排：孙雅丽

印　　刷：武汉市洪林印务有限公司

开　　本：787mm×1092mm　　1/16

印　　张：15.5

字　　数：348千字

版　　次：2025年8月第1版第2次印刷

定　　价：59.80元

前言

美育是素质教育的重要组成部分。大学时期是人成长的重要阶段，在大学生中实施美育，是推进素质教育的需要，也是当前教育现实的必然选择。美育在促进大学生全面发展中发挥着不可替代的作用。2020年10月，中共中央办公厅、国务院办公厅印发了《关于全面加强和改进新时代学校美育工作的意见》，在重申"美育是审美教育、情操教育、心灵教育，也是丰富想象力和培养创新意识的教育，能提升审美素养、陶冶情操、温润心灵、激发创新创造活力"的基础上，明确提出"以美育人、以美化人、以美培元"的"三美"方针。鉴于此，我们针对当前大学生的实际情况，编写了本书。

美育对人的影响是潜移默化的，因此本书更注重美育实践与介绍，旨在通过对自然、社会、生活、文字、语言、艺术、科技等领域进行形象的介绍，引导学生树立正确的审美观，培养学生健康的审美情趣和审美人格，提高学生的审美鉴赏能力和创造美的能力。

本书共有八章，内容包括大学美育基础知识、自然美、社会美、生活美、文字美、语言美、艺术美、科技美。全书内容丰富，语言生动，同时配有精美图片，可读性强，能充分引起学生的学习兴趣。

本书既可作为高等学校美育的必修课或选修课教材，也可作为广大青年自我完善、提高审美能力的自学读物。

本书在编写过程中参考了大量的文献和同类书籍，也选用了很多网络上的图片，在此向作者一并表示衷心的感谢！由于编者的能力水平有限，加之时间仓促，书中难免存在错误和疏漏之处，敬请广大读者批评指正。

编者

2024年5月

目录

第一章 大学美育基础知识

本章导读

　　美育是素质教育中不可或缺的重要内容。它是对人进行情感教育的重要途径，也是激发人的创造热情的强大动力。美育可以促使人产生审美情感，培养人正确的审美理念、健康的审美情趣和高尚的审美情操，实现人的自由而全面的发展。

育人目标

　　引导学生传承和弘扬中华美学精神，帮助学生树立正确的审美观，培养学生的审美能力和创造美的能力，塑造学生的美好心灵。

思维导图

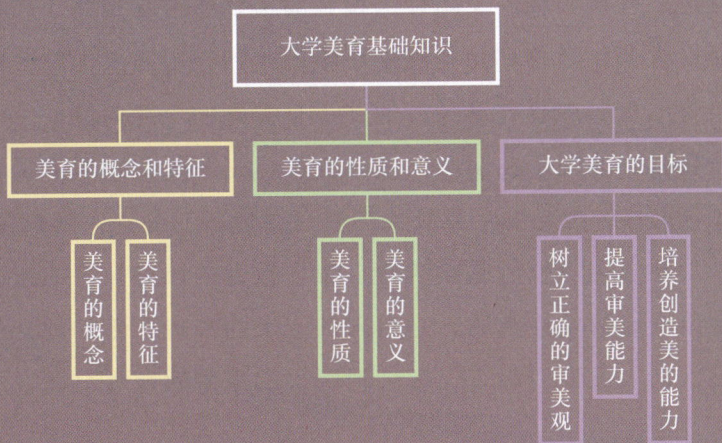

第一节
美育的概念和特征

一、美育的概念

美育又称审美教育或美感教育，它以生动、直观的形象为手段，以动之以情、理在情中为特征，通过寓教于乐、潜移默化的形式，提高学生感受美、鉴赏美、创造美的能力，培养学生正确的审美观念、健康的审美情趣和高尚的审美情操，最终促进学生的全面发展。

美育同体育一样，有着悠久的历史。早在春秋战国时期，孔子就提出了以仁学为基础的美学思想和美善结合的美育思想，认为"兴于诗，立于礼，成于乐"。"六艺"中的"礼"和"乐"都包含丰富的美育内容。古希腊的柏拉图和亚里士多德也都认为音乐有净化心灵的作用，而且当时弦琴学校中的缪斯教育也包含美育的内容。但系统地研究美学和美育是从18世纪开始的。1750年，德国哲学家鲍姆嘉通出版了《美学》一书，第一次使美学成为一门独立的学科。1795年，德国浪漫主义诗人席勒出版了《美育书简》，第一次使用了"美育"这一概念。1912年，我国著名教育家蔡元培在《对于教育方针之意见》中，首次把美育作为全面教育的一个重要组成部分。

对美育的理解，有狭义和广义两种。狭义的美育通常是指艺术教育，即通过鉴赏文学艺术作品对人产生潜移默化的感染、熏陶作用，提高人的审美能力。艺术教育虽然是实施美育的重要内容和途径，但并不是美育的全部内容。广义的美育不仅包括艺术美，还包括自然美、社会美、科技美等，是一个几乎包容了各种教育因素的独具魅力的教育世界，也是一个兼具美的教育、情感教育、人格教育、艺术教育、自由思维教育、形象思维教育、感化教育、快乐教育的巨型教育综合体。美育注重整体功能，直接培养人的整体素质，是对人的心灵的塑造、精神的升华。因此，美育是一种更高层次的人文素质教育，即精神层次的素质教育。总而言之，美育是促使人实现全面发展的教育。

二、美育的特征

（一）形象性

美育主要通过感性直观的形象进行，具有形象性。美与真和善不同，后两者都属于理性的范畴，主要通过抽象的概念和道理讲述为人们所系统掌握；而美存在于感性的形式中，作用于人的感性方面，以具体感性的形式调动人的感官功能，通过形象感染、打动人的情感来达到教育的目的。

美育是具体、直观、生动的，更多的是通过寓教于乐、潜移默化以及鼓励和启发的方式进行，追求的是真、善、美，传达的是审美、优雅、情感，从而真正使教育走进人的内心，真正用心灵走近心灵，以情感交流情感，以沟通增强沟通，充分调动受教育者的审美兴趣和审美愿望，引导受教育者去感受美、欣赏美、理解美，从而变被动接受为主动参与，自觉地把教育内化为一种内心的需求，引起内心的强烈共鸣，达到事半功倍的效果。

（二）自由性

美育通过感性直观的形式将特定内容作用于人，不需要借助说教，更不用强迫命令，因而美育的过程必然表现出一种轻松愉快的自由性。受教育者在美育中的学习完全是出于一种自觉自愿的爱好和兴趣，出于一种对人生最高精神享受的追求。这种既不感到有外在的强制，也没有内在压力的状态，突出地表现为一种摆脱了个人利害考虑和物质欲念的心灵自由状态。

（三）全面性

美育的全面性主要表现在以下两个方面：一方面，德、智、体等教育方式可借助美育的手段或方法来增进教学效果；另一方面，美育是其他各种教育方式发展的基础。例如，德育除了向学生讲解政治方向、人生理想、道德标准等内容之外，还可以借助美育的手段来引导学生阅读经典名著，组织学生参观和游览祖国的名胜古迹、山水风光，使学生在欣赏美的过程中潜移默化地受到民族优秀传统文化和爱国主义的教育。

（四）转化性

美育可以通过启迪、鼓励和关怀，提高人们的综合素养，增强人们认知世界的兴趣与能力，从而改变人们的思维方式，提高人们的工作效率和生活品质。譬如，美育以情感为突破口，让人们在欣赏电影、电视剧、戏剧等实践过程中不知不觉地将情感转化为内在的坚定信念，然后再借由这种信念实现一种相对稳定的行为规范，以更好地调节情绪、应对复杂环境。

（五）非功利性

美育更多地表现为"润物细无声"，其关注什么是美、如何审美以及怎样用美去育人。因此，虽然美育承担了丰富现代育人内涵、革新教育教学模式、拓展受教育者发展空间等一系列具体任务，但其主要目的是实现人的审美视野的拓展、提高人的审美境界、健全和完善人格等。这些目标要求都不带任何功利色彩。在美育的价值追求中，更重要的是将无功利心灌注于被培育者的灵魂，使其扎根，内蕴于中，并用它来观察世界、体验人生。

（六）终身性

审美能力和审美理想的培养是一个循序渐进的过程。人从出生到死亡都在接受不同程度、不同形式的美育。在长期美育的作用下，人的心理、心态、性格、脾气、气质等都会发生一定的变化，慢慢地形成心理定式，从而提高自身的综合素养。婴儿出生前的胎教就是生命之初接受的美育，之后从幼儿园到小学、中学、大学，再到进入社会参加工作，人的审美教育和审美活动从未停止，甚至老年退休后，人们还在学画作诗、养花喂鸟、唱歌跳舞，在美的世界里颐养天年。这就是美育终身性的具体体现。

第二节
美育的性质和意义

一、美育的性质

事物的性质是由事物的特殊矛盾关系决定的，任何事物都有自己的性质。作为具有独立学科特点的美育也不例外。

对美育性质的认识，我国美学界大致有以下几种看法。

（一）美育就是美学知识的普及教育

美育是美学理论的具体实践，自然负有普及美学知识的使命，以提高人们的美学素养和审美能力。美学研究只有落实到美育中，即以培养具有健全的审美心理结构和个性全面和谐发展的人才为目的，才有发展前途。一方面，美育离不开美学理论的指导；另一方面，美育的一个重要任务就是普及美学知识，使更多的人懂得审美，树立正确的审美观。美育的实践为美学理论的丰富和发展提供了相应的条件，但美育并不只是让人知道什么是美、什么是丑，或让人们掌握美学知识，更应该通过生动鲜明的形象来感染人、打动人，在情感和行为上引导审美主体热爱和向往美，美化心灵，完善人格，并最终通过自己的本质力量去创造美。所以，将美育与美学知识的普及教育等同是以偏概全的，降低了美育的地位和意义。

（二）美育是艺术教育

美学是关于艺术的科学，其研究对象主要是艺术，作为美学理论的具体实践和最后归宿的美育当然是艺术教育。这种观点强调了美学、美育和艺术的不可分割性。研究美学离不开艺术，进行美育同样离不开艺术。艺术和艺术美是美育的重要内容，也是开展美育的基本手段。但是，我们应知道，美育的内容和范围比艺术教育要广泛得多。人类生活本身是丰富多彩的，人的审美活动也是多方面的，这既表现在精神生活中，也表现在物质生活中。除了艺术美之外，自然生态美、社会美、科技美及运动美都是人们的审美对象。同时，美育与艺术教育的目的、任务也不尽相同。美育以艺术为内容和手段，在引导人们进行艺术鉴赏、提高审美能力的同时，更引导人们陶冶情操、完善自我、全面发展。艺术教育虽然也有这方面的作用，但更主要的是进行专业训练，如音乐、美术专业的教育旨在提高其专业水平，所以把美育视作艺术教育是不全面的。

（三）美育是情感教育

美育是针对人的感性方面进行的教育，与人的感性有直接的关系，美育本身也具有感性的特点，所以美育是感性教育。它能够将人的感性从理性的长期压抑下解放出来。自古以来，很多美学思想家和教育家都强调情感教育在美育中的核心地位。柏拉图和孔子虽然强调美育要为道德和政治服务，强调美善结合，但就美育本身而言，他们也是抓住陶冶人的情感这一中心项的。柏拉图和亚里士多德也都认识到应通过审美教育使人的情感升华到不带欲望、不计利害的程度，尽可能多地净化人的情感中低级的、动物性的成分，把人培养为具有高尚情操的人。

综上所述，美育的本质是情感教育，是通过无个人利害感因而普遍有效的审美情感的陶冶把人培养成为自由且全面发展的人的最重要的途径。

（四）美育是关于审美价值的教育

美是一种价值。凡在自然、社会中能引起人的审美感受，满足人的审美需要并给人以美的享受的事物，都具有一定的审美价值。我们知道，人的行为和情感受价值目标的驱动。审美活动也不例外。审美价值目标受一定的审美观念支配。开展美育实践活动，就是培养科学的审美观，更好地认识和创造审美价值。所以，这种观点有一定的合理性。但是，将美育仅限于审美价值的教育，无法涵括美育的丰富内容，范围过于狭窄，况且审美价值本身还有肯定性价值和否定性价值之分。因此，这种观点不能真正揭示美育的本质属性。

（五）美育是美学与教育学的结合

这种观点同样带有狭隘性和机械性，没有准确把握美育的内涵。教育是个特定的概念，是与各级各类学校相联系的。教育部门固然负有美育的职责，但美育并不只是教育部门的事，全社会都负有进行美育的职责。只有这样，才能真正形成美育的氛围，为提高全民素质创造良好的社会环境。

二、美育的意义

（一）对人进行情感教育

人是高级动物，情感在人的心理结构中占有重要的位置。情感与认识是不同的，认识是人对事物的客观反映，而情感是人对客观事物的主观态度。例如，面对泰山，我们了解了它的高大与雄奇，这只是一种认识；而"会当凌绝顶，一览众山小"就是个体被客观事物激发的一种情感。人在面对危机时产生的恐惧感、看到丑恶事物时产生的憎恶感、欣赏完美艺术时产生的愉悦感、对美好事物产生的爱慕感等，都是对客观事物的主观态度。这些情感的丰富正是人类走向文明的重要标志。

情感不仅反映着人类文明的进步，而且是人类行为的推动力。人的行为是由自己的意志决定的，也就是说，情感能够有力地推动人们的行为。例如，我们在理论上都知道落后就要挨打，应该为了祖国的强大而发愤图强。当学生学习近代历史时，常会感到愤怒，这种激愤的情感激发了学生为中华民族的强大而刻苦学习、坚强不息的决心。这时，他们就会激发一种超常的潜力，做出在平常情况下做不出的成绩。因此，情感力量的推动能够帮助人们很好地实现主观意志到外部事实的转化。情感在人的认知和行为之间起着重要的桥梁作用。缺少了情感教育，就难以培养全面发展的新一代大学生。美育承担了情感培养的重任。例如，孩子们毫无顾虑地在一片草坪上面奔跑嬉戏，他们不知道自己的行为有什么不对，如果用行为规范约束他们，他们只能被动地知道这里不许践踏。若在草坪中立一个画有小草的牌子，上面写"不要踩，我会痛"，孩子们就会自觉地爱护草坪。这就是一种美育，它能够引发孩子们对小草的同情。有了情感，孩子们才会有支配自己行动的原则。美的东西总是带有情感的，这种情感寓于具体的形象之中。一块本身没太大美感的木板若被雕成一个可爱的娃娃脸，就会让人爱不释手。一个人的愁绪，别人一般难以体会，但若把它喻为"一江春水向东流"，就能引起人们的各种想象，使人们真切地体会到其愁绪之浓。面对浩瀚的大海，即使愁肠百结的人心胸也会开阔起来；站在泰山绝顶，看着喷薄欲出的红日，任何一个人都会激动不已。所以，美总是有一种魅力，吸引人们为之动情。这种情感教育，是其他教育所不能替代的。德育可以使人懂得做人的行为规范，使人做一个符合社会发展所需要的有道德的人；智育可以在传授知识技能过程中，使人获得认识世界、改造世界的能力；体育能锻炼人的体能，增强人的体质；美育是通过美的事物熏陶，使高尚健康的情感得以发扬，低级、庸俗的情感得到压抑，使人的心灵变得高尚、得到净化。它们各自承担着不同的育人职责，共同完成培育新一代大学生完美人格和健康心理的重任。

（二）激发人的创造热情

几千年的文明历史证明，美所激发的是人们创造新世界、探索科学奥秘的巨大动力。人们在生产实践中，利用客观自然规律，把人的意志和目的变为现实，使自然"人"化，这既符合生活的需要，又实现了自己的愿望和理想。如此得到的劳动成果，就是人的才能和智慧的结晶，也是人本质力量的体现，具有审美性质。在这种创造性的活动中，目的的完美实现所产生的美，会使人沉浸在巨大的喜悦中。比如，当居里夫妇在那些沥青铀矿的残渣里提炼出"镭"的时候，种种艰难困苦在他们心中都淡化了，剩下的只有胜利的欢乐。他们默默地坐在那间黑暗的工作室里，目不转睛地看着"镭"发出的略带蓝色的异常美丽的荧光，这时"镭"在科学家的心目中是那样的美丽。列宁曾说：没有"人的情感"，就从来不可能有人对真理的追求。凡是富有探索精神、具有坚强意志的人，都具有高尚的情趣和对美好事业的献身精神。许多革命者之所以在敌人面前百折不挠，正是源于他们对自己祖国深切的爱和坚定的理想，对祖国未来美好前景的追求。《钢铁是怎样炼成的》中的主人公保尔·柯察金无论是在艰苦的战争环境，还是在困难的祖国建设时期，都用一种大无畏的英雄精神面对一切困难，为自己的事业宁肯付出年轻的生命，这是因为他认为自己所追求的事业是人类历史上最为美好的事业。贝多芬失聪后还创作了那么多美妙的乐曲，正是由于他对音乐的热爱。这种炽热的情感能让人们产生一系列创造性活动与巨大的创造热情。

（三）陶冶情操，使人格趋于完美

美育是培养完美人格，使人们能够正确认识世界，并按照美的规律去改造客观世界和主观世界的一种手段。美育不仅能培养人的审美能力，其终极目的在于塑造完美人格、美化人类自身。

人类自身的美化，主要是指精神世界的美化，使人的精神跃升到一个更高、更美的境界。美育通过生动、具体、可感的美的形象，激发和净化人的情感，以美导真，以美导善，潜移默化地提高人的素质。

人的审美能力不是与生俱来的，对于每一个人来说，审美能力都是在审美实践的基础上培养起来的。个人审美能力的差异主要取决于接受审美教育的不同程度，人们常说的"对于非音乐的耳朵，再美的音乐也没有意义"正是这个意思。对于"英雄交响曲"，有人听得心情激奋，有人却无动于衷。《安娜·卡列尼娜》的悲剧爱情故事让许多人感慨掉泪，但也曾有人写信给电视台说：卡列宁是一个好同志，安娜是一个不守妇道的女人，不值得同情。美学家王朝闻曾写文章呼吁提高青年的审美水平。

进行审美教育，提高个体审美能力，是现代素质教育的重要方面。我们的青年一代不仅要继承中华民族的文化遗产，将其作为自己在现代社会发展开拓的基础，还要把世界上所有民族的优秀文化作为滋养，为我所用，如此，我们就必须有足以发现美、鉴别丑的眼睛。一些青年由于知识匮乏、经验不足，容易出现美丑不分、是非不明、善恶难辨的情况。因此，通过美育培养新一代人格健全的高素质人才，对于提高全民族的人文素质、参与世界竞争，具有重要的意义。

（四）培养全面发展的一代新人

美育不是一般的知识教育、艺术教育，而是一种文化素质教育、一种精神层次上的素质教育。美育能够帮助个体树立美的理想、发展美的品格、培养美的情操，形成完美的人格。同时，可以激发个体学习动力，促进个体智力开发，培养个体创新能力。正如席勒在《美育书简》中所说的：有促进健康的教育，有促进认识的教育，还有促进鉴赏力和美的教育。这最后一种教育的目的在于，使我们感性和精神力量的整体达到尽可能和谐。美育在促进学生全面发展、提高学生整体素质方面的作用，是德育、智育、体育所不能替代的。学校如果只重视智育，不重视德育、美育和人文修养的教育，必然会造成学生的人文素质较差。历史经验告诉我们，没有美育的教育是不完全的。马克思在《1844年经济学哲学手稿》中指出，人是按照美的规律来建造的。也就是说，只有用美的规律来培养人，才能培养出完美的人、全面发展的人。

大学生精力充沛、风华正茂，富有青春活力。如果说爱美是人的天性，那么，大学生群体渴望美、热爱美、追求美、创造美的心愿可以说是最强烈、最迫切的。美的世界五彩缤纷。美可以是非常简单的，也可以是无比复杂的。美可以是具体形象的，也可以是无比玄妙的——它可以具体得任何人都能感受到，也可以玄妙得令古今中外的美学家对许多关于美的问题找不到确切的答案。大学生学习美学知识，就是为了步入美的王国，解开团团迷雾，学会鉴赏美、评价美、追求美、创造美，从而造就美的集体、美的生活、美的社会、美的世界，同时造就美的个人，即培养自己成为全面发展的一代新人。

（五）建设高度的社会主义精神文明

人类社会发展到今天，世界各国都在物质文明方面取得了巨大进步，在这个基础上，人们越来越关注精神世界的充实和精神文明的发展。也就是说，随着物质生活水平的不断提高，人们对美的需求更为迫切。这是因为一个民族在摆脱了物质贫困之后，必然要向美的高峰登攀。比如，人们已不满足于吃饱、穿暖、有房子住，而开始追求吃得美、穿得美、住得美，在享受丰富的物质生活的同时，也想要得到较高层次的艺术享受。人们的精神生活逐渐向高层次发展，从只听听歌曲、看看电影，到欣赏交响乐、撰写影视评论、学习绘画和书法、参加健美健身活动等，愈来愈丰富多彩。人们在节假日还会出去旅游，欣赏祖国的自然景观和人文景观，寻求美的享受。不少年轻人喜爱音乐、舞蹈、绘画、摄影、戏剧等，也追求自身的形体美、服饰美、风度美，充分反映出对生活和艺术的热爱。

我国社会主义精神文明建设的根本任务是适应社会主义现代化建设的需要，培育有理想、有道德、有文化、有纪律的社会主义公民，提高整个中华民族的思想道德素质和科学文化素质。加强美育、普及美学知识，有助于将公民培养为具有广博的知识、敏锐的审美能力、高尚的趣味和较高的道德修养的人。目前，我国人民正在为实现共同的理想而奋斗，从一定意义上说，也就是为了实现人民共同的审美理想。加强美育、普及美学知识，可以加强社会主义精神文明建设，可以提高全民的美学理论修养，培养美好的情感，激发活跃的创造性和想象力，从而让人们自觉地按照美的规律来美化自身、美化社会、美化祖国，适应时代发展的需要。

（六）促使学生适应未来的职业需要

大学生在踏上工作岗位之前，往往怀着对未来职业的憧憬，希望在未来的职业生涯中，施展自己的才能，实现自己的远大抱负。然而，在职业生活的激流中，要怎样搏浪勇进呢？为了实现自己的抱负，在校期间应该怎样提高自己的素质呢？大学生的素质，除了思想道德素质、专业技能素质和身心素质外，还包含文化素质和艺术修养。大学生要具有对美的鉴赏能力、表现能力和创造能力。例如：师范专业的学生，既要有专业知识，也要有广泛的兴趣爱好，因为能写善画或能歌善舞、博学多才或志趣高尚的教师，在学生中会有较高的威信，更可能使其培养的学生具有较全面的素质；外事服务或旅游专业的学生，要谈吐文雅、着装美观庄重，熟悉中外音乐、美术、文学、戏剧等，特别要熟悉祖国的传统艺术或景点，这样才能更符合职业要求；商业专业的学生，应该熟悉商品的材质美、形体美、色彩美、装潢美的特征与规律，了解商品美的形态与风格、商品美的创造与欣赏，只有具有一定的美学知识和修养，才能成为出色的商业工作者；烹饪专业的学生，制作的菜点不仅要色泽美观、口味鲜香、造型精巧，还要做到质地美、器具美、菜名美，努力营造意境美，因为烹饪不仅是一种技术，而且是一种文化、一种艺术；服装和美容美发专业的学生，要掌握更多的美学知识以更好地满足职业需要，这是不言而喻的；医务、食品、财经、计算机等专业的学生，也要在语言、仪表、环境布置、图表绘制等方面具有美的表现力和创造力。学生毕业后，将成为具有不同专业技术的人才，这是职业个性（差异性）的要求，但也存在一些职业共性（共同性）的要求，即每种专业都离不开美的表现、美的应用和美的创造。学生毕业后无论走上什么岗位，都应该把美带到工作中。只有把美和所从事的专业工作紧密联系在一起并且有所创造，才有可能成为出色的专业工作者。

第三节
大学美育的目标

作为素质教育的重要组成部分，大学美育的基本目标就是以马克思主义美学理论和教育理论为指导，通过丰富多彩的审美实践和创造美的实践，帮助大学生树立正确的审美观，培养和提高大学生对自然美、社会美、艺术美、科学美的感受、想象、鉴赏、理解能力，以及创造美的能力，并对大学生的生活方式进行审美指导，从而塑造一代个性丰富、人格完美、全面发展的社会主义建设者和接班人。大学美育的目标必须通过满足和提高大学生的审美需要、发展大学生的审美能力、塑造大学生的审美意识、促进大学生审美活动的开展、具体引导大学生的审美活动来加以落实。这是其他教育活动所无法替代的。特别是在当代社会，随着人们物质生活条件的不断改善，物质创造能力的不断提升，人的全面发展的要求也日益突出和具体，其中一个很重要的方面就是通过美育来充实人的精神生活，实现人在物质和精神方面的平衡协调，达到个体全面发展同时促进社会完善的目的。

一、树立正确的审美观

人的审美、创造美的活动是一种社会性活动，因此人们的审美观也必然是社会存在的反映。社会中的人都有自己的审美观，也必然受当时民族、阶级、社会生活和其他各种因素的影响和制约，这就决定了审美观既有社会性又有个别性，是二者的有机结合。种种主客观因素造就了人与人审美观的不同。

所谓审美观，是指人们对客观世界的审美把握，也就是人们从审美角度对客观事物的一种判断和评价。审美观的主要内容是审美情趣、审美标准和审美理想，这三者密切相关、层层深化，构成了审美观的核心。审美观与世界观、价值观、人生观一起，构成了人们对世界、对人生的总的看法。具体地说，审美观是人们在社会实践活动中所形成的对美、美感、美的创造等的基本观点，是对客观对象进行审美判断和评价的原则体系。它直接指导和制约着人们的审美和创造美的实践，决定着人们审美、创造美的方向。因此，教育和引导大学生树立正确的审美观，是大学美育的首要目标。

我们讲树立正确的审美观，就是要树立马克思主义审美观。马克思主义是人类文明的结晶和升华，是严格的科学性与革命性的统一。美育的根本出发点是培养大学生崇高的审美理想和较高的审美素养，使其能够按照美的规律去创造美。

美学基础理论是对人类审美现象的整体分析，展现了美的世界的全部内容。它使人们懂得美的原则和各类审美范畴，懂得美的存在状态以及人类审美活动的全过程，懂得人类为什么需要进行审美活动。因此，要树立正确的审美观，有效发挥审美教育的功能，就必须加强对当代大学生的美学基础理论教育。蔡元培认为，"美育者，应用美学之理论于教育，以陶养感情为目的也"。这一方面指出了美育是情感教育，目的在于"陶养感情"，另一方面也说明了美学理论对美育的指导作用。美育是美学理论在教育实践中的具体运用。对于当代大学生来说，接受一定的美学基础理论教育有助于审美素养的提高。

审美理想是审美主体在审美活动中，通过欣赏客观对象的审美属性引起愉悦情感，并在此基础上通过联想、想象而表现出来的对未来的美好憧憬、向往和追求。审美理想是在审美经验基础上产生的，是对审美情趣的高度概括。审美理想虽然与社会政治理想有紧密的联系，但也有其自身的特点。审美理想不是对某一审美对象的直接反映，而是在丰富的个人感受的基础上，通过审美情趣表现出来的对现实美的更集中、更带有普遍性的反映。它渗透在审美情趣之中，对一定时代、一定阶级和一定民族的美的欣赏和创造起着指导和规范作用。树立崇高的审美理想不仅可以提高个体的审美情趣、审美能力，明确美的创造的目标，还可以激发个体创造美的动力。

二、提高审美能力

审美能力包括对美的敏锐的感知力、丰富的想象力和透彻的鉴赏力。

罗丹在《罗丹艺术论》中指出：美是到处都有的。对于我们的眼睛，不是缺少美，而是缺少发现。敏锐的感知力是人们审美、创造美活动的前提和基础。欣赏音乐要有善于感受旋律的耳朵，欣赏绘画要有善于感受线条、色彩的眼睛，欣赏小说要有善于借助语言进行艺术想象的头脑。如果审美者缺少对各种美好事物的形、声、色等的敏锐而准确的感知力，就不可能将丰富多彩的美的因素迅速输入大脑，也就不可能获得丰富多彩的审美感受。罗丹还指出，所谓大师，就是用自己的眼睛看别人看过的东西，在别人司空见惯的东西上能够发现美的人。有的人从好听、好看方面感受对象，只能欣赏一些大众化的普及的东西，不能欣赏大型的、复杂的、蕴涵深广社会历史内容的东西。出现这种情况，一是因为缺少审美实践，对美的感知力不太敏锐；二是因为缺少必要的文化素养，不熟悉审美欣赏的基本要领，欣赏、品味精英文化的能力不足。

　　想象在审美活动中具有十分重要的作用，其最大的特点在于新形象的创造。比如，欣赏绘画《踏花归来马蹄香》时，欣赏者就要思考为什么行进中的马蹄周围飞舞着许多蝴蝶，进而想到马刚刚从一片美丽芬芳的花丛中走过，马蹄上有花的香气。再如，中国戏曲中许多场景常常用艺术夸张的形式表现出来，如舞台上表现骑马、坐轿时以无作有、以假作真，"三五人千军万马，六七步五湖四海"，这就需要欣赏者有一定的想象力。任何艺术的欣赏和创作都离不开想象，想象的基础是生活，只有对生活充满热爱的人才能更多地发现生活中美好的事物。因此，我们一方面要观察和体验社会生活和大自然的美，存储足够多的记忆表象；另一方面要有多方面的知识积累，为想象力的升华铺好理性之路。此外，我们还应开展多姿多彩的艺术美的鉴赏活动，通过鉴赏艺术美，广开想象之门。

　　审美鉴赏力是指对美的事物进行鉴别和欣赏的能力。在审美活动中，鉴别和欣赏密不可分，有鉴别才有欣赏，能欣赏才能鉴别。例如，中国画和西方绘画在审美情趣、造型手段、构图方法和画面内容方面，有着截然不同的审美特征。一个人只有在鉴别这两种不同流派绘画的不同风格和不同特点之后，才不会用欣赏中国画的眼光欣赏西方绘画，才能正确地分析、判断这两种绘画流派的美之所在，不会妄加褒贬。一个人只有学会了欣赏绘画，懂得了绘画的造型手段和使用线条、设色、构图的方法及技巧，才有可能对绘画作品的思想性和艺术性进行鉴赏。审美鉴赏力首先表现在对事物和艺术美丑的辨析能力上。例如，有的人以浓妆艳抹、举止轻浮为"美"，有的人以低级趣味的小说或音像制品为"美"等。这些都是以丑为美的表现，只有加强审美修养，提高分辨美丑的能力，才能避免。与此同时，审美鉴赏力还表现在对美的形态、范畴和程度的识别能力上。例如，自然美重在形式，但也具有社会性。自然景物的某些特征具有一定的比喻、象征作用，因此人们在欣赏自然美时，也可以使自己的心灵得到净化，性情得到陶冶，精神得到振奋。再如，美学范畴的"悲剧"不是指生活中的悲惨事件或死亡，而是带有深刻社会意义的事件。悲剧人物具有善良、正直的品质，悲剧事件具有引起人们思想共鸣和净化人们情感的作用。正确认识悲剧，就不会一味悲哀、痛苦、恐惧和消沉，而是从悲剧中得到启示、受到教育、净化心灵、认识真理、产生力量、坚定信念，得到一种美的陶冶和美的享受。又如，欣赏音乐时会经历一个在美的程度上由浅入深的过程。首先是表层美，即通过作品的音色、节拍、音量的变化，感受音乐的悦耳动听；然后是中层美，即通过作品在旋律、和声、体裁方面的表现，感受音乐的悦心悦意；最后是深层美，即通过作品在形象、情感、意境方面的创造，感受音乐的悦志悦神。总之，我们只有不断提高对美的形态、范畴、程度的识别能力，才能具备较强的审美鉴赏力。

审美鉴赏力来自长期的生活实践、丰富的审美实践和深厚的知识积累。生活实践为审美鉴赏提供基本的社会知识，有的美只有具有一定的生活经验才能体验到。正所谓"少年不知愁滋味，为赋新诗强说愁"，只有拥有了一定的人生阅历，才能"识尽愁滋味"，此时"欲说还休"的人生境况又岂是一个"愁"字了得！同样，丰富的审美实践是提高个体审美鉴赏力的必要条件，"凡操千曲而后晓声，观千剑而后识器。故圆照之象，务先博观"说的就是这个道理。知识的积累既可以让人们开阔视野，又可以为人们的审美鉴赏活动打下稳固的文化基础。

三、培养创造美的能力

马克思在《关于费尔巴哈的提纲》中指出，哲学家们只是用不同的方式解释世界，而问题在于改变世界。因此，培养正确审美观的目的在于树立美好的合乎历史规律的审美理想，认识美的不同形态是为了创造出更加丰富多彩的美，提高审美能力又是在为创造新的美做准备。因此，提高人们创造美的能力，就是为了按照正确的审美理想去改变旧世界、创造新世界。

创造美除了要有崇高的审美理想、创造美所必需的心理素质（如丰富的想象力、深刻的理解力、饱满的激情等），还要有特定的表现手段（如文学家的语言、画家的画笔、雕刻家的雕刀、创造现实世界的各种工具等）以及驾驭形式的能力。这些能力一般在审美欣赏活动中获得，并在审美实践活动中提高。如果不从事审美创造的实践活动，就永远不会有真正的创造美的能力。

创造美可以通过各种形式的艺术创造来实现，因为艺术是美的集中体现；也可以通过现实美的创造来实现，因为人类改造世界的一切活动都是按照美的规律来进行的。从某种意义上说，人类的一切创造活动都是美的。艺术美满足的是人们纯粹的精神需求，现实美则通常能同时满足人们的物质需求与精神需求。

对美的创造要由易到难、由简到繁、由低级到高级，逐步提高。有的人认为美的创造很神秘或高不可攀，其实不然。大学生创造美可以从自身做起，如努力实现助人为乐的品德美、文明礼貌的行为美、大方得体的风度美、素雅简洁的服饰美等。同时，还可以从美化自己的生活环境做起。大学生创造美的另一个重要方面是参加文艺活动，如学习绘画、书法、摄影，学习唱歌或某种乐器演奏，学习舞蹈、戏剧，进行文学创作等。

对美的创造要充满激情和善于想象。别林斯基认为，没有感情，就没有诗人，也就没有诗歌。想象力的培养也是提高创造美的能力的重要方面。例如，要写一首热爱祖国的诗，首先要拥有爱国的激情，然后进行艺术构思，通过想象创造出诗的形象和诗的意境，最后用高度浓缩和富有韵律的精练语言表达出来，这就是美的创造。再如，要唱一支友谊之歌，首先要怀有浓烈的友谊之情，通过想象理解歌词和旋律所塑造的形象和意境，最后用优美的旋律、从容的节奏、绚丽的和声和甜美的音色，声情并茂地表现出来，这也是美的创造。

总之，树立正确的审美观是美育的前提，培养对美的敏锐的感知力和丰富的想象力是美育的基础，提高美的鉴赏力是美育的发展，培养创造美的能力是美育的拓展，而陶冶高尚的人格情操，提升精神境界，完善人格塑造，艺术地对待生活，实现个体与社会、人类与自然的和谐发展，是美育的最终目的和最高境界。

▌思考与练习

1. 什么是美育？美育有哪些特征？
2. 谈谈你对美育和美育意义的认识。
3. 大学美育的目标是什么？

▌课后实践

选择一个自己熟悉的艺术作品，可以是电影，可以是舞蹈或歌曲，也可以是文学作品，写一篇200字左右的文字介绍，说明该艺术作品的艺术风格和自己的审美感受，并与班级同学分享自己对所选艺术作品的审美体验。

本章导读

　　自然美是审美素质教育的重要组成部分之一。自然不仅是人类赖以生存和发展的物质环境，也是丰富人们精神生活使其获得美感的基本源泉。人生活在自然中，宇宙万物千姿百态、五彩缤纷，处处蕴含美。要欣赏自然美，就要了解自然美，了解自然美的基本特征，提高对自然美的欣赏能力，培养热爱自然之情。

育人目标

　　引导学生了解祖国大好河山，激发爱国情怀和民族自豪感。

思维导图

```
                        社会美
        ┌──────────┬──────────┬──────────┐
      心灵美       行为美     风度美     劳动美
      ┌──┬──┐  ┌──┬──┬──┬──┬──┐  ┌──┬──┐  ┌──┬──┐
    心灵美的特点 心灵美的表现 讲文明 讲礼貌 讲秩序 讲卫生 讲道德 风度美的特点 风度美的培养 劳动美的表现 劳动美的培养
```

第一节
自然美的构成

　　自然美蕴藏在自然之中，只要我们置身自然，在自然中陶冶性情，就可以受到自然美的教育。自从人类开始用审美的眼光来看待世界，自然就成为人类的审美对象。在古代，由于人们超越功名利禄的本质力量还没有完全展现，同时受自然条件的限制，因此，欣赏自然的能力受到一定的限制。在当今社会，自然美的资源不断得到开发，加之人们摆脱社会桎梏的要求和愿望日益强烈，因此对自然美的欣赏成了现代美育的重要内容之一。自然美主要包括以下几个方面。

一、形状美

　　自然美的基础和核心是形状美。自然美首先是也主要是以它的空间形式给人以美感。如我国著名的五岳有着各自的外形特征：泰山如坐，华山如立，衡山如飞，恒山如行，嵩山如卧。这如坐、如立、如飞、如行、如卧的外形造就了它们的形象美。再如，被誉为"天下第一奇观"的云南路南石林（见图2-1），奇峰异石遍布，或如母子相偎，或如夫妻对叙，或如少女静立，或如勇士驰骋，或如长剑刺天，或如古塔入云，或如鸟如兽，或如笋如柱……琳琅满目，不一而足。正是这高下错落、纵横偃仰的千姿百态，使之蔚为大观。

　　不仅山、石以形状见美，水也如此。水可以由于它的形状而显现出独特的美。辽阔的、一平如镜的、宁静的水能够产生宏伟之美，奔腾的瀑布能够产生让人震撼的气势之美。水还由于它的灿烂透明之美而令人着迷。水把周围的一切如画般反映出来，让这一切摇曳生姿，展示出一种灵动的动态美。

图2-1　路南石林

二、色彩美

　　自然中的鲜花、绿树、山石、红日、白雪等，为我们提供了极为丰富的色彩美。以鲜花为例，不同的花有不同的色彩，如雪白的梨花、火红的茶花、粉红的桃花、金黄的菊花等。云南的山茶花、峨眉山的杜鹃花、八达岭的杏花等，都以色彩美闻名于世。自然界中的色彩随着季节的变化而变化，比如，深秋时北京香山红叶"红似二月花"（见图2-2），冬季时长城雪后洁白无瑕、银装素裹（见图2-3）。自然中比较稳定的是土壤的暗色调，常给人以浑厚、深沉之感。和土壤相比，岩石的色彩要丰富一些，有黄色、白色、红色、灰色、绿色等。在植物世界里，99%的色彩是绿色，绿色是一种让人视觉最舒服的基调色彩。绿色象征着生命力。生活在绿色的海洋里，能使人产生一种清新愉悦的心理感受。自然中还存在动物的色彩美，如金鱼、白鹤、黄雀、蝴蝶、孔雀等都呈现出极其丰富的色彩美。

图2-2　香山红叶

图2-3　长城雪景

三、动态美

　　动与静既是相对的，也是相辅相成的。人动物静、物动人静都能产生动态美。风景中的动态美主要包括流水、瀑布、波涛、溪泉、浮云、飘烟等。风是无形的，但它是形成动态美的动力。它能驱散浮云、掀起波涛、吹拂柳枝、传送花香。诗人常把垂柳比喻成美女的长发，随风飘摆，显示出柔和的动态美。黄山五绝景观中包括"云海"，许多画家、诗人认为黄山妙就妙在让游人身处烟云之中。烟云升腾，时而犹如大海波涛汹涌，时而悠然飘逸，从游人脚下徐徐而过，使人感受到一种飘动的美、荡漾的美（见图2-4）。山海关地区的燕塞湖景区有"京郊小桂林"之称，当人们乘船在湖中观赏两岸风光时，群峰环抱，白云飘浮，碧水如镜，奇峰似乎在水中飘荡，船儿似乎在青山顶上游动。有时还有彩蝶在翩翩起舞、雄鹰在展翅飞翔，更增添了风景中的动态美。

图2-4　黄山云海

四、声响美

　　自然风光是有声有色的，它还具有声响美，让人在获得视觉享受的同时，获得听觉享受。魏晋的左思在诗中有言："非必丝与竹，山水有清音。"自然中，风起松涛，雨打芭蕉，飞瀑激流，流溪淙淙，虫鸣啾啾，鸟啼唧唧……构成了一首和美的交响曲。在一次夜行中，沿路风光尤其是蝉声和蛙声给辛弃疾留下了最深刻的印象，他由此写出了传唱千古的诗句："明月别枝惊鹊，清风半夜鸣蝉。稻花香里说丰年，听取蛙声一片。"还有一次，他在游玩过程中，为流水声所陶醉，由此写道："高歌谁和余，空谷清音起。非鬼亦非仙，一曲桃花水。"我国许多名山都建有"听泉亭""松涛亭"等，就是为了便于游人欣赏自然中的声响美。

自然风光也能给人以嗅觉、味觉、触觉上的审美享受。比如，"稻花香""鸟语花香"的"香"是嗅觉上的审美享受，品尝甘泉、清溪、香茗是味觉上的审美享受，"山路元无雨，空翠湿人衣"是触觉上的审美享受。风光美让人感受到作用于全身所有感觉器官的愉悦，在优美的景致下，达到"畅神"的审美境界。在审美活动中，视觉和听觉特别重要，因此形状美、色彩美、声响美最受人重视。

五、朦胧美

朦胧美在自然风景中广泛存在。比如，缭绕的云雾、隐现在云雾中的奇山异峰、扑朔迷离的湖光山色、日落西山的余晖、若隐若现的月等，都能产生一种奇妙的朦胧美。苏轼用"山色空蒙雨亦奇"描写烟雨迷蒙的西湖，在细雨中，西湖像穿上一层薄纱的美女，隐隐约约显露出婀娜的体态，这正是一种朦胧美。群山朦胧时，层层烟云掩其面目，近山显得清晰高峻，远山显得深远莫测，产生丰富的层次，正所谓"山在虚无缥缈间"。大海朦胧时，水天一色，茫茫一片，海里的游船不知是在水里游，还是在云里行。朦胧美表现的景物若隐若现、模模糊糊、虚虚实实，使游人产生神秘、玄妙之感，可以引起游人丰富的遐想和探索的兴趣。朦胧美具有非凡的魅力，能够使游人通过创造性的想象活动，去捕捉、理解、补充朦胧形式中的内容，从而获得美的享受。

六、人文景观美

自然美中还包括人文景观美，这在艺术化的自然风景区中表现得更为明显。人文景观主要是人文古迹。我国有悠久的欣赏山水的历史，很多自然风景区都留有前人整修的遗迹，特别是一些著名风景区，大都经历了数百年甚至一两千年的改造、加工，凝聚着我国劳动人民的智慧和民族文化。例如，杭州西湖（见图2-5）远在六朝就得到初步开发（如道路、桥梁的建设），唐代便成为游览胜地，以后历代，直到现在，人们始终未曾中断对它的修饰。西湖的白堤、苏堤、三潭印月、林和靖墓、岳王庙等，以及人们精心养殖的鱼塘、培育的花圃，处处可见的历代字画、碑刻等，都装点了西湖美景，营造了浓郁的文化氛围。如果没有这些人文景观，西湖只不过是杭州湾众多湖泊中的一个，不会独得"可比西子"的名声。郁达夫在诗中写道："江山也要文人捧，堤柳而今尚姓苏。"这也说明了人文景观对造就西湖风光的重要性。

图 2-5　杭州西湖

人文景观还包括当地的民俗和传说。各地风光都是和一定的风土人情、文化习俗联系在一起的。当地的服饰、烹饪、民居婚丧礼仪习俗，以及民间工艺、歌曲、舞蹈、神话、传说等，也是审美的对象，可以让游览者兴趣倍增。例如，人们游览云南大理的苍山洱海国家级自然保护区，憩息在苍山脚下的蝴蝶泉边，荡漾在被誉为"高原明珠"的洱海上，漫步在摆满蜡染、扎染、大理石等各种工艺品的旅游摊点旁，看到热情好客的苗族青年身着民族服装（见图2-6）边唱边跳时，就会觉得景美人更美，人景融为一体、相得益彰，构成了最美的风光。有关自然风景的民间神话和传说，能使游人在欣赏自然美景时趣味盎然。比如，三峡之畔的神女峰、雁荡山上的夫妻峰、桂林七星岩上的歌仙台、路南石林里的阿诗玛等都有和它们鬼斧神工的自然风貌相联系的神话或传说，为其笼罩了一层别有情趣的审美色彩。

图 2-6　苗族姑娘敬酒

第二节
自然美的风格

一、雄伟

　　雄伟主要指自然物形体高大，线条挺拔，气势磅礴。这是自然中最能激励人心的美。比如，泰山（见图 2-7）海拔 1545 米，以磅礴的气势雄踞于齐鲁平原，当人们从十八盘的陡级攀上南天门，登上瞻鲁台，上观苍天，东望大海，真是"会当凌绝顶，一览众山小"，就会有一种雄伟的观感。再如，黄果树瀑布（见图 2-8）、钱塘江潮等。此外，雄伟在动植物身上，体现的是力量和体积的巨大。如勇猛、矫健的雄狮猛虎显示出无限的力量。大海中遨游的鲸鲨、在天空回旋的苍鹰、枝叶参天的乔木等，都具有雄伟之美。

图2-7　泰山

图2-8　黄果树瀑布

二、秀丽

　　秀丽有两层意思：一是自然景物姿态的苗条、外形轮廓的飞舞和开合转曲的分明；二是色彩郁郁葱葱、线条柔和，展现出一种富有生机的美。自然界中许多景物真实地展现了其秀美的一面。如春花、秋菊、燕语、莺歌、平湖、秋月等无不展示着柔和、优雅、纤巧、平静的秀丽之美。人称"峨眉天下秀"，峨眉山虽然山体高大，但轮廓流畅柔美，有丰富的动植物资源。山中的杜鹃花，每到春夏之际，从山下开到山顶，漫山皆是，极为瑰丽，令人陶醉（见图2-9）。秀丽的景观中，山景要有良好的植被，色彩葱绿、生机盎然。山景与水景相伴时山清水秀，如西湖的媚秀、漓江的奇秀、富春江的锦秀等。

图2-9　峨眉山杜鹃花

三、奇特

　　大自然中有许多奇特的景象，它们的形式与一般的均衡、对称、和谐等形式规律相对抗，显得曲折离奇、变幻莫测，经得起反复玩味。比如，被誉为"天下第一奇山"的黄山的"奇"就包括峰奇、石奇、松奇、云奇。峰奇指七十二峰千姿百态、高而陡峭、多而紧凑；石奇指种种巧石构成特有奇观，如"仙人指路""天鹅下蛋""猴子观海""飞来石"等；松奇指许多单独成景的名松，如迎客松（见图2-10）、送客松、凤凰松、黑虎松、卧龙松等；云奇指黄山一年有两百多天会出现云雾。再如，武夷山之奇，奇在丹霞地貌（见图2-11），以陡崖坡为特征的红层地貌。人们常用"碧水丹山""奇秀甲东南"来形容武夷山的景观。除此之外，奇特景观还有桂林山水、雁荡山、野柳奇岩等。

图 2-10　黄山迎客松

图 2-11　武夷山丹霞地貌

四、险峻

　　险峻的特点就是山脊高而窄。它往往以特殊的夸张的形式打破某些平庸的模式而引起欣赏者强烈的兴趣。人称"华山天下险""自古华山一条路"，就是说华山的山势特别陡峭、险峻（见图2-12），它四壁陡立，坡度有八九十度。游人登华山要手攀铁索，经"千尺幢""百尺峡""上天梯"等险径，才能到达峰顶，从而体会"无限风光在险峰"的意境。许多风景区把险景列为重要景点，即使是园林艺术和盆景艺术中的假山假水也在追求、创造险景，讲究"无险不成景"。险峻景观还有长江三峡、黄山"鲫鱼背"（见图2-13）等。

图 2-12　华山栈道

图 2-13　黄山"鲫鱼背"

五、幽深

　　幽深景观常常以崇山、深谷或山麓地带为基础，辅以铺天盖地的高大乔木为条件，构成半封闭空间。这种景观视域较窄小，光量少，空气洁净，景深而层次多，有迂回曲折之妙。所谓"曲径通幽处"，就是幽中包含深和静的因素。青城山自古就有"青城天下幽"的美誉（见图 2-14），这里树木葱郁、四季常青，浓荫翠盖、处处清静，是深藏于高山巨谷的幽境。杜甫诗中有云："自为青城客，不唾青城地。为爱丈人山，丹梯近幽意。"幽深景观还有五台山的南禅寺、峨眉山的伏虎寺、泰山的普照寺、北京西山的潭柘寺、卧佛寺的樱桃沟等。

图 2-14　青城山

六、开阔

开阔的特点是视野辽阔，使人胸襟开阔，如宽阔的水面或广阔的平原和丘陵等。如从龙门眺望滇池，一望无际的水面给人以开阔之感（见图2-15）。滇池大观楼长联中写道："五百里滇池，奔来眼底，披襟岸帻，喜茫茫，空阔无边。"这极其生动地道出了滇池的开阔之美。人们说"洞庭天下水"，是因为洞庭湖位于长江中游荆江南岸，水域广大，视野开阔。具有开阔之美的景观还有很多，比如能够眺望"孤帆远影碧空尽"的黄鹤楼、辽阔无垠的大草原（见图2-16）等。

图2-15　滇池

图2-16　内蒙古草原

第三节
自然美的欣赏

一、观察美的景物

在风景的自然景观和人文景观中，自然美绝大部分是人们依靠视觉直观感受的，因此，人们要用双眼细致地观察周围的一切景物。观景有动态观景和静态观景两种方式。

动态观景就是"走马看花"，在步行或乘车乘船时观景。这种观景方式所产生的美感是一种全面的立体的感受。这种感受十分强烈，如李白乘船游览长江三峡（见图2-17）时，写下了他动态观景的感受："朝辞白帝彩云间，千里江陵一日还。两岸

图 2-17 长江三峡

猿声啼不住，轻舟已过万重山。"辛弃疾在一首词中写道："溪边照影行，天在清溪底。天上有行云，人在行云里。"词中三个"行"字，显示出动态观景的独特情趣。

静态观景就是"下马看花"，在一定位置上观景，仔细地玩味其中的奥妙。这种观景方式所产生的美感是深刻而细致的。静态观景要选择好角度和距离。观赏者选择的角度不同、距离不同，所观赏到的相同自然景物的状况和面貌就不一样。黄山上有一块怪石，名叫"飞来石"，从不同的角度和距离去观察，其形状各不相同：有时像个仙桃，有时像个南瓜，有时又像一个梨。苏轼的诗句"横看成岭侧成峰，远近高低各不同"正是道出了从不同的角度观景的感受。

观景还要选择合适的时间，"良辰"通常与"美景"相提并论，说明它们之间有密切的关系。春去秋来，寒来暑往，昼夜交替，阴晴雨雪，汇成了大自然时间美的交响曲。观日出和晚霞、赏红叶和雪景，都有强烈的时间性，同一空间的不同时间会使人产生不同的感受。同样的景观在不同的天气下也会呈现出不同的色彩和状态。例如，范仲淹在《岳阳楼记》中描写了不同天气下的洞庭湖（见图 2-18），晴天为"春和景明，波澜不惊，上下天光，一碧万顷，沙鸥翔集，锦鳞游泳，岸芷汀兰，郁郁青青"，阴雨天为"若夫淫雨霏霏，连月不开，阴风怒号，浊浪排空，日星隐曜，山岳潜形，商旅不行，樯倾楫摧，薄暮冥冥，虎啸猿啼"。

在观景过程中，我们还要注意通过听觉，捕捉自然风景中的美妙声音；通过触觉，接受大自然的沐浴或爱抚；通过嗅觉，捕捉大自然的气息；通过味觉，品尝泉水的清洌和果实的香甜。在欣赏风景中，只有善于观察和发现美的景物，才能产生具体、生动、全面、深入的审美感受。

图 2-18　洞庭湖

二、把握美的特征

欣赏自然美，不能满足于观察和发现，还要把握自然美的特征。有人在旅游时只关心带什么吃的、穿什么衣服，游览时也不细心观察，游览后虽发出美的感叹，但对于究竟怎么美、为什么美却答不出来，这就是缺乏审美素养的表现。我们学习了自然美的美学特征，就可以在旅游时以理论联系实际，分析和判断观察到的景物的形象是雄美还是秀美、哪些景色是幽深之美、哪些景色是开阔之美，也可以进一步分析景物的形状美、色彩美、动态美、音响美、朦胧美的具体表现以及人文景观的特点和作用等。

比如，漓江蜿蜒于峭拔的群峰之间，犹如一幅百里画卷。秀丽的漓江（见图 2-19）有"山清、水秀、洞奇、石美"四绝，还有深潭、险滩、流泉、飞瀑等佳景，山上树木浓郁苍翠，山峰倒映江中，波光翠影，秀美异常。山的轮廓线展示了曲线美，而这美的曲线又以地平线为轴，重复且对称地出现在水面上。荡漾的倒影增添了景观的韵律感，好似音乐的回声，使景观表现出一种和声的美。可见，欣赏风景美，把握风景美的美学特征，可以增强风景美的审美感受。

图 2-19　漓江

三、提高审美能力

　　审美能力是指人发现、感受、评价和欣赏美的能力。提高对风景的审美能力，要充分进行联想和想象。首先，要注意观察客观审美对象的特点，在此基础上进行想象；其次，要联系神话、传说、名人题咏等去想象；再次，要联系文艺作品去想象，如一首好的山水诗、一篇好的描写自然风景的散文、一些描写自然美的音乐等，都可以帮助我们欣赏自然美；最后，还可以联系社会变迁及风土人情去想象。

　　在欣赏风景美的过程中，对自然景观与人文景观的欣赏，不仅受到游览者审美能力的制约，而且与游览者所处的社会环境、所拥有的社会经历和个人心情有密切关系。一般人高兴时"山欢水笑"，人悲伤时"云愁月惨"。所以，游览者既要具备基本的审美知识和较高的审美能力，还要有良好的心情。

　　总之，在欣赏自然美中，接触的景物越多，对景物观察得越细，对美的特征把握越准，联想和想象越多，触景而生的情感越浓，审美的层次越高，欣赏自然美的收获就越大。

思考与练习

1.简述自然美的构成。

2.自然美有哪些风格？试举例说明。

3.如何欣赏自然美？

课后实践

班级组织一场以"发现自然美"为主题的摄影大赛，每个学生利用课后时间拍摄一组有关自然美景的摄影作品。全班同学投票选出最佳作品，作者分享自己对作品中的自然美的体验。

第三章 | 社会美

| 本章导读 |

　　社会美产生于人们在长期社会实践中形成的相互关系以及由这种关系构成的社会生活。社会美与人同在，哪里有人的活动，哪里就显现出人的创造力量，显现出丰富的社会美。

　　社会美是美的形态之一，社会美的核心主体是人，它直接地、现实地表现了人的本质力量。因此，社会美体现了以人的自由本性和创造力为主要内容的积极肯定的生活形象，体现了人类社会创造的存在于特定历史时期的事物之美以及人类精神、行为之美。

| 育人目标 |

　　引导学生追求心灵美，注重内外兼修，增强人格魅力；同时，学习先辈不辞劳苦的奉献精神，培养工匠精神。

| 思维导图 |

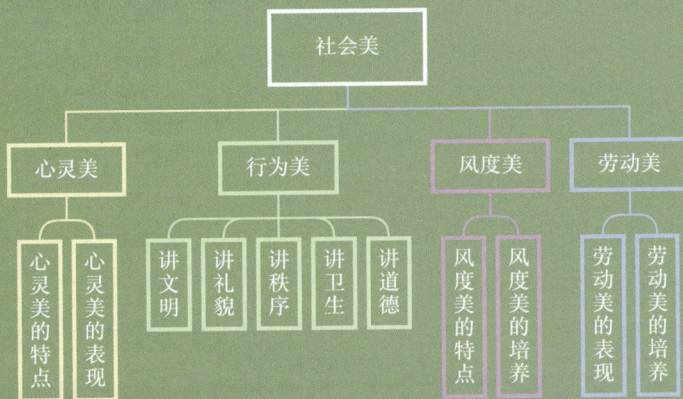

第一节
心 灵 美

心灵美亦称"精神美""内心美""灵魂美"。它是一种内在美，是人的行为美、语言美、仪表美的内在依据和动力。进步的世界观、人生观、价值观是心灵美的核心。心灵美通过人的言行等具体的感性形态被人感知，是审美的对象和艺术表现的对象。

一、心灵美的特点

心灵美是指人的内心世界的美。它是社会主体的内在美，具有强大的人格魅力。与外表美相比，心灵美有如下特点。

（一）深刻性

心灵美的形成，是人格修养的结果。人的成长环境、人生经历、个性特征、文化素养、生活理想、意志品质、思维品质、情感品质、道德观念、价值观念、审美情趣等，共同构筑了人的心灵世界。如果这些要素是健康的、高尚的、进步的，那么，人的心灵就是美的。由于这些要素是社会性的，因此它们对主体、对社会的影响强大且深刻。丹麦著名童话作家安徒生因相貌缺陷，常常受到讥笑，但他以自己的智慧和才华，为全人类营造了一个五光十色、美丽动人的童话世界。他的相貌不能取悦于人，但他通过自己的童话向人们展示了他丰富而美丽的内心世界，并使人们的内心世界也因此变得丰富而美丽。任何漂亮的外表都不可能具备如此强大的精神力量。

（二）独立性

心灵美的丰富内涵使它可以不依附于任何外在的装饰而独立存在，并闪耀动人的光芒。孔繁森的美与他的外表没有必然联系，每一个从未见过他的人都能够被他的事迹深深打动。《巴黎圣母院》（见图3-1）中的敲钟人卡西莫多，虽然独眼、驼背、跛足，外表奇丑无比，却是一个忠诚勇敢、极富同情心、具有自我牺牲精神的高尚的人。人无法选择自己的外貌，但可以通过心灵的滋养，使自己的内心世界充实而崇高。仅仅拥有美丽的内心世界，就可以使人富有魅力，更何况心灵的美丽可以映射到外貌上，使外貌也因此产生魅力。就像上文提到的安徒生，当人们从他的童话故事中发现了他的内心世界之后，在人们眼中，他就如同他笔下的丑小鸭一样，变成了一只美丽的白天鹅。"他是一个身材高高、体态匀称的人，紧张的精神生活的印记使他的脸变得好看了。"一位丹麦作家在回忆安徒生时如是说。反之，一个心灵丑陋肮脏的人，无论外表如何，都是令人厌恶的。

图3-1　《巴黎圣母院》电影镜头

（三）恒久性

容貌姿色的美是一种物质形态，必然受生命规律的支配，随着机体的衰老而减退乃至消失。心灵的美是一种精神状态，是深刻而稳定的人格心理表现，具有恒久性。美丽的精神不仅可以超越肉体，而且可以超越时间。无数革命先烈作为物质形态已经从我们的视野中消失了，但他们高尚的意志理想和道德情操所展现的人格魅力和精神风范，至今仍给我们以美的熏陶。

二、心灵美的表现

（一）意志理想美

意志理想美表现为强烈的社会责任心和顽强的意志毅力，在个人行为和社会行为中体现出崇高远大的社会理想、乐观充实的生活理想、积极健康的美学理想，并显示出为实现理想而坚韧不拔、百折不挠的信念、意志和毅力。杨靖宇将军率领东北抗日联军在十分艰难困苦的条件下英勇战斗，壮烈牺牲。敌人在解剖他的尸体时，发现这位威震四方的将军胃里竟然没有一粒粮食，只有一团杂草。杨靖宇的顽强意志和崇高理想所折射的美的光辉，使在场的每个日军官兵不禁肃然起敬。现实社会中的千千万万普通人，虽然过着平凡的生活，但也可能在平凡中显示自己的意志理想美。铁路巡道工要战胜酷暑严寒、风霜雨雪，还要战胜内心的孤独；病人要同疾病做顽强的斗争；旅游者在领略无限风光的旅途中，要同饥渴、疲劳、崎岖的山路较量。因此，日常生活中的每个人都应该有坚定的理想信念和顽强的意志毅力。

拓展阅读

南海上空的不朽丰碑①

海南陵水，某军用机场，还是当年的那条跑道。

国产各型特种飞机频繁起降，海军航空兵某部的飞行训练从东方破晓一直持续到繁星满天。

20年前的4月1日，海军航空兵飞行员王伟驾驶着歼-8Ⅱ飞机，从这里起飞，跟踪监视进入我国专属经济区上空的美军EP-3侦察机。因突遭美军机大转向撞击，飞机坠海，王伟壮烈牺牲。

王伟，1968年出生，浙江湖州人，海军航空兵飞行员，海军少校军衔。在很多战友眼中，王伟不仅是一名技术精湛、痴迷飞行的优秀飞行员，还是一个多才多艺、热爱生活的大男孩。多年以后，王伟的战友们仍会回忆起当年的训练和生活。

"他们的战斗意识特别强，一拉警报，起飞特别快。"某弹药大队的一级军士长张优涛回忆说。他当年的宿舍紧邻飞行员食堂，经常看到王伟和战友们丢下饭碗奔向战机。在这里，执行类似紧急升空任务是家常便饭。

王伟当年住过的宿舍，现在住的是海军航空兵某部空勤大队的官兵。副大队长朱才远回忆说，20年前他正在读高三，王伟的英雄事迹经媒体报道后在社会上引起极大的反响。当时部队来招飞行员，他们年级有20多名同学报了名。朱才远后来到了飞行学院，刚好又分到了王伟原来所在的一队。

"我是在王伟精神的感召下入伍的，我觉得这就叫'前赴后继'。"朱才远说。每次在空中跟国外军机相遇，他都会对自己说："历史绝对不会重演。"

在同龄飞行员中，王伟是战斗起飞次数最多、执行重大任务次数最多

---

①王伟：南海上空的不朽丰碑[EB/OL].（2021-06-12）[2024-06-07]. https://baijiahao.baidu.com/s?id=1702360155499452823&wfr=spider&for=pc.

的一位。他升空 2000 多次，有丰富的海空飞行经验。在改装当年最先进的国产战机后，王伟第一个飞满 1000 小时，很快就成为能飞四种气象的"全天候"一级飞行员。

这种刻苦训练的精神被总结为"地面苦练，空中精飞"。飞行员迟道衡现在几乎每天都要在王伟最后起飞的跑道上进行起降训练和执行任务。训练是枯燥而反复的，需要形成"肌肉记忆"。在迟道衡心中，王伟那么年轻就能成为"全天候"一级飞行员，"是非常厉害的事情"。更让他佩服的，是王伟的血性。"在这条跑道上起飞，如果不敢言牺牲，就不能说自己心中有国家。"迟道衡说。

因为王伟，陵水这个名不见经传的小县城，成为热血青年逐梦的地方。机械师曾强、空中雷达员徐伟建都是在分配名单上看到了"陵水"这个地名，而选择来到这里服役。这里有我国先进的特种飞机。"我总是在提醒自己，不能让飞机带着故障上天，否则对不起他的牺牲。"曾强说。

王伟牺牲后，被中央军委追授"海空卫士"荣誉称号和一级英模奖章，被共青团中央、中华全国青年联合会追授"中国青年五四奖章"，并入选"最美奋斗者"。

2021 年 4 月 1 日，是王伟牺牲 20 周年。曾在这条跑道尽头执勤的退役大学生士兵章原，专门赶到了位于杭州的王伟烈士衣冠冢，在雕像前写下了三页长信。他在信中说："中华民族从来不缺脊梁，过去未曾缺，现在不缺，未来也不会缺。"

海军航空大学的飞行学员们也写了一封穿越时空的信，即将奔赴战位的他们对王伟说："您飞过的天空，真美。"

（二）道德情操美

道德情操美表现为正直的品格、善良的心地、丰富的情感、高尚的道德精神，对生活中的真、善、美有正确的判断和执着的追求，真诚待人，对自己以外的世界富有同情心，大公无私，乐于奉献，对假、恶、丑的现象敢于斗争。雷锋对待同志像春天般的温暖，对待工作像夏天一样的火热，对待个人主义像秋风扫落叶一样，对待敌人像严冬一样残酷无情，就表现了他爱憎分明的道德情操之美。道德情操美是通过具体行动来体现的，尤其是通过生活琐事来体现的。孔融让梨、朱自清不吃美国的救济粮、孟泰拣回被扔掉的螺丝钉……这些行动都体现了高尚的道德情操。

（三）智慧才能美

智慧才能美表现为思维敏捷、见解深刻，有丰富的想象力和创造力，富有幽默感，行动灵活果断，方法多样，善于克服困难，能够解决各种复杂问题。智慧、思维、想象力、创造力、幽默感是人所特有的，也是在社会实践中培养和发展的。它们是人的本质力量中最重要的因素。孔明的治国谋略、毛泽东军事思想、邓小平的改革智慧、黑格尔的哲学天赋、马克思的政治智慧、爱因斯坦的科学头脑、爱迪生的创造才能、毕加索的艺术才华……这些人类精英的智慧才能本身就曾打造激动人心的社会美景。

虽然心灵美的具体表现往往带有时代性、政治性、阶级性、民族性，人们对心灵美的评价标准也有所不同，但对心灵美的价值、地位、作用，人们总是持积极肯定的态度。足智多谋、深明大义的孔明能被不同时代、不同民族、不同社会集团视为人格美的典型，就充分地说明了这一点。因此每个人都应该树立远大而纯真的理想，加强意志锻炼和自我道德情操修养，培养和开发智慧才能，塑造美的心灵。

第二节
行　为　美

行为美是指人的行为举止方面的美。它是心灵美的外部表现和人们内心世界的显露，也是审美和艺术表现的对象。

一、讲文明

文明是人类社会摆脱蒙昧、野蛮、落后的程度和整个社会进步的状态，是一个国家或民族进步、兴旺、发达的标志之一。人类社会发展的历史就是一幅文明战胜野蛮、进步代替落后，由比较文明向更高文明发展的波澜壮阔的画卷。每一个时代都会创造出与当时历史条件相适应的文明。

讲文明所包含的内容是十分丰富的，具体来说有以下几点。

（一）语言文明

说话要和气文雅，有礼有节，分寸适度，不讲污言秽语，不油腔滑调或强词夺理，不恶语伤人。

（二）行为文明

举止要庄重，不轻浮粗野，不打人骂人，不欺老凌弱，自觉遵守规章制度和纪律、法令，尊重他人的劳动和人格，不妨害他人正常工作、生活、学习。

（三）交往文明

落落大方，彬彬有礼，待人热情诚恳，对长辈尊重有礼，与邻里和睦相处，助人为乐。

（四）家庭文明

尊老爱幼，互助互敬，不打骂孩子，不虐待老人。

（五）环境文明

学习、工作、劳动、生活的场所干净、整齐、美观，给人一种舒服、愉快、振奋的感觉。

（六）仪表文明

穿着整洁、大方、得体，合乎民族和时代特点。

二、讲礼貌

讲礼貌是指与人交往时，互相尊重、谦虚恭敬。当今社会，虽然各国社会形态各异，但凡是文明民族，都注重礼节，提倡文明礼貌。在社会生活中，人们往往把讲礼貌作为一个国家和民族文明程度的重要标志。对个人而言，是否讲礼貌则是衡量其道德水准高低和有无教养的尺度。

我国有着讲礼貌的传统。许多传统美德至今仍受到赞扬，许多倡导人们讲礼貌的语句被人们引为座右铭，如"己所不欲，勿施于人""礼尚往来""相敬如宾"等。人们常说的"温良恭俭让"（即做人要温和、善良、恭敬、节俭、忍让），也是我国古代衡量一个人是否讲礼貌的准则之一。

当今社会，人与人之间建立了平等友爱、互相合作的关系，但人们在学习和生活中难免会有矛盾，这就需要大家通过讲礼貌的良好行为来调节。如果大家都讲礼貌，互相谅解，和睦商量，有了矛盾就比较好解决。反之，如果不讲礼貌，蛮横粗野，或者习惯性恶语伤人，就会造成矛盾激化。例如，在拥挤的公共汽车上，"踩脚事件"时常发生，如果不小心踩到别人的脚，主动且诚恳地说声"对不起"，被踩者的不满情绪就会平和下来。生活中的许多事例表明，讲礼貌是处理人与人之间关系所不可或缺的规范。

三、讲秩序

秩序是指人和事物的一种规律性活动。人类社会和自然界运动都遵循一定的秩序。茫茫宇宙中，日月星辰都有自己的轨道，而在人类社会中，每个国家、民族、集体乃至个体都有必须遵守的秩序。虽然大多数秩序不以法规戒律或条令的形式表现，但是对所有人都有一定的约束力。列宁曾说：农奴制的社会劳动组织靠棍棒纪律来维持，资本主义的社会劳动组织靠饥饿纪律来维持，共产主义（其第一步为社会主义）的社会劳动组织则靠推翻了地主资本家压迫的劳动群众本身自由的自觉的纪律来维持，而且愈往前去就愈要靠这种纪律来维持。为什么社会主义的纪律、秩序要靠"自觉"来维持呢？这是因为社会主义社会的劳动人民是国家的主人，遵守纪律、秩序就是维护劳动人民自己的切身利益。社会越是向前发展，人与人之间的交往就越密切，也就越需要人们自觉地遵守各种秩序。

秩序可分为社会秩序、生产秩序、工作秩序、生活秩序等。讲秩序不是对自由的约束，恰恰相反，它是对自由的保障。因为个人任何正常的社会交往，都必须有稳定的社会环境，否则个人自由是不可能实现的。例如，汽车如果不按规定行驶，行人的安全就得不到保障。自由是对规律（秩序）的认识和掌握，为所欲为、违法乱纪的行为是对自由的破坏。秩序还有强制性的一面，特别是法律法规所规定的秩序，人们必须遵守。违反秩序的行为要受到批评，情节严重的甚至要受到处罚。对于社会秩序，人人有义务自觉遵守，人人有权利监督管理。

四、讲卫生

讲卫生不仅与社会成员的健康息息相关，还与社会劳动力的保护和民族的繁衍密切相关。

千百年来，中华民族一直有爱干净、讲卫生的传统。早在甲骨文中就出现了用来扫地的工具——"帚"字。古人在"家训"中还把"黎明即起，洒扫庭除"作为教育子女的内容。直到现在，我们还保留着春节掸尘扫屋、端午除害消毒的卫生习惯。

讲究卫生、美化环境，创造良好的工作、学习和生活条件，是转变社会风尚的一项重要内容，也是精神文明建设中的一项重要任务。1954年4月，毛泽东在《中央关于各级党委必须加强对卫生工作的政治领导的指示》中强调：卫生工作对于发展生产、巩固国防、增进人民健康极其重要，今后各级党委务必加强对这方面的领导。

讲卫生体现在人们日常生活的各个方面。卫生部门要做好疾病预防工作，人民群众要注意公共卫生、个人卫生和家庭卫生。具体来说，个人要做到"四勤""四灭""五不"。"四勤"即勤理发、勤洗澡、勤换衣、勤剪指甲；"四灭"即灭蚊、灭蝇、灭鼠、灭臭虫；"五不"即不随地吐痰、不随地大小便、不乱扔瓜皮果屑、不乱倒污物、不损坏树木花草。工作场所要做到文明生产，工完场净，厂区、车间、工作间、服务间常打扫，服务台、操作台、工作台保持整洁，使用的工具、用品保持卫生、存放整齐，需要消毒、清洗的物品按要求消毒、清洗，还要为社会提供合乎卫生标准的劳动成品。公共场所要做到整洁、整齐、美化。我们应该保持和发扬中华民族讲卫生的优良传统和勤劳的美德，建设"洁、静、齐、美"的环境。

五、讲道德

道德概括来说就是人们的社会行为规范。凡是能够促进社会进步和人类幸福的行为就是善的，也是美的；凡是违背社会利益，给人类造成痛苦的行为就是恶的，也是丑的。人们通常用真与假、善与恶、荣与辱、美与丑等观念来评价人的行为，调整人与人、人与社会之间的关系。这部分所介绍的讲文明、讲礼貌、讲秩序、讲卫生和讲道德，其核心是讲道德，因为在讲道德的行为中，包含文明礼貌行为、遵守秩序、讲究卫生等诸多方面的内容。

第三节
风　度　美

　　风度美，是指人在长期生活中形成的风采、气度，是个人的仪表、言谈、举止、思想、品德、文化知识素养的总和，也是一个人精神世界的外在表现。人们平时所说的"风姿""风采""风韵"等基本是"风度"的具体表现。风度是感性的、外露的，是心灵、精神、性格的外化，但其本身偏重于修养。因此，风度美既能够表现一个人的外在美，又能够表现一个人的内在美。外在美与内在美在一个人的身上和谐地统一，便形成了风度美。风度美主要是一个人在社会交往中待人接物的行为表现、神态表情、言谈举止所流露出来的美。

一、风度美的特点

（一）自然适度

　　风度美贵在自然适度。一个人只有举止端庄、落落大方，姿态自然得体，才具有风度美。中央电视台首席化妆师徐晶在给演员化妆时，就追求一种自然的生命状态。她说，宋祖英在《好日子》《越来越好》《望月》中的形象就有一种自然的风度美。徐晶反对当代大学生过于注重化妆。她说："因为你们是一朵花，开得最好的时候，我们有什么必要去给它施肥和浇水呢？这时候过多的水会淹坏它，过多的肥会烧坏它。"这话说得很有道理。自然就是不做作、不过分，也就是适度。宋玉在《登徒子好色赋》中所说的"著粉则太白，施朱则太赤"，就是主张美在于自然适度。比如，举止朴实稳健，颇有男子汉风度，但如果过分了，就可能显得呆头呆脑、阴沉古板，自然也就无风度美可言了。又如，言语活泼会使人感到亲切可爱，但如果过分了，就可能显得轻浮，甚至会让人讨厌。

（二）体现个性

　　社会生活五彩缤纷，人的个性千差万别，风度美的形式也必然丰富多样。如受人爱戴的周恩来总理，可谓风度美的典范——他俊美的仪表、深邃的目光、非凡的智慧、超人的口才、高尚的品格、潇洒的举止，显示出特有的风度，为人民所敬仰。

宋庆龄端庄典雅、和蔼可亲的风度，表现出中国传统女性的风度美。彭德怀的刚正不阿、敢于直言的风度，受到人们的赞扬。鲁迅、郭沫若、茅盾等文学大师也以特有的风度美，赢得了人们的尊敬。风度美的个性化也表现出一定的职业倾向。威武勇毅是军人的风度（见图3-2），和蔼可亲是白衣天使的风度，风流倜傥是艺术家的风度，温文尔雅是教师的风度。就某一职业范围而言，因每个人的性格气质不同，其风度美也是不同的。比如，同样是学者，闻一多有正气凛然的风度，朱自清则有高雅脱俗的风度。

图3-2 英姿飒爽的军人

（三）时代性和民族性

风度美作为一种社会美，不可避免地带有时代的印迹和民族的特色。骑士风度、绅士风度是西方历史上流行的男士风度。我国古代的孔子不仅自己特别注意风度，而且时时教诲弟子们不失身份，他对于什么地方能坐、什么地方不能坐、走路应当怎样走，都有一套规范。"温柔敦厚"就是儒家风度美的典型。时代在发展，风度美的规范也时刻在变化。新中国成立初期，许多青年以穿干部服，上衣口袋别一支钢笔为美，显示出一种有文化的风度。改革开放以来，不少青年专门讲究"酷"，服装面料不求华贵但要体现"酷"的特点。我国地域辽阔、民族众多，不同地域、不同民族的人都有各自的风度美。比如，内蒙古大草原牧民质朴豪爽（见图3-3），云南大理白族同胞能歌善舞，湖南西部苗民热情好客，都能使人感受到不同的风度美。

图 3-3　那达慕大会上的内蒙古牧民

（四）整体性

黑格尔在《论戏剧文学》中指出：每个人都是一个整体，本身就是一个世界，每个人都是一个有生气的人，而不是某种孤立的性格特征的寓言式的抽象品。风度就是一个人从整体上体现出来的一种生气、精神或风采。风度美的整体性一方面要求人的各部分属性结合成和谐统一的整体，另一方面要求在深度上使整体渗透到局部。也就是说，风度美的整体性并不是各部分的简单相加，而是各部分之间通过多样统一关系的组合所构成的内在和谐的体现。例如，政治家风度、企业家风度、大将风度、学者风度等，就是从整体上对一个人的气派和个性风貌进行的评价。

二、风度美的培养

风度不是与生俱来的，其形成离不开后天的培养和训练，所以要具有风度美，最重要的是内外兼修，塑造完美的形象。

首先，在追求风度时，内在美固然占据核心地位，但外在形象的塑造同样不可忽视。一个人对外表的精心打扮，不仅能够增强内在美的展现效果，还能直接促进整体和谐美感的形成。相反，若忽视外在形象的维护，即便内在再美，也可能因不修边幅而削弱整体风度的呈现。

其次，美好的风度来自优秀的品格。优秀的品格有很多，如沉稳、刚毅、执着、豁达、豪放、爽朗、乐观、粗犷、坚韧、威严、大胆、果断、博大、深沉等，它们具有特殊的力度感。此外，个体还要具备诚实正直、光明磊落的美德，坦率真诚，与人肝胆相照。

再次，渊博的学识影响着风度的深度，它是心灵丰富的标志。学识与才智通常相伴而生。学识的基础过于薄弱，就不会有闪光的才智，也不会有风度；相反，学识越渊博，才智越高，就越风度翩翩。这里需要注意的是，体现学识的魅力，并非一定要接受高等教育或获得硕士、博士头衔，学识的花蜜既在书本中也在生活中。上知天文、下知地理，知识面越广，文化层次越高，谈吐也就越风雅。只要我们充实自己的大脑，培养高尚的情趣，内秀必定会转化为外美，知性美会代替浮光掠影的外在美，不知不觉地拥有修养，在一言一行中体现风度美。

最后，要注意服装仪容的修整。大学生无须在着装打扮上过多修饰，保持干净整洁就可以了。因为青春本身就是自然美。过分修饰打扮，往往会喧宾夺主，把自己的自然美掩盖起来。如果能根据自己的形体特点和兴趣爱好，恰到好处地扬长避短，使本来的自然美与装饰美浑然一体，自然也是极好的。但是，把过多精力用在这方面，可能既影响了学习，也弄巧成拙，破坏了学生特有的风度美。

第四节
劳 动 美

劳动美是人类在创造物质或精神财富的活动过程中所体现出来的美。生产劳动是人类最基本的实践活动，它是人类文明的源头，也是人类最早的审美对象。一方面，劳动创造了人类社会，创造了物质财富和精神财富；另一方面，人在以自身的力量改造自然界和人类社会时，能够从生产出的产品和工艺品中看到自己的力量，使其征服自然的能力得到整体的感性体现，人的目的得以实现。劳动不仅创造美，劳动本身也具有审美属性。劳动美可以分为劳动过程的美、劳动环境的美和劳动产品的美。

一、劳动美的表现

（一）劳动过程的美

劳动过程是指劳动者通过个体或群体的组织形式影响劳动对象，使之成为符合人们需要的产品的过程。劳动过程的美与劳动者的行为动机、行为方式、场面形态、对象变化等密切相关。可见，人类的生产劳动是一个动态的过程，美也在这一动态过程中得以体现。劳动过程之所以具有审美性，首先是因为劳动作为一种自由的形式，是一种具有一定规律性的本质力量。劳动体现着美的规律，必然能够激发劳动者的积极性和创造性，并逐渐使劳动者把劳动过程本身当作人生的一种需要和乐趣。在私有制条件下，对劳动者来说，劳动成了"外在的东西"，劳动者不仅躯体受到损伤，精神也受到摧残，所以私有制条件下的"异化劳动"，其社会本质是不美的。只有劳动者以主人翁姿态所进行的创造性的劳动，劳动美才能得到充分的体现。此外，劳动过程的美于外在形式上表现为劳动场面的美，而劳动场面的美源于内部组织的协调和节奏的科学性，是协调和节奏之美。要想使劳动过程中的众多因素协调一致，呈现出和谐之美、韵律之美，就要通过各种协调机制，处理好劳动过程中的多种关系。

（二）劳动环境的美

不论是精神生产还是物质生产，都离不开生产劳动的环境。人不是孤立存在的，必须在一定的环境中生存、发展。劳动是人类对自然和自身的改造。因此，劳动环境的美对劳动过程及劳动成果的美有着直接的影响。

劳动环境的美内容比较广泛，主要有与性别、工种、环境相协调的工作服，清洁、美观的环境，优美、轻松、高雅的音乐，与工种、环境相适宜的色彩、光线，机器设备、劳动工具的合理配置等。按照美的标准安排劳动者的感性世界，使他们在舒适方便、自然优美、安全整洁、对称和谐、生动活泼、轻松愉快的空间环境中工作，既可以强化劳动生产的人性，又可以消除劳动者的疲劳感、调动其积极性，从而提高劳动生产率。

人们的生产劳动是在一定的空间环境中进行的。现代美学家强调从审美方面营造劳动环境，追求劳动环境的实用价值与审美价值的统一。这一方面是为了改变现代工业社会劳动的非人性化，另一方面是出于提高劳动生产率的考虑。

按照行为科学的观点，工作行为及效率是人与所处环境的函数。劳动环境在客观上影响着劳动者的生理和心理。劳动环境舒适、美观、整洁，能够极大地影响劳动者的劳动情绪，激发其创造热情，提高其劳动生产率，使其创造出优质产品。

劳动环境的美要求配置的机床设备、运输工具、工作台等既达到先进的科学技术水平，又必须按照人机工程原理，符合人体测量比例，同时造型美观，色彩淡雅，能够为劳动者营造一种美的氛围。此外，环境的色彩对劳动者的情绪和情感影响极大，它是环境美的重要审美因素。色彩调配要实现视觉感知与色彩美学性能的平衡、人的神经动态和颜色视觉形态的平衡、情感反应与色彩效应的平衡，尽可能给人以亲切、舒适、轻松、明快之感。此外，音乐、照明、环境卫生、噪音等因素对环境美的作用也不可低估。

虽然劳动环境的改善不能直接激发劳动者的积极性，但能够减少失误，提升工作的安全性，有助于劳动者身心健康，这也间接提高了劳动效率。劳动环境会改变一个人的思想认识、行为方式，从而改变人的心理，使工作效率达到新的平衡。有关研究显示，工厂车间的门窗安置适宜、明净漂亮，照明设备美观适度，车间内外墙壁以及机器工具涂上适当的颜色，把噪声减到最低程度或在劳动时播放经过严格挑选的音乐，可以使劳动效率提高。这在一定程度上说明了劳动环境的美对于提高劳动生产率的重要作用。

（三）劳动产品的美

劳动产品的美是劳动活动所创造的物化产品的审美价值，其由产品所体现的人的创造智慧及其本身的功能、形式等显示。这种物化产品的美包括实用和审美两个层面。劳动产品的美首先依附于实用层面。一般来说，结构合理、功能完善、造型优美、装潢考究、使用方便的产品，大都符合人的身心活动的节奏和韵律，在外观上也可表现出与人的生活方式相协调的形式。实际上物质产品的审美价值，常常蕴含于其功能之中。功能美的本质是"物为人服务"，体现出物质产品与人的精神的协调。比如，一套裁剪合体、款式大方的服装，穿在身上能与人体活动的韵律和谐统一，从而表现出服装产品的功能及外观之美。因此，劳动产品美大都要求实现实用性与审美性的统一。近现代一些功能主义者设计的产品，只求产品的功能而不在意外观，致使产品显得呆板和缺乏情感；一些唯美主义者设计的产品，片面追求美观，而忽视产品的实用功能，同样不受消费者欢迎。当年美国著名设计师罗维为"赶时髦"设计了顶部为圆弧的流线型电冰箱，消费者纷纷抱怨顶部派不上用场。后来罗维将电冰箱设计改为板箱体造型，才符合人们的实用性要求。当然，形式美在产品中并不是可有可无的，它往往以最合理、最优化、最鲜明、最美观的外形来表现产品的特性和用途，赋予产品以审美价值。劳动产品往往按照形式美的规律进行创造，如整齐、对称、均衡、比例、和谐、多样的统一等。飞机的发明者是从鸟类的飞行中得到灵感的，然后仿照鸟身的流线型形体设计机身，仿照鸟的翅膀设计机翼，这样，飞机也就具有了鸟类的对称、均衡、比例、和谐的形式美。这种形体构造，不仅是审美的需要，也是飞机本身机械性能的需要，这两者是并行不悖、完全统一的。

拓展阅读

"研磨大师"魏红权[1]

2 分钟，一块普通的半精加工的零件就被一双手磨得像镜子一样亮可鉴人，甚至 A4 打印纸上的文字也被清晰地反射（见图 3-4），这就是被人称为"研磨大师"的武汉重型机床集团有限公司高级技师魏红权的绝活。

图 3-4　研磨精加工前后对比图

练就这样的磨工技艺，魏红权用了 31 年。铣刨磨钻、锉刮锯斩，都是他的拿手绝活，特别是他的手工研磨功夫，更令人叹为观止。

没有标尺，不用仪器，单凭手上的力道，他就能感知零部件尺寸的细

---

[1] 魏红权：31 年执着坚守 终成"研磨大师"[EB/OL].（2016-12-03）[2024-06-07]. http://it.people.com.cn/n1/2016/1203/c1009-28922345.html.

微变化。一根主轴的设计精度要求达到头发丝直径的十分之一，而魏红权手工研磨的精度却达到了 0.001 毫米，只有头发丝直径的七十分之一，这是数控机床都难以企及的精度，人们因此亲切地称呼他为"超精密机械手"。

魏红权表示，很多时候机械设备加工仍无法达到精度要求，只能通过手工研磨来保证零件精度。这精湛的手艺，得益于他 17 岁刚入行时的"魔鬼训练"：直径 50 毫米、厚度 30 毫米的金属锭，用锉刀锉成边长 25 毫米的等边六边形，每天锉 8 小时，3 天才能完成 1 块。整整 1 个月，每天重复同样的工作，最终 10 块金属锭让他完全掌握了钳工工作的力道与手感。

正是凭借这双"超精密机械手"的精细劳动，近年来，魏红权独创的研磨技术突破了机械加工瓶颈，创新性地解决了产品零件在精度控制中的难题，解决和攻克了多项高、精、尖的生产难题，推动着产品的技术升级和质量提升，他也因此成为大国工匠。

二、劳动美的培养

（一）树立劳动美的观念

马克思认为，活劳动是创造价值的唯一源泉。自古以来，中华民族始终保持着辛勤劳动的美德。在之前恶劣的自然条件下，勤劳的中华儿女凭借双手披荆斩棘、辛勤劳作，在这片广袤而古老的土地上创造了举世瞩目的中华文明。从《尚书》中的"惟日孜孜，无敢逸豫"到《左传》中的"民生在勤，勤则不匮"，从"天道酬勤"到"业精于勤"，无数的名言警句是对这种伟大精神的生动写照。"以辛勤劳动为荣、以好逸恶劳为耻"，这是胡锦涛同志所倡导的社会主义荣辱观的一项重要内容，是对中华民族优良传统美德的精辟概括，具有鲜明的时代特征。当前，一些人对劳动的态度和价值认同步入了误区：有的人贪图安逸享乐，不愿付出艰苦劳动；有的人崇尚脑力劳动，轻视体力劳动；有的人向往创新劳动，厌烦简单劳动等。这些思想不利于社会职业结构的优化，需要引起全社会警惕。当前，我国仍处于社会主义初级阶段，生产力不发达的状况还没有根本转变，人民生活的富裕程度有待进一步提高，我们每一个人都必须始终坚持辛勤劳动的美德，树立劳动美的观念，脚踏实地，兢兢业业，潜心工作，用扎扎实实的劳动和丰富的劳动成果，为国家富强、人民富裕、社会发展注入鲜活的力量。

（二）尊重劳动者及其劳动成果

我们都是劳动人民的后代，我们的盘中餐、身上衣、头上屋，我们所享受的一切，无不凝结着劳动者的心血。不管什么样的劳动，不管什么样的劳动者，都创造着我们的物质财富与精神财富，都是光荣的、高尚的。在我国史册上记载着一串响亮的名字：王进喜、史来贺、蒋筑英……他们是普通而平凡的人，但都以辛勤的劳动创造了不平凡的工作业绩。

❀ 拓展阅读

全国劳动模范孙景南：用焊花淬炼匠心[①]

从第一眼被绚丽的焊花所吸引开始，不知不觉，2024年已经是孙景南从事焊接工作的第34个年头了。多年来，其团队焊接的车辆承载着无数乘客，奔驰在全国各地一条条不同的轨道上，有的还走出国门，走向世界，成为一张张流动的"中国制造"名片。择一事终一生，对于一名工匠来说，这就是最大的肯定和褒奖。

一、三改志愿，终成焊工

孙景南的外公是一名高级木工，她在职高读的也是与木工相关的油漆专业。1990年毕业后，孙景南进了中车南京浦镇车辆有限公司。有一个同学的妈妈是焊工，孙景南经常去看她工作，她被那种弧光闪烁、焊花四溅的场景深深吸引了。

没过多久，公司因为业务发展，需要一批人改行做电焊，孙景南第一个报了名。但是她父亲不同意，前脚听说她报名了电焊，后脚就跑到公司的人力资源部门把她的岗位改了回来。孙景南也比较倔，又改了回去。这样"拉锯"了三次，最后孙景南拉着父亲一起去公司确认了意愿，父亲终于同意她转到电焊岗位。

---

①全国劳动模范孙景南：用焊花淬炼匠心[EB/OL].（2024-05-01）[2024-09-01]. https://mp.weixin.qq.com/s?__biz=MzAwNTEyNTA2Mw==　&mid=2651075175&idx=1&sn=728097537b5b89a831762e18ea295bf8&chksm=8157d6a61869c86a97c75a3ad457151133790985456fd082833699cbc955c0ff19f41e836120&scene=27.

孙景南真正入行之后才发现，父亲的阻拦并非没有道理。"十个焊工九个黑"，她工作时全身上下都是灰，而且焊接时必须全副武装，在炎热的夏天，一整天下来，全身都湿透了，裤脚甚至能直接拧出水。就连当初吸引她的焊花，也和带刺的玫瑰一样，尽管闪光亮丽，却总是冷不丁掉到鞋子里、钻进手套的缝隙里，想抖都抖不出去，在她的防护服和身上留下大大小小的烫痕。

尽管遇到了许多之前没有考虑到的问题，但孙景南并不灰心。为了练稳定、练臂力，她经常一蹲就是几个小时；下班后，也经常拿着边角料反复练习。从平焊、横焊、立焊到仰焊，她逐步掌握了各种焊接技术。

刚参加工作时，公司生产的是时速60~80千米的"绿皮车"，孙景南所从事的是普通客车的焊接工作。到了世纪之交，国内轨道交通技术发生巨大变革，公司不断拓宽业务领域，从原来的铁路客车向城轨市场进军，并加强了同国外先进企业的交流合作。

作为国家城市轨道车辆定点制造企业，城轨车辆制造关键技术的研究与掌握成为公司发展的第一要务。2000年，公司与法国阿尔斯通公司合作承接了上海明珠线城市轨道项目，需要选送一批人去法国参加培训。因为在技能比武中的突出表现，孙景南顺利入选，并得到了法方的认可。

二、把手里的火传下去

焊工是一份"手里有火"的职业。这团火能熔化钢铁，能拼接车体，能熔铸我们的品牌。作为焊工，不仅要用好这团火，更要把它一代一代传递下去。最开始团队采用的还是传统"师带徒"的模式。随着事业的不断发展，"师带徒"模式的弊端也逐渐显现，最主要的问题是效率太低，而且培养周期太长，满足不了公司迅速发展的人才需求。2011年，公司成立了以孙景南的名字命名的"孙景南技能专家工作室"。他们自己编写教材，引进现代化职业教育模式，开展批量培训。孙景南也借此机会对自己积累的工作经验进行系统梳理和总结，先后参与了中国职工技术协会牵头组织出版的"技能小窍门"系列丛书评审编著工作，在省部级刊物上发表论文10多篇，并参与编写多部焊接培训教材，其中《焊接结构生产》成为人力资源和社会保障部职业能力培训指定教材。2019年，该工作室获得了"国家级技能大师工作室"授牌。

三、斤斤计较，成就匠心

工匠的"匠"，从字形上看，外面是一个框，代表着工匠的专业领域。但这个框不完整，空了一面。孙景南认为，这空出的一面意味着不能故步自封，工匠必须与时俱进、不断创新。

30多年来，从传统的铁路客车到地铁列车、高速动车组，从国外技术引进到大范围自主研发，我国的轨道交通从"追赶者"变为"领跑者"。时代在进步，技术在发展，焊工的技艺也决不能止步不前。目前公司在大力推进智改数转，不断开发智能化生产线，发展新质生产力。焊接智能生产线可以将焊接自动化率由原先的40％提高到90％左右。孙景南现在正在做的就是培养这些"新学生"，根据自己30多年的工作经验，将焊接的参数逐一输入到系统中，训练这些生产线上的"智慧大脑"，通过工位的设置、程序的优化等，让这些机器人变得更加聪明、更加高效，加速推动人机协同，实现数字化生产。

"匠"字里面是一个"斤"，孙景南的理解就是要对自己斤斤计较一点。这种斤斤计较是对操作过程中细节的精益求精，也是对自己在技艺上不完美的不放过。将工匠精神和智能制造相结合，把每一件产品当作艺术品去对待，是每一位工匠的初心和追求。

（三）改善劳动环境

当大多数人已经告别了高污染环境时，在之前很长一段时间还有一些人为了生存不得不忍受各种恶劣的工作环境。通过各类报道我们知道，个别工厂的工人每天在充满粉尘、烟雾的环境下超负荷作业，或者长时间在高噪声的环境下劳作，时间一久，身体容易出现不适症状。近年来，很多企业开始注重改善劳动环境，以稳定劳动者队伍。这些企业虽然在改善劳动条件方面付出了一定的成本，但由此增强了企业凝聚力，进而更大地提升了整体的经济效益。可见，改善劳动环境也是一种投资，而且是一种良性投资，既体现了"以人为本"的理念，又提高了劳动者的生产积极性、主动性和创造性。

（四）创新劳动技术

传统理论把劳动分为脑力劳动和体力劳动、简单劳动和复杂劳动。随着知识经济时代的到来，科技进步对经济发展的拉动作用越来越大，知识创新、技术创新等已成为创造价值的最活跃、最重要的源泉。于是，"创新劳动"的概念被提出来。创新劳动是指那些能够创造出之前没有的产品、技术、市场和生产组织形式的劳动，其最集中的体现就是劳动技术的创新。创新劳动能够提高劳动生产率，创造巨大的经济效益。比如，某酿酒企业一台6吨锅炉年耗煤5000吨，但由于该企业缺少能源管理人员，原煤进货时对分析基热值和收到基低位热值概念不清，在煤炭供货合同上未能明确热值的计价基准，给企业造成了每吨煤多花费60元的浪费，一年多支出煤款30万元。后来企业经能源审核和对企业煤质分析人员进行培训，加强劳动技术创新，杜绝了此类情况的发生，为企业避免了更大的损失。可见，创新劳动技术，不仅可以提高要素的使用效率，促进产业结构的优化升级，还有助于全面提高人的劳动素质，减少对自然物质资源的依赖，把人从繁重的体力劳动中解放出来。

▌思考与练习

1. 道德美与心灵美的关系是怎样的？
2. 行为美包含哪些内容？
3. 风度美的特点是什么？如何培养风度美？
4. 联系实践谈谈你对劳动美的理解。

▌课后实践

班级组织一次农耕生活体验活动，学生不仅要进行农耕文化的学习，还要亲手在菜园里采摘新鲜的蔬菜瓜果，一起准备农家饭菜，体验劳动的艰辛与乐趣，品尝自己的劳动果实，并分享劳动的感受。

第四章 | 生活美

| 本章导读 |

　　生活美体现了人们的创造智慧，融入了人们的审美思想，因此给人们的审美体验更为直接和强烈，更容易激发人们的生活热情。生活美主要表现在人们的日常生活中，以服装美、饮食美和居室美等为主要内容。

| 育人目标 |

　　使学生了解中国传统文化，树立文化自信，培养民族自豪感。

| 思维导图 |

```
                        生活美
        ┌───────────────┼───────────────┐
      服装美           饮食美           居室美
      ┌──┴──┐       ┌───┼───┐        ┌──┴──┐
    服  服     食   食   饮    居    居
    装  装     物   具   食    室    室
    美  美     美   美   环    美    美
    的  的           境    的    的
    要  美           美    原    要
    素  学                 则    求
        原
        则
```

第一节
服 装 美

美的服装可以在社交中给人以美的享受，极大地提升社交的公关效果。服装美是人体美的重要组成部分，也是改变人的形体的最简便有效而无害的手段。

俗话说"三分长相，七分打扮"，服装美的原则是"合体适宜、扬长避短"，与人的形体相配，保持和谐统一。不同的服装搭配会呈现不同的服装美的效果。

一、服装美的要素

（一）色彩美

俗话说"远看颜色近看花"，我们看一个人的服装时，首先进入眼帘的是色彩，然后才是款式和面料。色彩对于服装美而言比款式更重要，它是服装的"灵魂"。服装色彩具有极强的情感性。例如，红色鲜艳、俏丽，代表吉祥，使人感到热烈、兴奋（见图4-1）；黄色快活、明亮，给人以充实、幸福之感；蓝色沉稳、恬静，给人以文静、素雅、朴实、大方的感受；黑色显得庄重、成熟和尊贵（见图4-2）；白色象征纯洁，使人感到清爽、典雅。

图4-1　色彩美（红色）

图4-2　色彩美（黑色）

　　服装美的色彩美，关键在于配色是否和谐，能否实现多样统一的整体效果。比如，红色与白色相配效果最佳，也适宜与黄、黑等色相配，但与绿色相配时要慎重；褐色的配色范围较广，但不适宜与红色、黑色相配，因为会显得灰暗、混浊；黑色的配色范围广泛，尤其适宜与暖色搭配，但不宜与深蓝、深绿、深灰等色相配。在服装配色中，调和配色的艺术效果是柔和、雅致、舒适、大方，对比配色的艺术效果是鲜明、醒目、生动、艳丽（见图4-3）。

图4-3　色彩搭配

　　服装配色中，可以通过点缀色的反复出现而产生色彩的节奏与韵律，并且力求实现色彩的多样统一。以色彩的多样体现丰富性，以色彩的统一体现协调性。色彩过多会陷入混乱、无秩序，色彩单一又显得呆板、没生气。所以服装的配色数量不要过多，应努力形成一个统一的色调，再添加适度的点缀色，在统一中求得多样，表现出一种和谐美。男性服装以不超过三色为宜（见图4-4），女性服装的色彩也不要过于堆砌，因为色彩过多容易显得浮艳和俗气，降低美学价值。

图4-4　男性服装

（二）款式美

款式美就是服装中的造型美。造型艺术的基本要素是点、线、面，服装的款式也是如此。服装的外形是由方、圆、角这三种基本形态组成的，这些形态也具有不同的特点：方形端庄但呆板，圆形柔和但臃肿，角形挺拔但生硬。服装设计师应巧妙利用不同形态的个性特点，设计具有款式美的服装（见图4-5）。比如，点、线、面、方、圆、角这些元素，以规则或不规则的重复、放射、渐变、疏密、聚散等方式组合，体现节奏与韵律、多样与统一。服装设计师还可以利用对称与均衡的方式，对服装造型进行美化：对称形式的服装如中山装具有重心稳定、统一、规律、严格等特征，给人以庄重之感；均衡形式的服装具有活泼、多样、变化、流动等特征，给人以丰富之感。在设计服装时，设计师常利用领子、扣子、口袋、左前片和右前片的位置、式样的变化，有意创造反平衡的效果，以求动感，满足人们在求安定中求新、求异、求变化，力图打破单调的心理。

图 4-5　款式美

（三）质料美

质料美就是服装中的面料美。服装的物质材料具有相对独立的审美价值，不同的材料有不同的审美效果。在追求服装美时，要充分利用材料的美感作用。服装设计师要对服装材料的不同性能、不同质感、不同审美价值有基本的认识。近年来，服装材料品种纷繁、层出不穷，但具有代表性的主要是棉布、丝绸、呢绒、皮革等。

一般来说，棉布柔软质朴、吸水性强，给人以朴素舒适的美感；丝绸轻薄透亮、透气性强，给人以轻盈富丽的美感（见图 4-6）；呢绒厚重稳健、保暖性强，给人以稳定含蓄的美感；皮革牢固挺括、光泽性强，给人以雍容华贵的美感（见图 4-7）。

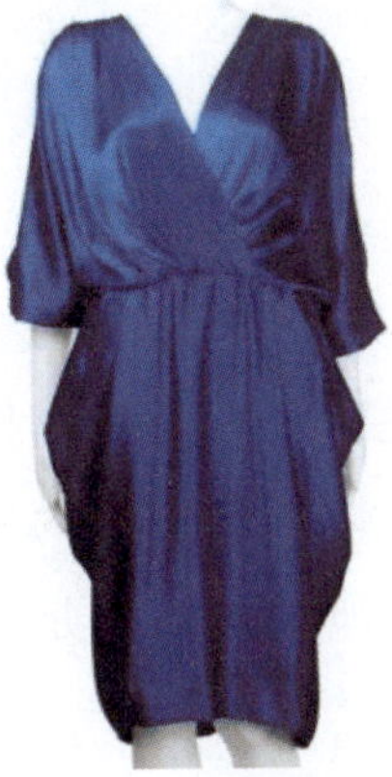

图 4-6　丝绸服装

图 4-7　皮革服装

二、服装美的美学原则

服装美的总原则是表现人的美，为人体美锦上添花。穿者是审美的主体，服装是完全为穿者服务的。一件服装本身很美是一回事，而其能否显示穿者的人体美，进而增添他们的风采，就是另一回事了。如果服装很美，但只见服装不见人，那就适得其反了。

（一）适体

人体有高矮之分、胖瘦之别。适体是指服装要适合穿者体形。服装的美在于使人穿着得当，改变人的自然形态，反映人的精神，表现人的风采，增强人体的美感。服装不能和人体脱节，所以要量体裁衣，也就是在制作或选购服装时要因人而异。人体的轮廓是立体的，适体还要求服装能体现人体各部位的起伏。只有适合人体和人体动作要求的服装，才能展示特有的艺术魅力。例如，身材苗条、凹凸有致的女性穿上旗袍可以显示体形的曲线美，而腰粗腹大的女性穿旗袍就难以体现美感。

（二）适用

适用是指服装要适合使用。不具有使用价值的服装，无论有多高的审美价值，也是不易被人们接受的，因为服装是服务于人们生活的实际需要的。根据不同的使用目的，服装可以分为社会服（礼服）、常服、工作服、运动服、家居服等。人们在穿着服装时，要与外部环境相协调。学生穿校服去上学很合适，而放学后穿睡衣去运动场活动就显得不雅；工作人员穿职业装去上班很协调，而下班后穿礼服去做饭也不自在。可见，适用是不可违背的美学原则。

（三）扬长避短

每一个天然人体都不可能是十全十美的，就连古代绝色美女西施、王昭君等人也不免有小瑕疵。而服装的美化作用，正可以补救形体的某些不足，遮掩某些缺陷，修饰人体、巧妙衬托，美化人的外在视觉，增添人的靓丽光彩。所谓扬长，是指利用服装的不同款式、造型、色彩、质料、装饰等，使人体得到适当的调适，增添人体的美，使人体美因服装美而得到补充、延伸和发展；所谓避短，是指充分利用服装的调适手段遮掩人体的某些不足，转移他人的视线。

比如，娇小型的女性比较适合具有简单直线条的设计、上下半身的颜色基本一致的服装。这是因为其整个身体的装饰面积较小，如果增加衣服的层次，不仅会显得凌乱，还会显得更矮。上衣的颜色最好浅于裤子，这样可以增加身材的高度感。还可以穿高跟鞋，以增加下肢的长度。矮胖型的女性宜穿深色竖条衣服，可以在视觉上增加人体高度，避免穿横格上衣，因为这会增加躯体的宽度，让人显得更胖。凡太矮的人，都不应穿过长的衣服，如长大衣、风衣等，因为衣长而人矮，只会把人"变"得更矮。身材过于瘦削的人，应选择质料挺括的衣服，不要穿太露的衣服，如贴身的丝织品等，那会更突出身体的单薄。身材高大的女性上衣不宜太长，不宜选择过于显露体型的衣服，诸如紧身的牛仔裤、连衣裙之类。脖颈短的女性可利用敞开的领口显露胸部的一小部分，这样颈部会有拉长的视觉效果，最好是选择 V 型领或纽扣很少的西服上衣。反之，脖颈较长的女性则可选用大些的对襟鸳鸯领或翻领衫。这一类的例子可谓举不胜举。

拓展阅读

办公室里的着装禁忌

在日常生活中，讲究仪表美特别重要的一点，是规范自己的服饰。一个人的穿着打扮，通常是他教养、阅历和社会地位的标志。一般而言，办公室着装忌脏、忌乱、忌破、忌露、忌透、忌短、忌紧、忌艳、忌异。

1.忌脏

脏，就是懒于换洗衣服，使自己的衣服皱皱巴巴，满是油污、汗渍，甚至令人看不出衣服本来的颜色，或是其异味令人掩鼻。整天穿着脏兮兮的衣服上班的人，会给人一蹶不振的感觉，而且还会让人怀疑其心灰意冷，对生活丧失了自信。务必牢记，工作再忙、身体再累，都不能成为整天穿着脏衣服来上班的理由。

2.忌乱

乱，就是穿衣不符合规范。这里的不符合规范包括两种情况：一是把适合办公穿的衣服穿得不像样子，如上衣不是穿在身上而是披在身上，裤管与袖口非要卷得高高的不可；或是把本不协调的衣服强行搭配在一起；二是办公时穿着不适宜的衣服。

3.忌破

破，是指服装破损。我国历来提倡艰苦奋斗、勤俭节约，但是这并不意味着可以放任工作人员在办公时所穿的衣服残破不堪。纵使不慎将衣服"挂花"，也要尽可能采取补救措施，如更换、缝补等，而不宜令其为外人所见。要是在办公时所穿的服装这儿撕开一个口子，那里烧了一个窟窿，甚至连纽扣也不齐全，是难以使人信服其具有高水平的工作能力的。

4.忌露

露，就是有意无意地过多暴露本应"秘不外宣"的躯体，而给人以不良印象。在办公时，工作人员应当忠于职守，勤于政务，而不宜穿着过分暴露自己躯体的奇装异服。在比较正式的场合，通常不宜穿露胸、露肩、露背、露腰以及暴露大腿的服装。

5.忌透

透，就是外穿的衣服过于单薄透明，致使内衣若隐若现，甚至昭然若揭。在办公场合穿"透视服"，不但会使自己的敬业精神遭人怀疑，还会让他人难以面对自己，还可能给人过于轻浮的感觉。应当说明的是，有些人在办公时的着装，并不是有意让人"透视"自己，而是缺乏基本的着装常识。例如，穿衬衫时，不知道应使内衣与衬衫在色彩上相近；穿面料较为单薄的裙子时，不知道要穿衬裙等。

6.忌短

短，就是衣服过于短小，将不应显露在外的肌体暴露出来。根据礼仪规范，一般来说，在办公时，背心、短裤和"露脐装"都是不适宜穿的。女性在比较重要的活动中，还要注意避免穿超短裙。穿着超短裙行动多有不便，而且有失庄重。同时应当指出，办公时的着装应当大小、长短合身，切不可过于短小甚至捉襟见肘，使得浑身上下透出小家子气。

7.忌紧

紧，主要是指有意识地使服装紧紧地包裹自己的身体，使身体线条过度地展示，这既不雅观也不文明。女性尤其要注意，不要在办公室穿高弹的紧身服等，免得引人侧目。

8.忌艳

艳，就是着装色彩过多、过于艳丽，图案过于复杂。在办理公务时，着装应当体现出庄重保守的风格，而不应当打扮得过于花枝招展。因此，过多色彩、过分鲜艳、图案过分复杂的服装最好不要穿。可能的话，应当另选择深色无图案的套装，并且使全身服装的色彩不超过三种。

9.忌异

异，就是着装过分怪异奇特。就目前而论，着装怪异主要可以分为三种：一是款式过异，如"乞丐装"；二是搭配过异，即不按常规进行搭配，比如把长衬衫穿在里面，而将短袖T恤穿在外面；三是穿法过异，即不依照正常的方法穿着服饰，如把衬衫围在腰上。这种着装过异的做法在办公室内是不可取的。

第二节
饮　食　美

随着社会的发展和人类物质生活水平的不断提高，饮食已不仅是人类生存的需要，而且是一种生活的乐趣和美的享受了。当今社会，饮食不仅要满足人们的生理需要，即人体对水、糖、脂肪、蛋白质等营养的需要，还要色、香、味、形俱佳。饮食美指食物、食器及饮食活动中各种美学因素相辅相成所呈现出来的美。其既包括食品、食器之美，也包括饮食活动中的技巧、礼仪、环境之美。我国诸多风味各异、色彩纷呈的佳肴，无疑具有很高的审美价值。

一、食物美

（一）色彩美

任何菜点都有色彩，观色总在品味之前。菜点的色彩美能使人获得视觉上的享受，增进人的食欲。

1.发挥本色

菜点的色彩要尽量调动食品原料的固有颜色，如辣椒的红、腐竹的黄、菠菜的绿（见图4-8）、银耳的白（见图4-9）、木耳的黑等。保持和发挥食品原料的固有颜色，能使人感觉到食品色彩的自然美，也会使人感到食品本身鲜美可口、清洁卫生。

图4-8　菠菜的绿　　　　　　　　　　　图4-9　银耳的白

2.重在组合

菜点中的色彩不宜单调，丰富才能多彩，所以要进行有效的色彩组合。调和配色（烹饪中叫"颜色"）可使菜点具有柔和、素雅、清爽的美感。例如，鲁菜糟熘三白的鸡片、鱼片与笋片有纯白、青白和黄白之分（见图4-10）。对比配色（烹饪中叫"岔色"）可使菜点具有醒目、鲜艳的美感。比如，番茄炒鸡蛋是红黄对比（见图4-11），翡翠羹是绿白对比。再如，鸡锤烧凤翼这道菜，用鸡翅锤形部分挂糊炸金黄色，中节部分加调料烧成深红色，粉丝炸成白色，再加少许红樱桃、香菜叶来点缀，红、黄、白、绿四色组合，实现色彩美的效果。

图4-10　糟熘三白

图4-11　番茄炒鸡蛋

3. 妙在点睛

菜点可以适当添加亮点，以达到点睛的效果。例如，在奶白色蛋糕上放几粒鲜红的樱桃（见图4-12），在黄褐色的红烧鱼上放几根绿色的香菜叶，北方很多地区办喜事时的白馒头上点红点等，都能使美感油然而生。

图4-12　奶油樱桃蛋糕

（二）香气美

1. 自然香

自然香指是指充分发挥食物自身的香气，如小葱拌豆腐可以散发葱香和豆腐香（见图4-13）；菠萝鸭片能散发菠萝的果香和鸭片的肉香。

图4-13　小葱拌豆腐

2. 加热香

加热香是指通过炸、炒、熘、炖、蒸等烹饪方法，使食物的自然香气散发出来，如荷叶鸡（见图4-14）同时具有荷叶与鸡的清香。

图 4-14　荷叶鸡

3. 发酵香

发酵香是指通过微生物作用将原食物转化为有特殊香气的食物，如红油腐乳（见图4-15）、酸豇豆（见图4-16）、乳香肉排等。

图 4-15　红油腐乳

图 4-16　酸豇豆

4. 调料香

调料香是指在菜点中加入增香料，如葱、蒜、姜、胡椒、八角、花椒、小茴香、花粉等，以扬香气，如桂花糕（见图4-17）、葱油饼（见图4-18），又如在清汤冬瓜鸡中加入葱姜可去腥气，使之散发肉香和菜香。

图 4-17　桂花糕

图 4-18　葱油饼

（三）滋味美

滋味美是烹饪美感的高潮和最主要部分，它使人获得味觉上美的享受。中国菜点非常重视滋味美。

1. 重本味

重本味即尽量保持食品的原味，即吃肉重肉味、吃海鲜重海鲜味、吃萝卜重萝卜味。重本味不一定是保留原料食物的所有本味，而是保留本味的精华部分。例如，有腥味的鱼或有膻味的羊肉，烹调时加点醋和酒，更能发挥出其鲜的本味。

2. 重调味

俗话说"五味调和百味香"，这里的五味指酸、甜、苦、辣、咸。调味是一种艺术，犹如绘画中调色或音乐中调音。就像三原色能调出绚丽多彩的颜色，七声音阶能调出无数的美妙旋律，调味可以把五种单一味调成复合味，而且复合味种类繁多。以四川的辣菜为例，回锅肉咸鲜微辣（见图4-19），麻婆豆腐麻辣鲜咸，宫保鸡丁香辣鲜咸（见图4-20），鱼香大虾咸辣酸甜，四种辣菜有四种不同的滋味。

图4-19　回锅肉

图4-20　宫保鸡丁

3. 重口味

正所谓"食无定味，适口者珍"，烹饪讲究适合不同人的口味。人们的年龄、性别、民族、生活环境不同，味蕾的数量、质量、分布也不同，因而口味呈现出因人而异的差别。"南甜北咸""东辣西酸"道出了我国不同地区人们的口味特点。烹饪时还要注意不同时令，古人有云："春多酸、夏多苦、秋多辛、冬多咸。"

4. 重风味

重风味就是在调味中存在明显不同风格的味型。中国烹饪按照地域差别，可以分出多种不同的风味，如广东风味以清淡为主，江苏风味是咸中带甜，山东风味是咸鲜味浓等。烹饪时要善于利用各种烹饪技艺，展示各种风味的无穷魅力。

（四）造型美

菜点的造型工艺是烹饪艺术的重要内容。美的菜点赏心悦目，使人获得视觉上的美感，引起人们的食欲。菜点的造型形式有自然形、随意形、图案形、象形等。造型的方法有包卷法、扣制法、捏挤法、捆扎法、镶嵌法等。有些工艺菜造型要求很高，难度很大，要把菜点模拟成动物、花卉、建筑等，如孔雀开屏鱼（见图4-21）、金鸡报晓、雄鹰展翅、松鹤延年、喜鹊登梅、龙凤呈祥等。

图4-21 孔雀开屏鱼

拓展阅读

中国八大菜系

丰富多样的食材和精细多样的烹饪技术，使我国逐渐形成了各具特色的菜系。其中较为著名的八大菜系包括粤菜、鲁菜、川菜、闽菜、湘菜、浙菜、苏菜、徽菜。

1. 粤菜

粤菜由广州菜、潮州菜、东江菜三种地方风味组成。粤菜覆盖地域广，用料庞杂，选料精细，技艺精良，善于变化，风味讲究，清而不淡，鲜而不俗，嫩而不生，油而不腻。夏秋力求清淡，冬春偏重浓郁，擅长小炒，要求火候和油温掌握恰到好处。代表菜有龙虎斗、脆皮乳猪、咕噜肉、大良炒鲜奶、潮州火筒炖鲍翅、蚝油牛柳、冬瓜盅、文昌鸡等。

2. 鲁菜

鲁菜的形成和发展与山东地区的文化历史、地理环境、经济条件和习俗风尚有关。山东是中华民族古老文明发祥地之一，其地处黄河下游，气候温和，境内山川纵横，河湖交错，沃野千里，物产丰富，文化发达。代表菜有糖醋鱼、锅烧肘子、葱爆羊肉、葱扒海参、锅塌豆腐、红烧海螺、炸蛎黄等。

3. 川菜

川菜是一个历史悠久的菜系，其发源地是古代的巴国和蜀国。当时的巴国"土植五谷，牲具六畜"，并出产鱼盐和茶蜜；蜀国则"山林泽鱼，园囿瓜果，四代节熟，靡不有焉"。当时巴国和蜀国的调味品已有卤水、岩盐、川椒、姜。川菜的形成大致在秦始皇统一中国到三国鼎立之间，以麻辣、鱼香、家常、怪味、酸辣、椒麻、醋椒为主要特点。代表菜有鱼香肉丝、麻婆豆腐、宫保鸡丁、樟茶鸭子等。

4. 闽菜

闽菜历来以选料精细、刀工严谨、讲究火候、调汤佐料以味取胜著称。其烹饪技艺采用细致入微的片、切、剖等刀法，使不同质地的原料达到入味透彻的效果，故闽菜的刀工有"剖花如荔、切丝如发、片薄如纸"的美誉。代表菜有佛跳墙、太极明虾、闽生果、烧生糟鸭、梅开二度、雪花鸡等。

5. 湘菜

湘菜即湖南菜，是由湘江流域、洞庭湖地区和湘西山区等地方菜发展而成。湘江流域的菜以长沙、衡阳、湘潭为中心，是湖南菜的主要代表。其特色是油多色浓，讲究实惠。在品味上注重香酥、酸辣、软嫩。湘西菜擅长香、酸、辣，具有浓郁的山乡风味。代表菜有麻辣子鸡、辣味合蒸、东安子鸡、洞庭野鸭、霸王别姬、冰糖湘莲、金钱鱼等。

6. 浙菜

浙菜以杭州、宁波、绍兴这三个地方的风味菜发展而成，历史也相当悠久。南宋时期，京师人南下开饭店，用北方的烹调方法将南方丰富的原料做得美味可口，"南料北烹"成为浙菜的一大特色。例如，浙江名菜"西湖醋鱼"是以鱼为原料，按照北方的"糖醋黄河鲤鱼"做法发展而来。代表菜有西湖醋鱼、东坡肉、西湖莼菜汤、龙井虾仁、宋嫂鱼羹、排南、雪菜大汤黄鱼等。

7. 苏菜

苏菜即江苏地方风味菜。江苏是名厨荟萃的地方，我国第一位典籍留名的职业厨师和第一座以厨师姓氏命名的城市均在这里。"菜美之者，具区之菁"，商汤时期的太湖佳蔬韭菜花已登大雅之堂。春秋时齐国的易牙曾在徐州传艺，由他创制的"鱼腹藏羊肉"千古流传，是为"鲜"字之本。苏菜制作精细，因材施艺，四季有别，浓而不腻，味感清鲜，讲究造型。代表菜有烤方、淮扬狮子头、叫花鸡、火烧马鞍桥、松鼠桂鱼、盐水鸭等。

8. 徽菜

皖南的徽州菜是徽菜的主要代表，起源于黄山麓下的歙县，即古代的徽州。后因新安江畔的屯溪小镇成为"祁红""屯绿"等名茶和徽墨、歙砚等土特产品的集散中心，饮食业发达，徽菜的重点逐渐转移到屯溪，并在这里得到进一步发展。徽菜以烹制山珍野味著称，擅长烧、炖、蒸，而少爆炒。其烹饪芡大、油重、色浓，朴素实惠。代表菜有火腿炖甲鱼、雪冬烧山鸡、符离集烧鸡、蜂窝豆腐、无为熏鸭等。

二、食具美

食具是用来盛茶酒、装饭菜的器皿和配套的餐具，主要包括碗、碟、盘、杯、勺、盆以及筷子等。经过长时间的发展演化，我国的食器从古老的陶钵、瓷盘到近代细瓷烫金的杯盘碗碟，从素陶到彩陶，从青花瓷到彩釉，从九龙杯、夜光杯到琉璃壶，已经不仅仅具有盛用饭菜的实用价值，还具有相对独立的审美价值。它们往往以优美的造型、柔和的色调成为可供观赏的艺术品，给人一种感染力。

饮食美要求饮食器具与食物的美相协调，器具的造型、色彩、线条都应具有审美价值。我国古代对烹饪中的器具美就很讲究，唐代诗人杜甫在《丽人行》中有这样的描绘："紫驼之峰出翠釜，水精之盘行素鳞。"前半句是说红褐色的驼峰羹盛在翠绿的莲花碗中，这形成了艳丽的对比配色；后半句是说乳白色的鱼盛放在水晶盘中，这形成了素雅的调和配色，都表现了食品的精美和食具的高贵。

中国古代特别讲究食具的质地、造型、图案和色彩，多用金银、玉石（见图4-22）、象牙、玛瑙为原料，造型精美，色泽优雅华丽，外形装饰图文并茂，做工精细考究。据说清朝宫廷最高规格的"满汉全席"使用的银制餐具多达404件，外形各异，甚至有一鸭池，呈仰首张嘴之状，盛菜后热气从鸭嘴喷出，鸭舌亦可上下扇动。这些考究华贵的美器虽是中国封建统治阶级尊贵地位的一种象征，但显示的是劳动人民非凡的创造力，这也是食器美的重要内容。在较为大众化的食器中，中国的陶瓷制品所显示的美具有较强的代表性。景德镇的瓷具、宜兴的陶瓷，都是人们所熟悉的。在饮食美中，食具的作用不仅在于衬托食物之美，还起着渲染宴席气氛，展示主人社会地位和文化修养的作用。

图 4-22 明代玉双凤耳杯

三、饮食环境美

人们进食总会有一定的饮食环境。舒适、整洁、美观、高雅的饮食环境，不但与美食相应，能使人更好地享受饮食之美，而且其格局、格调、档次、装饰能充分显示食者的地位、修养，折射出时代和民族特色。

饮食环境主要有两种：一种是家庭餐厅，另一种是饭店、酒楼的餐厅。

家庭餐厅（见图 4-23）可选用方圆或长短可变的餐桌，根据进餐人数改变餐桌尺寸。不进餐时，可在餐桌上摆放便于移动的瓶花。餐厅墙面上可挂有水果、蔬菜等静物摄影作品。餐厅灯光可采用黄色，使菜肴呈现出鲜嫩可爱的色调，诱发食欲。总之，家庭餐厅要布置得清爽、优雅、方便、舒适。

图 4-23 家庭餐厅

饭店、酒楼的餐厅（见图4-24）的环境美，首先体现在它的命名上。如"长城饭店"，长城是中华民族的象征；"鸿宾楼"寓意"鸿雁来宾"；"萃华楼"有"荟萃精华"之意；"丰泽园"有"丰富、泽润"之意等。许多餐厅还设有包间，命名为"牡丹""翠竹""杜鹃""仙鹤"等。餐厅的名称语短意长、含蓄高雅，使人感受到文学之美。在餐厅的墙面上挂上名人书画作品，可以更进一步营造文化气氛。

图4-24 饭店、酒楼的餐厅

饭店、酒楼的餐厅还要创造一种独特的风格和情调，或典雅宁静，或淳厚古朴，或豪华富丽，或恬淡纯真。例如，宫廷式餐厅以中国古代皇家美学风格为模式，庄严雄伟，金碧辉煌，餐厅用彩绘宫灯照明，摆着龙凤屏风、红木家具和大型盆景，墙上挂着中国古代传统字画，表现出古色古香的韵味，使人们犹如置身宫廷之中。

再如，四合院式餐厅以北京四合院风格为模式，通俗简朴，恬淡纯真。院外的门楼上挑挂红灯，院内井壁贴着"福"字。正房和两边厢房作为雅座和包间，廊柱上贴着寓意吉祥的对联。屋内摆着八仙桌和条凳，在柜台上陈列着焦圈、小窝头、豌豆黄、艾窝窝等北京小吃，墙上贴着豆汁、豆腐脑、炸酱面的价目表，营造了老北京的文化氛围。

又如，园林式餐厅以中国建筑与自然景色交织的风格为模式，优美宁静，典雅秀丽。餐厅就在园林之中，餐厅外开池筑山，做成小瀑布，栽花种树，开辟养鱼池，再建以小型的中国古典式亭台廊桥。通常使用石桌或用藤柳编制的桌椅。在此进餐令人心旷神怡，既享受饮食之美，又享受山水林泉之乐。

饮食环境的美可以创造的风格和情调远不止以上几种，还有北方农舍式、南国风光式、欧美田园式等。不同的饮食环境美，能给人们带来不同的审美感受。

第三节
居 室 美

居室美是指私人生活空间在空间布置、色彩处理、室内陈设方面满足人们功能与审美的双重需要，使人感到舒适、轻松。

在现代生活中，居室作为一个具有较强私密性的个人活动空间，越来越受到人们的重视。每个人一天之中，一般最少有四分之一的时间是在居室中度过的；经过一天劳累的工作，人们最想回到的通常也是自己的居室。所以，将自己的居室装饰得美一些是每个人都想达到的目的。首先，居室的居住舒适性是最重要的，舒适的居室能够解除人们一天工作的疲劳，缓和紧张的心情，给人以家的温暖。其次，居室的装饰应该是个性化的，每个人的文化层次、身份背景、生活习惯、个人喜好是不同的，对于居室美的具体感受也是不同的，这反映在居室装饰上也应该是多种多样的。

一、居室美的原则

这里从整体的审美效果，综合地、系统地分析居室美的基本原则。

（一）舒适性

居室是人们生活的居住场所。其主要目的便是为人们提供一个良好的舒适的便于学习、工作、休息的生活环境。这里的舒适有两层含义：一是指精神上的舒适，有使人舒心适意的气氛、情调，有利于身心健康；二是指物质条件上的舒适，即能为人们的学习、工作、休息等一系列活动提供一定的物质基础。

（二）适宜性

居室是由家具、照明、陈设等多种设施组成的。这些设施的大小、比例、安排等要具有适宜性。有些家庭住房面积并不小但杂乱无章，也有的家庭居室空间很小，却放着一张很大的沙发，这些都是不适宜的。

居室环境应以"和"为贵。所谓"和"，是指在整体上把握室内设计的一切要素

（"六界面"、灯具、家具、软装饰陈设和绿化等），并使这几大要素在一个整体的环境内形成和谐的局面。就像古希腊哲学家说过的——和谐也并非绝对的，而是诸要素的对立统一。

适宜性还要求居室的风格、情调与居住者的性格、职业和所处的季节、所在的背景等相统一。以协调为美、以统一为美，正是适宜性的要求。

二、居室美的要求

美的居室应该做到布局整洁、有序、富于变化，形象端正、简洁、新颖，意境壮观、优美、深邃。

居室的室内装修艺术具有强烈的直观效果。设计师对造型的处理、材料的选择、色彩的搭配，即形、材、色等所形成的空间环境，对居住者的心理和生活会产生特定的影响。它能给人以美的感受，影响人的情绪，陶冶人的情操；也可以展示特定的文化内涵，显示人的精神品位和生活情调。因此，居室美有一定的要求，具体体现在以下几个方面。

（一）整体的美感

家居装饰首先要保证整体和谐，使家居各区间（客厅、卧室、书房、厨房、卫生间等）风格、格调统一，装饰上形、光、色、质等形态构成要素组成完整的空间序列，给人留下章法严谨、性格鲜明、格调清新、主次分明的观感。

整体美感的形成，可以通过以下几种途径实现：一是整体风格、韵味一致，家居环境中各功能空间进行共同装饰（如门套、门页、窗、踢脚线、挂角线等），达到造型、用材、处理手法上的一致或大致相同；二是家居各空间在主色调上基本一致或在同类色内做深浅变化；三是装饰的饰面主体材料在质地、色彩、肌理、纹样上统一协调，力求打破单调乏味之感，获得层次分明、烘托得体、错落有致、韵律有序的秩序感，实现量感、力感、运动感的平衡统一。

许多家用电器的造型都是相当美观的，比如壁挂式空调、立式音响设备、冰箱、洗衣机等，居住者在选购时要注意与居室环境相协调。各类陈设、艺术品、书画、盆栽与整体环境的有机组合，能起到画龙点睛的作用。灯具款式、形状、大小的选择，要为居室整体风格和环境服务。此外，窗帘、床罩、桌布、五金配件及各类用具等应精心挑选安排，与全局协调，使居室形成和谐的美。

（二）功能的美感

居室是紧张劳作后安抚人们疲惫身心的休息场所，它的价值首先体现在实用方便、舒适自然、质朴典雅，进而才是富有个性、韵味、情趣等，这些便是构成功能美的要素。如为追求时尚或显示富有而倾其所有，仿效星级宾馆及娱乐场等手法，使斗室珠光宝气、艳俗奢侈，缺乏和谐、亲切、平易、随心的家居氛围，是极不可取的。

不同的空间给人的感觉是不一样的，因此必须根据室内各空间使用功能的特点来营造其小环境。如客厅要有宾至如归之感，卧室要有隐私安全感，书房要有书卷气息（见图4-25），儿童房要有童趣（见图4-26）、厨房（见图4-27）和卫生间（见图4-28）则要洁净、方便。一般来说，进入过于高敞的空间易使人产生失落感，而进入过于狭小的房间会让人产生紧迫感，这些都是可以通过一些方法来改变的。要以居室者生活方便、实用为准则，将空间分配、使用频率安排得合理有序，在协调和谐中实现其功能美。

图4-25　书房

图4-26　儿童房

图4-27　厨房

图4-28　卫生间

（三）布局的美感

有的居室面积不大，但由于布局合理显得井井有条，给人带来美感；有的居室比较宽敞，却显得杂乱无章。要做到布局合理，就要善于利用有限的使用面积进行功能分区，如分为待客区、学习区、娱乐区、就餐区、睡眠区等。在学习区，书桌和书架应集中摆放，在睡眠区不要放冰箱，在待客区不要放洗衣机。居室面积较小可以做到一器多用、一室多能，如用组合家具、折叠家具等，摆放在居室有限的空间里既方便实用，又雅致美观。有的居室一味使用数量多、体积大、造价高的家具，大衣柜、低矮柜、酒柜、电视柜、长沙发、茶几等把整个居室挤得水泄不通，这种做法是不可取的。在居室的布置上，要学会运用"减法"，去除室内一切多余的物品，只有"忍痛割爱"，取其精华，居室才能美。据专家研究和测试，室内家具以占据房间面积的1/3为最佳比例，这样可以周旋有隙、行走无碍，使人产生清新感、宽松感和舒适感。

（四）色彩的美感

美化居室选用色彩应注意利用色彩的温度感、重量感、空间感及情绪感。首先要注意色调与居室目的的统一，即选择用青色、蓝色的冷色调组成一个清新、淡雅的房间（见图4-29），来慰藉紧张工作后的疲惫身心，还是用红色、黄色的暖色调营造一个热烈、温暖的环境（见图4-30），来增添全家团聚的气氛。色彩的亮度、纯度不同，会让人产生轻重不同的感受。如果顶棚和墙壁用深色，而墙脚和地面用浅色，就会给人头重脚轻和压抑之感；反之，会给人稳定感，符合人的心理习惯。同样，将亮度强、纯度高的浅色用于天花板和墙面，能够使之显得较高较宽，而将亮度较弱、纯度较低的深颜色用于室内陈设，能够缩小空间感觉，会使整个居室显得更宽敞。

图4-29　冷色调

图4-30　暖色调

此外，不同色彩还具有不同的情绪倾向，或使人安静轻松，或使人热烈欢快。总之，色彩会给居室带来多种多样的审美效果。

（五）材料的美感

装饰美在很大程度上是靠各种材料固有的纹样、肌理、色彩、质地等按照美学的原则艺术地组合来实现的。如各种材料的纹理、金属材料的光泽以及它们的坚硬度和负重感、纺织材料的花色与柔软性等材质差异都是在居室装饰设计时需要注重运用的要素。

材料的审美价值不是靠高档材料的堆砌获得的，而是通过材料纹样的曲直、光泽的有无、质地的硬软、色彩的深浅、线条的粗细和形状的大小等种种选择、变化、对比、协调、组合而显现的，所以用材要做到廉中有贵、粗中有细。高档材料应使用得显眼，中、低档材料要发掘出特长，通过精用显示其美感价值，这才叫匠心独运、物显其神。

（六）风格的美感

居室的风格美即居室总体格局和情调所呈现的美感。居室风格的美感不在于追求时髦，而在于有自己的特色，要定一个基调，通过造型、色彩、结构、质地的完美结合，实现总体空间的视觉效果，不仅要功能明确、色彩协调，而且要富有新意，这样的居室才既有生活功能的使用空间，也有美感效果的视觉空间。

居室美化的风格受自然、社会和文化的制约。不同时代、不同民族、不同地域的风格各异。中国传统居室风格庄严典雅，往往采用对称的装饰手法，借书画表达意蕴高雅的风尚。国外居室美化的风格流派众多，如以古埃及、古希腊、古罗马为代表的厚重雄伟、古典优雅、稳健雄壮的风格，以意大利为主的追求人情味和室内空间感情交流的文艺复兴风格，还有以讲究功能、体现理性、标新立异为特点的现代风格。

纵观古今中外居室美化历史，各种风格、流派众多。从宏观上看，有遵循古典主义美学构图和设计法则、注重形式美、沿袭传统的学院派；有看重实用功能、标新立异的现代派；有折中前两派的后现代派等。不管哪个流派、哪种风格，都注重创造良好的物质空间以及感性的、抚慰人心的、有人情味的心理环境。这就要求我们以独创的审美眼光和风格，大胆创新融会，力争在有限的空间里获得美好的意境和情趣。

拓展阅读

常见的居室装修风格

1.美式田园风格

美式田园风格（见图4-31）又称美式乡村风格，属于自然风格的一种。它倡导"回归自然"，在美学上推崇自然、结合自然，在室内环境中力求表现悠闲、舒畅、自然的田园生活情趣，也常运用天然木、石、藤、竹等材质质朴的纹理，并巧妙设置室内绿化，创造自然、简朴、高雅的氛围。

2.新中式风格

新中式风格（见图4-32）是中式元素与现代材质巧妙兼柔的布局风格，它体现为传统家具（多为明清家具）、窗棂和布艺床品交相辉映，经典地再现移步变景的精妙小品。室内多采用对称的布局方式，格调高雅，造型简朴优美，色彩浓重而成熟。新中式风格还继承了明清时期家居理念的精华，将其中的经典元素加以提炼和丰富，同时改变原有空间布局中等级、尊卑等封建思想，为传统家居文化注入了新的气息。

图4-31　美式田园风格　　　　　　　　图4-32　新中式风格

3.地中海风格

地中海风格（见图4-33）的基础是明亮、大胆、色彩丰富、简单、民族性、有明显特色。重现地中海风格不需要太多的技巧，通常是保持简单的理念，捕捉光线、取材大自然，大胆而自由地运用色彩、样式。

4.北欧简约风格

北欧一般特指挪威、瑞典、芬兰、丹麦和冰岛5个国家。由于它们地处北极圈附近，气候非常寒冷，所以北欧人在进行室内装修时大量使用隔热性能好的木材。北欧简约风格（见图4-34）更接近于现代风格，其主要特点如下：以自然简洁为原则，整体为浅色基调；常用枫木、橡木、云杉、松木和白桦等原木制作家具；以少量的金属及玻璃材质做点缀；使用多彩或纯色的地毯、靠背、抱枕。

图4-33　地中海风格

图4-34　北欧简约风格

5.日式风格

图4-35　日式风格

日式风格（见图4-35）中的色彩偏重于原木色以及竹、藤、麻和其他天然材料的颜色，形成朴素的自然风格，不推崇豪华奢侈、金碧辉煌，以淡雅节制、深邃禅意为境界，重视实用功能。日式风格特别能与大自然融为一体，借用外在的自然景色，为室内带来无限生机，选材上也特别注重自然质感。

（七）装饰的美感

居室美是由居住者的思想境界、道德情操、文化素养、个人性格等共同决定的。居室美并不在于室内的陈设高级、华丽。有些居室富丽之极，但是由于没有体现出对社会责任的感受，缺乏强烈动人的生气和性格，因而让人感觉居住者的富有只是在金钱方面而不是灵魂。有些居室很简朴，只有几件实用的家具，但在墙上挂着红梅傲雪凌霜的中国写意画，表现了居住者对中国画的喜爱和蓬勃向上的人生观；在案头上有一幅"业精于勤"的书法作品，这是居住者激励自己立志苦学的座右铭；在书柜旁还挂着一对羽毛球拍，表明居住者热爱体育锻炼，是一个朝气蓬勃、全面发展的人。这些居家陈设虽然简朴淡雅，却表现出主人高尚的情趣和美好的情操，体现着居住者的时代责任感和对民族文化的钟爱。再如，居住者可以在居室的客厅里把两件著名雕塑作品对称地放在两个柱型的玻璃罩中，并加以灯光照射，给人一种高贵、文雅、洁净、神圣的美感享受，也反映了自己对文化艺术的追求和对生活的热爱。我们在布置居室时，要有意识地创造陈设装饰美，通过各种装饰美化的形式，如绘画、雕塑、书法、工艺品等文化艺术作品的展示，寄托自己的审美情趣，反映自己的个性、气质、文化素养和思想倾向，为原本没有生命力的居室及陈设注入强烈的生命力。

思考与练习

1. 结合服饰美的三要素，联系自身实际，谈一谈怎样的穿着更具美感。

2. 列举一道你最喜欢的菜，谈一谈它包含哪些美。

3. 怎样合理布局才能使居室更有美感？

课后实践

在班级举办一场"服装秀"活动，同学们根据自己的喜好，结合服装美的原则为自己选择一套服装，可以是传统服装（如汉服），也可以是少数民族服装，还可以是精致的时装。每位同学有三分钟的时间来展示和介绍自己所选的服装。

| 本章导读 |

汉字在漫长的演变发展史中，一方面起着思想交流、文化继承等重要的社会作用，另一方面它本身也形成了一种独特的造型艺术。汉字不仅是中华民族的文化瑰宝，而且在世界文化艺术宝库中独放异彩。书法在发展过程中逐渐形成了篆书、隶书、草书、楷书和行书五种书体，它们既是赏心悦目的艺术形式，又是传承中华优秀传统文化的重要载体。

| 育人目标 |

通过对书法名家的作品进行介绍，使学生了解我国书法悠久的历史，感受中国传统文化的魅力，增强文化自信，激发爱国热情。

| 思维导图 |

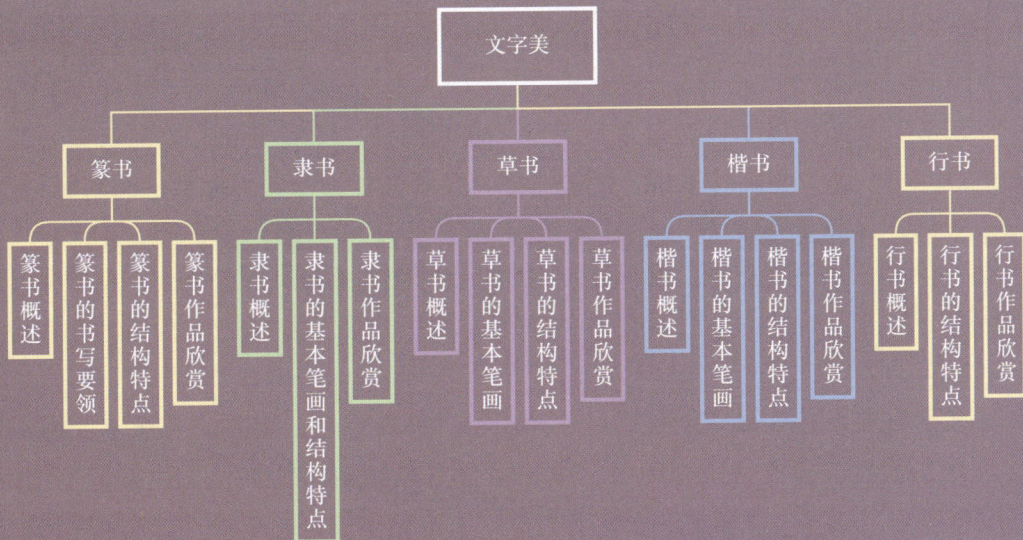

第一节
篆　　书

一、篆书概述

篆书是秦和秦以前流行的所有文字的总称。篆书又可分为大篆和小篆。大篆可从广义和狭义两个方面理解。广义的大篆指甲骨文、金文、籀文和春秋战国时通行于六国的文字，狭义的大篆专指籀文。小篆又称秦篆，是秦始皇灭六国后命李斯以秦国的篆书为基础整理出的统一文字。小篆书体更趋简化，线条圆匀，字呈竖势。小篆是我国汉字的一大进步，也是汉字发展史上一个重要的里程碑。

大篆、小篆的书写方法大体一致，主要区别在于大篆较繁，小篆较简。结体上，大篆接近于甲骨文，结体错落有致，呈自然质朴之美。其用笔纯用中锋，用力匀平，流转自如。小篆的结构由大篆演变而来，其结体较大篆更为工整齐律，呈匀称整饰之美。小篆体态修长见方，结构匀称，大小相等，与以前古文字相比，符号性和图案性明显增强。其用笔也是纯用中锋，且笔势更为流畅，显得朴茂端重。

二、篆书的书写要领

小篆的基本笔法以中锋用笔最为关键。起笔藏锋，圆润流畅，收笔回锋。线条力求均匀一致，转折处圆转无折，注重力量与速度的平衡。通过提按、转折等技法，展现小篆的独特韵味与美感。练习时，静心凝神，体会笔意，方能掌握其精髓。总体来说，篆书由直、弧的基本线条构成，把握好这些基本线条，是写好篆书的关键。

（一）直笔画的写法

写直笔画时，逆入藏锋至首端，中锋用笔（见图5-1）。前行，行至末端向左回锋。所有直笔画基本都是圆起圆收，藏锋回锋尽量做到用笔到位，中部行笔稍快，尽量绷住笔尖，感受笔锋和纸面摩擦的力量，不可轻滑而过。

图 5-1　直笔画

（二）弧笔的写法

1.上弧的写法

篆书的弧笔笔法和横竖一样，都是欲右先左、欲上先下，关键是要保持圆劲的势态，难点在于转弯时既要控制力道，又要注意对称。两弧在中间段衔接，衔接处要写得自然而不留痕迹（见图5-2）。

2.下弧的写法

下弧的写法和上弧写法接近，要先写左半弧，后写右半弧。写右半弧时要注意和左半弧对应，线条要一气呵成，不要迟疑缓慢，否则线条会柔弱而缺乏力量感（见图5-3）。

图 5-2　上弧　　　　　　　　　　图 5-3　下弧

3.左右弧的写法

写左右弧时，主要是两边弧的起收处要一致，不要偏倚，要对称自然，紧凑而不松散，充分体现篆书的婉转流畅之美（见图5-4）。

4.方弧的写法

写方弧时，无论是长方或正方的弧形，通常都是先写上部的直横，然后写弧笔相接，要圆转行笔，化角为弧，四角要对应，接笔处不留痕迹，方圆要融洽（见图5-5）。

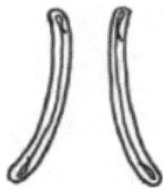

图 5-4　左右弧　　　　　　　　　图 5-5　方弧

5.弯曲弧的写法

小篆的弧度变化多，难度大，图5-6展示了其中一种弯曲弧。无论何种弯曲弧，都要视其圆转程度顺势而写，最好一笔完成，若觉得有难度，可用两笔或三笔，笔笔搭接的方法完成。笔画与笔画之间的搭接是非常重要的，衔接时切勿迟滞。

图5-6 弯曲弧

三、篆书的结构特点

（一）字取纵势，体正势圆

小篆横向的笔画一般写得收敛，而纵向的笔画则写得舒展，字形大多呈长方形。小篆的字势，凡方折处都是弧形线，少量刻印用的缪篆（汉代摹制印章用的一种篆书体）和秦诏版（刻有秦始皇或秦二世统一度量衡诏书的铜版）上，也有部分方形体势，但细细观察，仍多是方中有圆，与隶书体势的以方为主大不相同。

（二）重心平稳，平衡对称

小篆的形体既平又正，是严谨而又工整的书体形式，呈现出来的大多为静态美。在书写时，应注意横平竖直、重心平稳。

小篆追求空间分割均衡、左右上下对称，这是其不同于其他书体的重要特征。这种平衡对称主要包括独体对称、字的局部对称和圆弧形笔画左右倾斜度的对称。

（三）上紧下松，参差错落

小篆大部分字的主体部分是上边大半部，下边小半部是伸缩的垂脚，显得上紧下松。此外，小篆讲究随体赋形，常在不改变结体原则的前提下，灵活处理字体笔画，使其布列整齐、疏密均匀、高低错落，以确保字形美观匀称。例如，为求变化，两侧笔画对应时，把右下一笔加长或曲折；上下笔画相同时，写成上小下大，以求参差变化。

四、篆书作品欣赏

（一）《石鼓文》

《石鼓文》是先秦时期的石刻文字，因其刻石外形似鼓而得名（见图5-7）。发现于唐初，共计十枚，高约三尺（约100厘米），径约二尺（约67厘米），分别刻有大篆四言诗一首，共十首，计七百一十八字。内容最早被认为是记叙秦王出猎的场面，故又称"猎碣"。宋代郑樵《石鼓音序》之后"石鼓秦物论"开始盛行。清末时期，震钧断定石鼓为秦文公时的作品；近代的马衡认为石鼓是秦穆公时的作品，郭沫若认为石鼓为秦襄公时的作品；现代的刘星、刘牧则认为石鼓为秦始皇时代的作品。石鼓刻石上的文字大多已经残破不堪，北宋欧阳修录时存四百六十五字，明代范氏天一阁藏本仅四百六十二字。如今，"马荐"鼓已一字无存。这些珍贵的原石现藏于北京故宫博物院石鼓馆。

图5-7　《石鼓文》

《石鼓文》的书法艺术风格雄浑古朴，规严肃整。其字形结构有金文的遗貌。体势雍容典雅，敦厚朴实，用笔线条浑圆饱满，心平气和，笔致圆润，无明显粗细变化。其线条婉转流畅，字体端庄朴茂、方正谨严。从其用笔、结体中可窥见《颂鼎》《毛公鼎》《大盂鼎》之遗韵。

《石鼓文》布局匀整，又趋同小篆，与西周金文《散氏盘》恣肆率真、不拘一格的书风形成强烈对比。金文受铜器制约，文字相对较小，难以发挥笔性，故率真自然；《石鼓文》的字长四五厘米，书写较易把控，形成了朴拙古厚的独特风格。

　　《石鼓文》对后世的书法与绘画艺术产生了非常大的影响，不少杰出书画家如杨沂孙、吴大澂、吴昌硕、朱宣咸、王福庵等都长期研究石鼓文艺术，并将其作为自己书法艺术的重要养分，进而融入自己的绘画艺术。

　　（二）《泰山刻石》

　　《泰山刻石》中的小篆为秦朝名相李斯所书。秦始皇统一六国以后，曾多次巡视全国，立石刻，歌颂秦德。见于史料的刻石一共有七处，分别是《峄山刻石》《泰山刻石》《琅琊台刻石》《芝罘刻石》《东观刻石》《碣石刻石》《会稽刻石》。七处刻石有的失散，有的被摧毁，现存的《琅琊台刻石》损坏严重，几乎没有完整的字，给临习者带来较大困难；《会稽刻石》在南宋时尚在会稽山顶，但其字迹几乎全部损坏，后经辗转翻刻，书法已板滞无神，失去原刻风貌。能全面反映李斯小篆风貌的，唯有《泰山刻石》。尽管有学者考证《泰山刻石》非原石拓本，但与《峄山刻石》《会稽刻石》相比，其更接近秦篆原貌。《泰山刻石》（见图 5-8）书法严谨浑厚，平稳端正；字形公正匀称，修长婉转；线条圆健似铁；结构左右对称，横平竖直，外拙内巧，疏密适宜，具有重要的艺术价值和历史价值，因此可作为篆书字帖的首选。

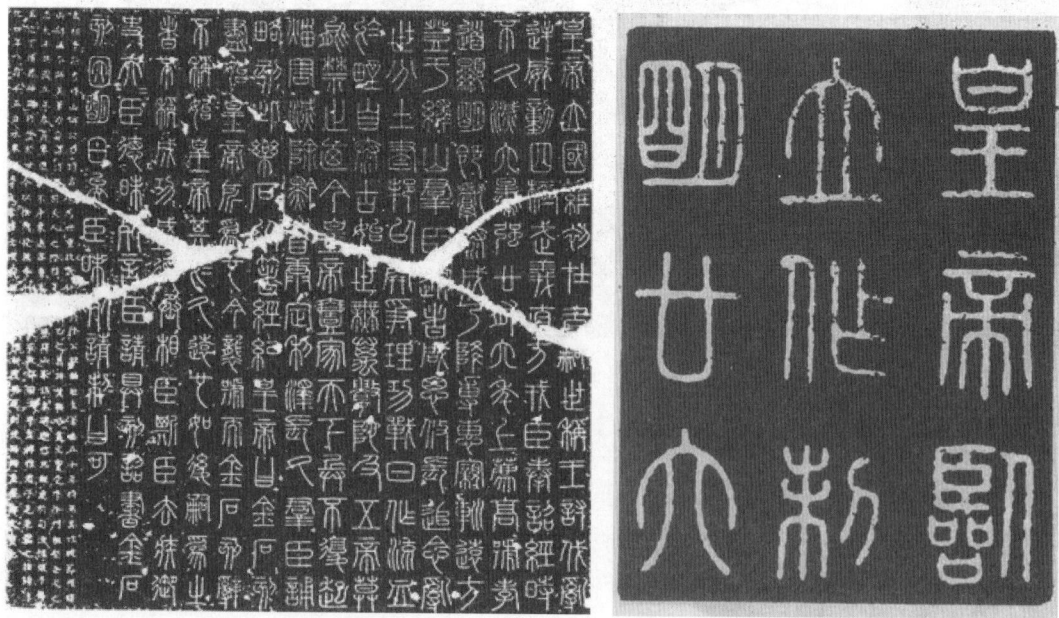

图 5-8　李斯《泰山刻石》

第二节
隶　书

一、隶书概述

　　隶书是由篆书发展变化而来的。隶书之名最早出现在东汉班固的《汉书·艺文志》中。对于隶书兴起的原因，晋代卫恒在《四体书势》中说："秦既用篆，奏事繁多，篆字难成，即令隶人佐书，曰隶字……隶书者，篆之捷也。"唐代张怀瓘在《书断》中说："隶书者，秦下邽人程邈所作也。"隶书取代篆书在很大程度上得益于其实用性，能够适应快速书写。书法上称秦隶为"古隶"，称汉隶为"今隶"。隶书上承篆书，下启楷书。隶书将篆书的曲线条变为直线条，圆转笔画变为方折，结构上改象形为笔画，更加强调平衡对称、整齐一致。隶书的出现，宣告了今文字的诞生，它将尚存于篆书中的象形因素消灭殆尽，标志着汉字符号化的完成，为汉字书法的进一步发展拓宽了道路。

　　隶书是在小篆书体的基础上，去其繁复、增减其体而创立的，其结体更为端正整齐，呈现秀丽端庄之美。其用笔（以汉隶为例），主要是横画的变化，蚕头雁尾，一波三折，尽情舒展，呈委婉波状之势。如果说篆书是以弧笔著称，那么隶书则是以波势见长。

　　隶书的出现在汉字演化和书法史上具有极其重要的意义。章草、楷书都是由隶书发展而来的。隶书包括秦隶、汉隶等。秦隶是在将小篆简化的基础上发展而来的，故保留了许多篆书痕迹。其结字随意性强，部首的组合错落有致，节奏鲜明爽快，使人耳目一新。汉隶主要指东汉碑刻，是成熟意义上的隶书。其主要表现为结构变化大，有扁有方，线条出现了粗细变化，由圆笔变为方笔，并出现了撇、捺、折、点等笔画，从而极大地丰富和提高了书法的艺术表现力，对后世产生了极大的影响。

二、隶书的基本笔画和结构特点

（一）隶书的基本笔画

隶书的笔画是由篆书的笔画演变而来的，它将篆书中的弧画进行了拉直或缩短，并打破了篆书对称的字体结构，同时增加了撇、捺、折、钩、提等笔画。定型后的隶书一共有八种基本笔画，即竖、横、点、撇、捺、折、钩、提（挑）（见图5-9）。

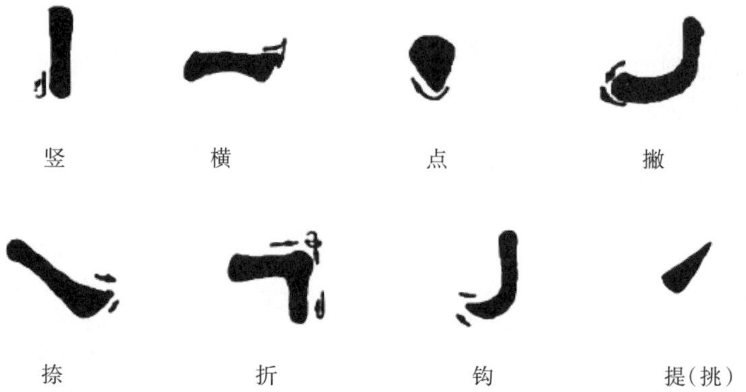

竖　　　　横　　　　点　　　　撇

捺　　　　折　　　　钩　　　　提（挑）

图5-9　隶书的八种基本笔画

（二）隶书的结构特点

隶书字形扁平，字取横势，规矩整齐，波磔明显，其特点可概括为如下五点。

1.蚕头雁尾，波磔明显

蚕头雁尾通常是对隶书横画起笔、横和捺收笔的形象说法，意指一些长横起笔时，回锋隆起，形如蚕头，横和捺收笔时，顿笔斜提，波磔明显，形成隶书独特的风格。

2.对称均衡，重心平稳

隶书是由篆书演变而来的，其结构还明显地保留着篆书对称均衡的特点，给人以平稳、庄重的感觉。

3.上紧下松，上密下疏

隶书呈扁方形，上下占的空间较少。这一特点促使其点画安排必须紧凑，并做到上紧下松、上密下疏，尤其是写横画较多的字时。这样不仅为后写的点画留有余地，看上去上下均衡，无下坠之感。

4.横平竖直，撇捺舒展

虽说楷书有横平竖直的特点，但实际上，楷书的横画一般是左低右高、向右上斜倾的，隶书才真正是横平竖直。由于隶书字形偏扁，中间紧收，上下高度压缩，只能让撇捺向左右两边自由伸展。这样不仅左右平衡，还显得活泼生动。

5.参差变化，因字立形

虽然蚕头雁尾是隶书的特征，但应避重复、求变化。所以隶书又讲究雁不双飞、蚕无二设。也就是说，形如雁尾的波势，在同一字内不应重复出现；形如蚕头的横画起笔，在同一字内横画并列时，也不应再现。此外，有人以为隶书字形扁方，而特意像写美术字似的把所有的字都写成一个模式。其实隶书也与楷书一样，要因字立形、顺其自然。

三、隶书作品欣赏

（一）《曹全碑》

《曹全碑》（见图5-10）全称《汉郃阳令曹全碑》，是中国东汉时期重要的碑刻。它是汉代隶书的代表作品之一，以风格秀逸多姿和结体匀整著称，受历代书家推崇。从此碑的书法艺术上看，其用笔特征是相当明显的：逆入平出，以圆笔为主，运笔如顺势推舟，很少有大蹲大跳之笔，不激不厉，笔势稳健，婉丽绰约，明媚多方。此碑具有阴柔之美：婀娜多姿，体态窈窕，艳而不俗，秀而尤清，中宫紧收，精气内藏，舒展如群鹤翔翅，雅静端庄，得华贵于古厚之中，寓清秀于风月之间，笔精墨妙，丰腴蕴藉，情驰神纵，超逸优游，意气灵和，开明丽清雅之先河。

《曹全碑》在明代万历年间出土，保存完好，其精妙的书法是人们全面了解和学习汉隶的宝贵资料。《曹全碑》单字结构主笔如横、撇、捺拓展了字的展示空间，字距远大于行距，结构疏放开朗，结体扁平，强化隶书的横向分展，左右协调，重心平稳。这种扁平的结构取势，对于初学者掌握其结构规律非常有利。一幅书法作品的成败并不仅仅取决于单个字法，章法起着更为重要的作用。《曹全碑》在汉隶之中属于横有行、竖有列的常见的隶书章法模式，作品具有飘逸秀丽、秀美多姿的艺术特征，章法相对容易掌握。《曹全碑》作为隶书精品，书法工整精细，秀丽而有骨力，充分展现了汉隶的成熟与风格，值得初学者尝试临摹。

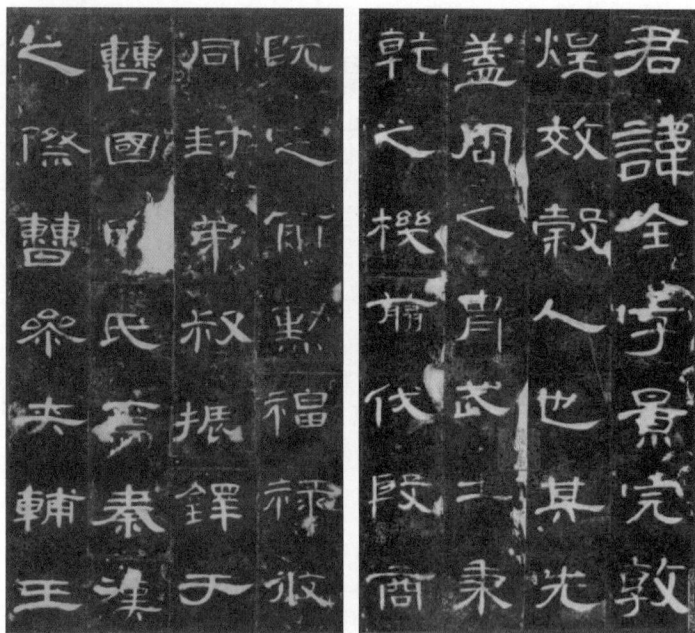

图 5-10   《曹全碑》局部

（二）《石门颂》

《石门颂》（见图 5-11）也称《汉故司隶校尉犍为杨君颂》，刻在陕西古褒斜道南端石门隧道西壁之上。原刻通高 261 厘米，宽 205 厘米，书体为汉隶，刻书 22 行，每行 30 或 31 字。1967 年，因要在石门所在地修建大型水库，人们遂将此摩崖石刻从崖壁上凿出，1971 年迁其至汉中市博物馆，保存至今。

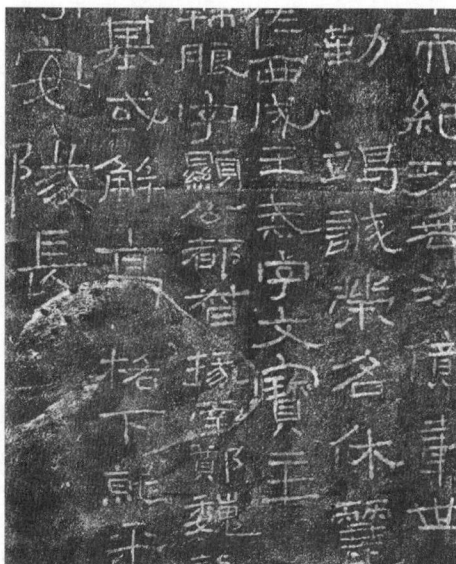

图 5-11   《石门颂》局部

《石门颂》是中国书法史上的一座丰碑，是汉隶中的经典之作，它与《郙阁颂》《西狭颂》并称"汉三颂"。它对后世书法艺术的审美判断在一定意义上具有决定性作用，因为从笔法上而言，它是较早使用并充分使用绞转笔法的汉碑；在整体气息上，它以静为主、以动为辅的审美追求直至今天依然是传统意义上书法艺术的审美主流。

第三节
草　书

一、草书概述

　　根据东汉许慎的《说文解字》，草书源于汉代。草书分为三大类：章草、今草与狂草。章草是由汉隶演化而来的，其最明显的特征是捺脚上挑，各字之间互不连属。今草是在章草的基础上结合楷书发展而来的，它继承了章草的章法，加深了笔画意味的连带，脱尽了隶意。狂草是在今草的基础上对字的点面与结构的进一步夸张与变形，是最能宣泄书家情感的书体。

　　章草就是隶书的草写体，其特点的结体简约，字字独立，保留有隶书的笔法形迹。汉代张芝的《秋凉平善帖》是章草的代表作。

　　今草是在章草的基础上形成的，在东晋时达到成熟。今草结体以纵易横，字与字之间偶尔以游丝相连，代表作有东晋"二王"（王羲之和王献之）的《淳化阁帖》和王羲之的《十七帖》。

　　狂草为东汉人张芝始创，但真正能够自由驾驭狂草的是唐代的张旭、怀素等大家。张旭的《肚痛帖》（见图 5-12）、《古诗四帖》，怀素的《自叙帖》《千字文》都是狂草作品的典范。北宋的黄庭坚、明代的祝允明亦为狂草大家。狂草把章法、结体、笔法融为一体，字形变化多端，笔走龙蛇，气脉相通，把中国书法推上了纯艺术的高峰，充分展现了中国书法的抽象意境。

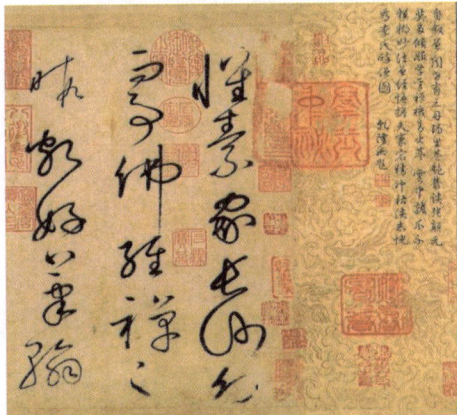

图 5-12　《肚痛帖》（局部）

二、草书的基本笔画

　　草书的基本笔画包括点、横、竖、撇、捺、方折、圆转、提、钩等。在草书中，点画的形体特征、方向变化比较丰富，并且出现了两点、三点连笔书写的形式（见图5-13）；横画有长横、短横和连笔横，除了表示"横"以外，它通常还是心字底儿和四点底儿的简写符号（见图5-14）。

图 5-13   草书中的各种点画   图 5-14   草书中的各种横画

竖画有中锋竖和偏锋竖，除了表示"竖"以外，它还是单人旁、双人旁、言字旁等部首的简写符号；撇画的形体不像其他书体那样规范，而是较为多变，末端有的藏锋，有的露锋；捺画则是以长点的形态出现的（见图5-15）；方折的形式多样，有横折、竖折、横折撇、撇折横和连续转折等（见图5-16）。

图 5-15   草书中的撇捺   图 5-16   草书中的各种方折

圆转的用笔最为随意，是草书最重要、应用最多、变化最丰富、最能体现美感的笔画（见图5-17）；提画分为长提和短提（见图5-18），书写时提画一般还与其前后的笔画进行连笔；钩画有横钩、竖钩、戈钩、背抛钩等，其处理方式多种多样，并且有时和其他笔画上下、左右相连。

图 5-17   草书中的不同圆转   图 5-18   草书中的两种提画

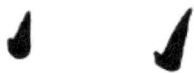

三、草书的结构特点

（一）简约为本，以点代画

若以楷书的结构点画为标准，行书是有增有减，其中，增是指增加游丝，减是行书的减略写法；而草书主要用减法，如在写"浮、器"等字时，以一点或一画代数点或数画。

（二）跳跃参差，极尽变化

草书是要整篇地看、整行地看、上下左右的字结合起来看。有时草书会两三个字连为一气，成为一种综合结构。所以不一定每个字都讲求重心平稳，只要气足势全即可。字形字态应五花八门，极尽变化之能事。

（三）小圆大圈，连绵跌宕

草书点画多曲，且好用转笔法，忌横平竖直，加以游丝牵引，故其点画线条运动多为圆弧形，为求行笔流畅，多用圆圈。特别是连绵数字一笔时，圈圆交错，难分彼此。

（四）草有草法，约定俗成

草书结字有的从篆隶发展来，有的符合楷、行之法，有的是草书特有的结字方法，称草法，其中包括异体、别体的草写。草法是约定俗成的，有一定的基本规律。除了草法外，草书的笔顺与行、楷不同，这也是草书结构特殊的原因之一。总之，草书要求结字布白虚实、变化多端。

四、草书作品欣赏

（一）《十七帖》

《十七帖》（见图 5-19）是王羲之草书的代表作之一。唐宋以来，《十七帖》一直作为学习草书的无上范本，被书家奉为"书中龙象"。此帖为一组书信，据考证是写给他的朋友益州刺史周抚的。《十七帖》风格中和典雅，不激不厉而风规自远，绝无一般草书狂怪怒张之习，透出一种中正平和的气象。全帖行行分明，但左右之间字势相顾；字与字之间偶有牵带，但以断为主，形断神续，行气贯通；字形大小、疏密错落有致；用笔方圆并用，寓方于圆，藏折于转，而圆转处，含刚健于婀娜之中，行遒劲于婉媚之内，外表冲融而内含清刚，简洁练达而动静得宜。这些可以说是习草者必须领略的境界与法门。

王羲之总结了前人的成果，在师法张芝以及东晋以前其他书法家的基础上，一变汉魏朴质书风，而创妍美流便之草书，为今草确立了一个基本的标准，使今草与章草的界限变得分明，成为两种书体。他笔下的今草结构随笔势而变得自由灵活，充分体现草书"删难省繁，损复为单"的特征。从实用的角度来看，这便于提高书写的速度，字势连绵，笔断意连，而且增强了书写的艺术性。其形态纵横牵掣，钩环盘纡，神态自若，具有变化无穷的美，笔画上改造了章草抑左扬右式的波磔，而代之以随起随收、流畅自然的笔触。

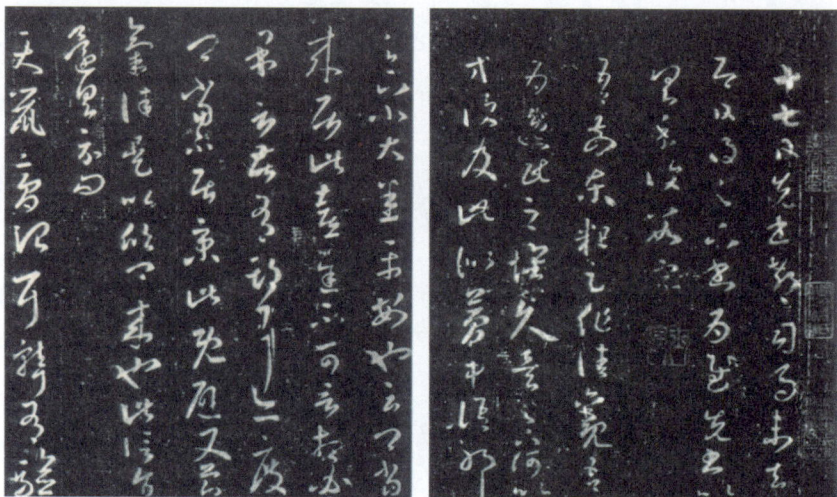

图 5-19　王羲之《十七帖》（局部）

（二）《自叙帖》

《自叙帖》（见图 5-20）是唐代书法家怀素创作的草书书法作品，为纸本墨迹卷。《自叙帖》为怀素自述其生平大略，兼录颜真卿、张谓、戴叔伦等人对其的赠诗成文。通篇为狂草，笔笔中锋，如锥划沙盘，纵横斜直，无往不收；全卷强调连绵草势，运笔上下翻转，忽左忽右，起伏摆荡，有疾有速，有轻有重，通幅于规矩法度中，奇踪变化，神采动荡，实为草书艺术的极致表现。

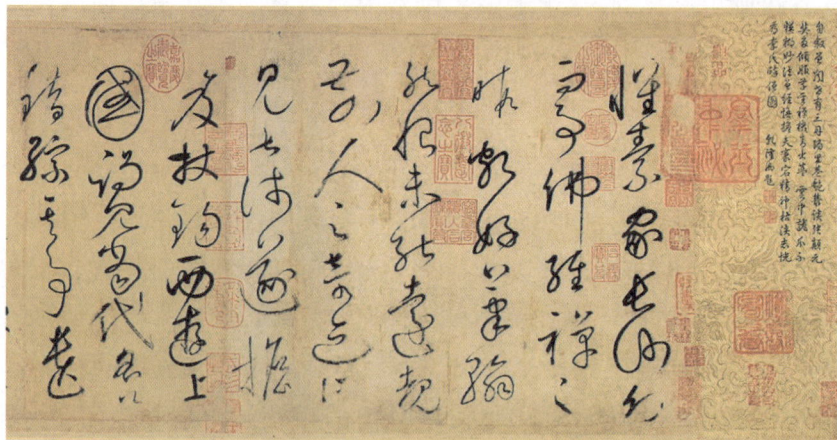

图 5-20　怀素《自叙帖》（局部）

临写怀素的大草作品《自叙帖》，应掌握几大要点：第一，纯用中锋，笔毫凝聚，在无数连绵的线条运动过程中，使线条始终保持一种凝练坚韧、富有弹性的质感，线型"圆""厚"且"通"；第二，用心体悟其线条在回旋的过程中所凸显的节奏和韵律；第三，从微观的角度出发，关注其笔势的翻转、连带和呼应中细节部位的形态、速度、轻重、角度等各方面因素的变化，分析领会古人用笔的丰富性，使自己的观察能力和应用能力得到加强；第四，字形结构与章法在空间处理上应宽松、疏散，映射出一种博大的气象。

《自叙帖》自唐末五代以来一直是草书领域的热门法帖，在中国草书史上承前启后，在书法艺术领域影响深远。它是怀素流传下来的篇幅最长的作品，人称"天下第一草书"。

第四节
楷　　书

一、楷书概述

楷书又称正书、真书，是为规范草书的漫无准则和简省汉隶的波磔而由隶书发展演变而来的。楷书的结体平稳方正、典雅端庄，字形方正，笔画平直，书写讲究笔顺，结体讲究端严，用笔讲究藏露悬垂。楷书在书写时强调笔力、笔势和笔意，讲究长短结合、曲直并举、刚柔相济的艺术效果。楷书的特点是字形方正、横平竖直，一点一画都一丝不苟。

楷书始于汉末，到了魏晋，经钟繇、王羲之进一步完善和创制法则之后，楷书完全脱离了隶书。到了盛唐，楷书进入鼎盛时期。由于楷书最能体现书法的艺术性和实用性，因此逐步成为汉字中使用最广泛的文字体。

在楷书的发展过程中，书家辈出，风格各异。三国时期的钟繇是我国第一位楷书大家，被尊为"正书之祖"。东晋的书法大家王羲之和王献之，把楷书推向成熟的境界。他们的楷书姿态秀美，气质妍丽，被称为晋楷。唐代形成了各具神韵的唐楷风貌，出现了欧阳询、虞世南、褚遂良、薛稷、颜真卿、柳公权等书法大家。其中，欧阳询、虞世南、褚遂良、薛稷并称初唐书法四大家。欧阳询的楷书瘦硬遒劲、平中寓险，虞世南的楷书集妩媚潇洒于一体，褚遂良的楷书绰约多姿、尽显本色，薛稷的楷书娟秀疏通。颜真卿、柳公权为中唐书法大家。颜真卿的楷书豪健端庄、充实饱满，其风格创立了真正意义上的唐楷，成为楷书发展史上的一个里程碑。柳公权的楷书骨硬气刚，被后人誉为"柳骨"。唐代之后，北宋的蔡襄、赵佶，元代的赵孟頫，明代的文徵明、董其昌，清代的赵之谦，皆为楷书大家。宋徽宗赵佶的书法挺秀犀利，赵孟頫的书法妩媚秀润，文徵明的书风清俊秀雅，赵之谦的书风形成"颜底魏面"的特征。

二、楷书的基本笔画

楷书延续了隶书的8种基本笔画（横、竖、撇、捺、点、钩、折、提），但与隶书相比，楷书的笔画更加平正，其横笔不再作蚕头雁尾状，并且取消了波磔之势，发展了钩点，从而让笔画变得更加简便、实用，如图5-21所示。

| 横 | 竖 | 撇 | 捺 |
| 点 | 钩 | 折 | 提 |

图 5-21　楷书的八种基本笔画

拓展阅读

"永"字八法

学楷书首先要从学点画开始，因为点画是构成字的间架结构的基本要素。练好点画的写法，在临写时就可以更多地注意结体。"永"字包含了用笔的所有基本动作方向，即向右的横、向下的竖、向左上的钩、向右上的提、向左下的长撇、向左的短撇，向右下的捺，加上形态最小最多变的点。"永"字八法是指：点为侧、横为勒、竖为弩（又作"努"）、钩为趯、左上的提为策、左下长撇为掠、右上短撇为啄、右下捺为磔（见图5-22）。这八画是楷书的基本笔画，每笔各有特色，而又互相呼应、一气呵成。了解永字八法，对于我们临写范本、掌握笔法是有好处的。

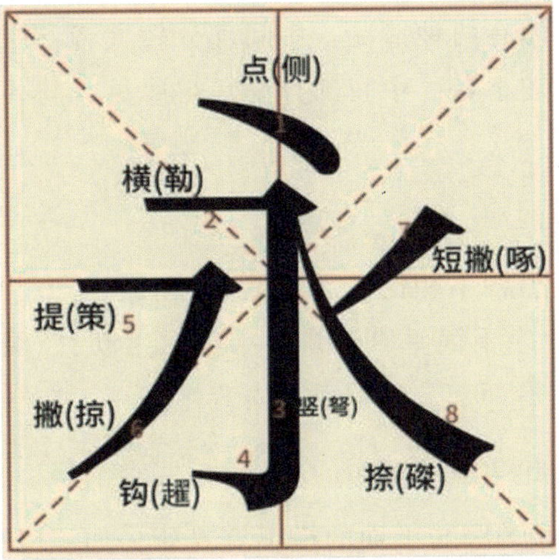

图5-22　"永"字八法

三、楷书的结构特点

（一）独体字的结构

独体字要根据字本身的疏密、大小、长短、偏斜来巧妙安排结构。笔画疏的要饱满，密的要匀称；大的要精练，小的要丰满；长短、偏斜，都要随势之宜。

（二）上下结构的字

上下结构的字，有这样几种情况：上下相等的，要写得有参差变化；上矮下高的，如"山"，上面要覆盖下面；上窄下宽的，下面要承载住上面。

（三）上中下结构的字

总体上要注意各部位穿插得宜，不要写得过大或过于拘束。具体要求如下：上中下比例相当的，横向宽窄要有变化，适当伸展主要部分；上面或下面由两部分组成的，要把两部分写出有主有从的意味。

（四）左右结构的字

左右两部分所占比例大致相同的字，要写得有高矮向背的变化，以求生动。左右宽窄比例不等的字，要随字之宜，以求相互呼应，尽量形成疏密对比。

（五）全包围结构的字

全包围结构的字，大小有很大的变化，如"图"字要写得大，"四"字要写得小，都要随字而异。具体有两种情况：中间部分较大者，中间部分要写得精致而有透亮的感觉；中间部分较小者，中间部分要写得厚重，与外围笔画之间留出适当的空间。

（六）上三面包围的字

上三面包围的字大小各不相同，要注意因字而异。例如，"周"字下面呈开放状，字势要严谨；"同"字下面垂直开口，字势要生动；"阁"字上面是"门"字形成三面包围，"门"字左右两部分要写得有向背之势。

（七）左三面包围和下三面包围的字

左三面包围的字左侧的竖与上面的横不宜封死，如"臣"字、"匪"字的横与竖相接处都留有一定的空间，下面的一横要长，使全字重心平稳，上面的一横要短，使全字显得有精神。下三面包围的字一般横向较宽，显得非常稳定，但注意上面部分要写得有参差变化。

（八）左上面包围的字

左上面包围的字的特点是，被包围部分的重心与上面结构的重心不在一条垂直线上，但全字要重心稳定，左上和右下形成有机的上覆下承的关系。此外，左上和右下比例不同，注意随字而异。

（九）左下面包围的字

左下面包围的字以带"辶"的字为多，特别要注意"辶"的写法，既要写出舒展的动势，最后的横又不要写得太长，以免显得拖沓。"辶"上面的部分要写得挺拔，一般要高于"辶"上边的点。

（十）右上面包围的字

右上面包围的字被包围部分的重心与上面结构的重心不在一条垂线上，写下面被包围部分时，要注意向右横移适当距离，但要注意右上与左下形成有机的相互依存关系。

四、楷书作品欣赏

（一）《多宝塔碑》

《多宝塔碑》（见图5-23）全称《大唐西京千福寺多宝佛塔感应碑》，是唐天宝十一年（公元752年）由岑勋撰文、徐浩题额、颜真卿书丹、史华刻石而成，是楷书书法作品。现今保存于西安碑林博物馆第二室。

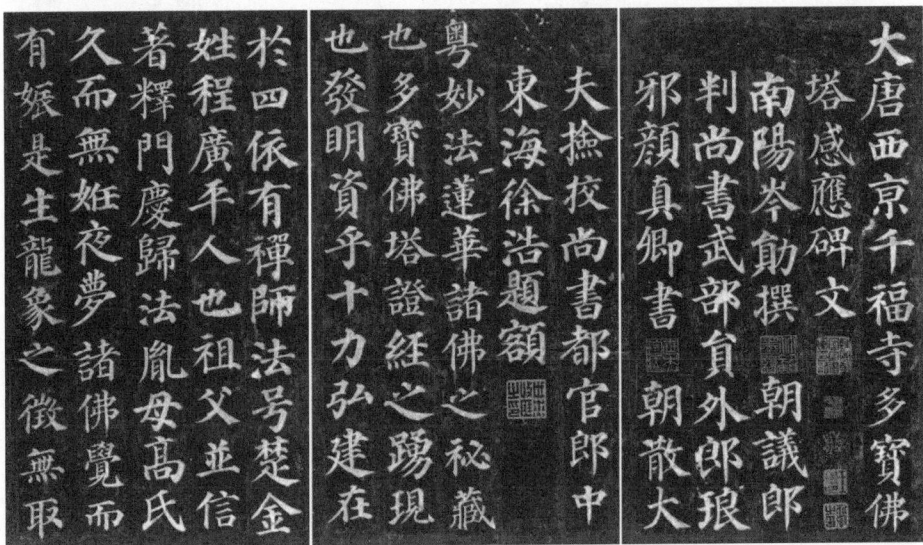

图5-23 《多宝塔碑》局部

此碑共34行，满行66字，内容主要记载了西京龙兴寺禅师楚金创建多宝塔之原委及修建经过。整体秀美刚劲，清爽宜人，有简洁明快、字字珠玑之感。用笔丰厚遒美，腴润沉稳；横细竖粗，对比强烈；起笔多露锋，收笔多锋，转折多顿笔。结体严谨遒密，紧凑规整，平稳匀称，又碑版精良，存字较多，学颜体者多从此碑下手，入其堂奥。

（二）《道德经》

赵孟頫善篆、隶、楷、行、草书，尤以楷、行书著称于世，《元史》本传讲，"孟頫篆籀分隶真行草无不冠绝古今，遂以书名天下"。其书风遒媚、秀逸，结体严整、笔法圆熟，世称"赵体"。艺术风格上删繁就简、变古为今、外貌圆润、筋骨内涵、笔圆架方、流动带行。用笔不含混，不故弄玄虚，其点画圆润华滋、遒劲有力，结体宽绰秀美。笔法外似柔润而内实坚强，形体端秀而骨架劲挺，结构布白方正谨严，横直相安、撇捺舒展、重点安稳。

赵孟頫一生中多次书写小楷《道德经》（见图5-24）。其晚年书写的小楷书法结体严谨，字体工整秀丽，笔画精到，稳健中露出灵动之神，前后风韵一致，堪称小楷之精品。

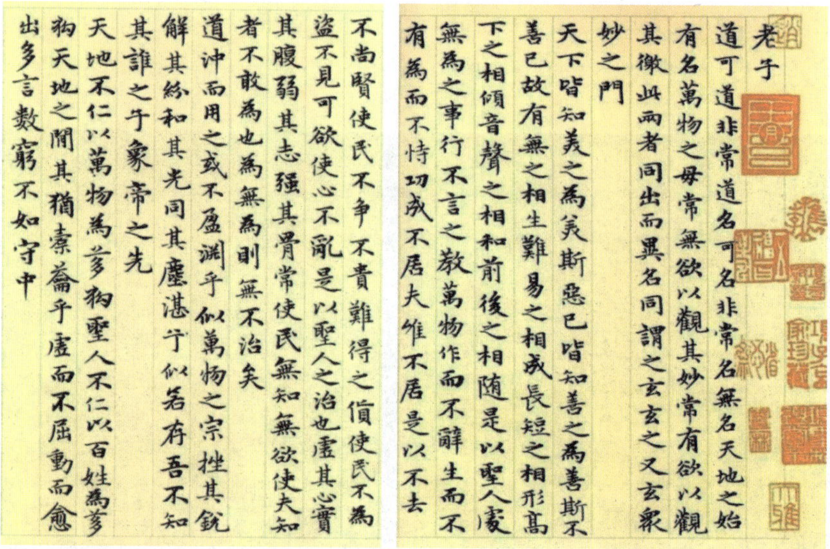

图5-24　赵孟頫《道德经》（局部）

第五节
行　书

一、行书概述

行书是介于楷书和草书之间的一种书体。书体接近于楷书的叫行楷，接近于草书的叫行草。行书结字或奇秀飘逸，或沉稳厚重，或锋芒递出，或婉转缠绵，变化极多。行书在笔画上讲究连带精到，在气势上做到上下一贯，在章法上表现为平衡奇巧。行书用笔比楷书活泼，而又没有草书的放纵，运笔生动灵活而富有生气。由于行书比楷书和隶书有更多的自由度与随意性，因此更具有艺术的表现力。

行书既有草书的流动之美，又有楷书辨认容易的特点，既书写方便又工整易懂。可以说，行书是最大众化的、最受欢迎的书体。

细究行的历史轨迹，第一位见于记载的行书大家是东汉的刘德升。而使行书具有里程碑意义的是东晋"二王"（王羲之和王献之）。王羲之的《兰亭集序》被誉为"天下第一行书"，王献之的《鸭头丸帖》《中秋帖》为行草书的代表作。唐代行书大家有欧阳询、虞世南、褚遂良、李邕、颜真卿等，其中颜真卿开创了厚实平正、奔放雄壮的行书风范，其《祭侄文稿》被誉为"天下第二行书"。宋代以苏轼、黄庭坚、米芾、蔡襄"四大家"为代表，元代赵孟頫的行书独创"赵体"风采。明代董其昌、清代王铎的书法或柔媚秀逸或气魄豪迈，成为后世书法家的典范。

二、行书的结构特点

结构在书法中有举足轻重的作用。前人所讲的"书势"主要就是结构，一个字如果结构写得好，就成功了一半。所以学书法一定要研究结构规律和方法。行书与楷书的结构特点有一致的地方，也有不一致的地方。行书的结构特点可以归纳为以下几个方面。

（一）以楷为本，游丝牵连

行书脱胎于楷书，尽管有许多变化，但万变不离其宗。一般情况下，行书应该更接近楷书而不是草书或其他书体。而行书最有别于楷书的地方是用笔，其常用一种极具变化的线条来实现笔画的连接，这种线条就是游丝。游丝可长可短，可粗可细，可方可圆。靠着这些游丝的穿梭连接，楷书就变成了行书。

（二）以欹为正，欹正交错

所谓"欹"，就是体势倾斜，跌宕起伏，富有动感；所谓"正"，就是平整端庄，不偏不倚，重心平稳。行书用欹侧之势破除楷书的平直，在倾斜中找到支点，在不平中取得平衡。所谓"险不至崩，危不至失"即是指此。行书在斜与正的交错互动下所产生的生动意趣，是楷书所没有的。

（三）点画跳跃，处处通变

行书的奥秘在于多变：一是笔形、笔势多变，二是字形、字势多变。变能打破重复，避免呆板，创造新的形象，赋予新的感受。王羲之在《兰亭集序》其文及款字中共写了21个"之"字，但没有一个是相同的：有的近楷，有的近草；有的放纵，有的收敛；有的用正捺，有的用反捺……个个都很美，个个都有自己的特色。

总的来说，楷书体现的是整齐美、静态美，行书体现的是错落美、动态美。

三、行书作品欣赏

（一）《兰亭集序》

东晋穆帝永和九年（公元353年）三月三日，王羲之与谢安、孙绰等四十一位军政高官，在山阴（今浙江绍兴）兰亭"修禊"，会上各人作诗，王羲之为他们的诗写的序文手稿就是《兰亭集序》。《兰亭集序》记叙了兰亭周围山水之美和聚会的欢乐景象，抒发作者对于生死无常的感慨。《兰亭集序》共28行、324字。

《兰亭集序》（见图5-25）结体欹侧多姿，错落有致，千变万化，曲尽其态。用笔以中锋立骨，侧笔取妍，有时意蕴含蓄，有时锋芒毕露。笔意顾盼，朝向偃仰，疏朗通透，形断意连，气韵生动，风神潇洒，流露出书者高超的笔墨技巧、深厚的传统功力、广博的文化素养和高尚的艺术情操。

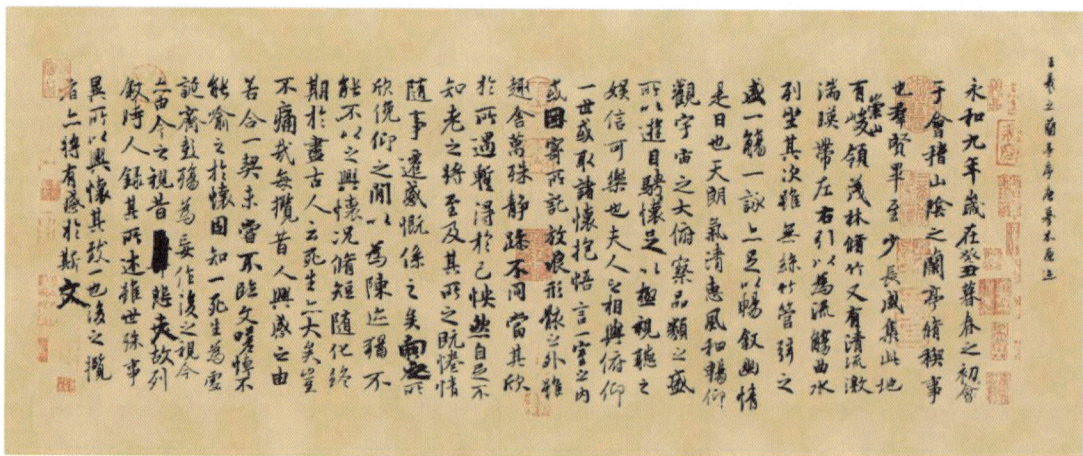

图5-25　王羲之《兰亭集序》

（二）《祭侄文稿》

《祭侄文稿》全称《祭侄赠赞善大夫季明文》，是唐代书法家颜真卿于唐乾元元年（公元758年）创作的行书纸本书法作品，共23行，凡234字。这篇文稿追叙了常山太守颜杲卿父子一门在安禄山叛乱时，挺身而出，坚决抵抗，以致"父陷子死，巢倾卵覆"、取义成仁之事。通篇用笔之间情如潮涌，书法气势磅礴，纵笔豪放，一气呵成。

《祭侄文稿》（见图5-26）被历代书家公认为继东晋王羲之《兰亭集序》之后的"天下第二行书"。它以真挚情感主运笔墨，激情之下不计工拙，随心所欲地进行创作，经过长期探索而在这非常一瞬间产生创变突破。其个性之鲜明、形式之独异，均开历史之先河，是书法创作述心表情的典型，体现出艺术家无与伦比的魄力和胸怀，也对后世书法创作产生了深远的影响。

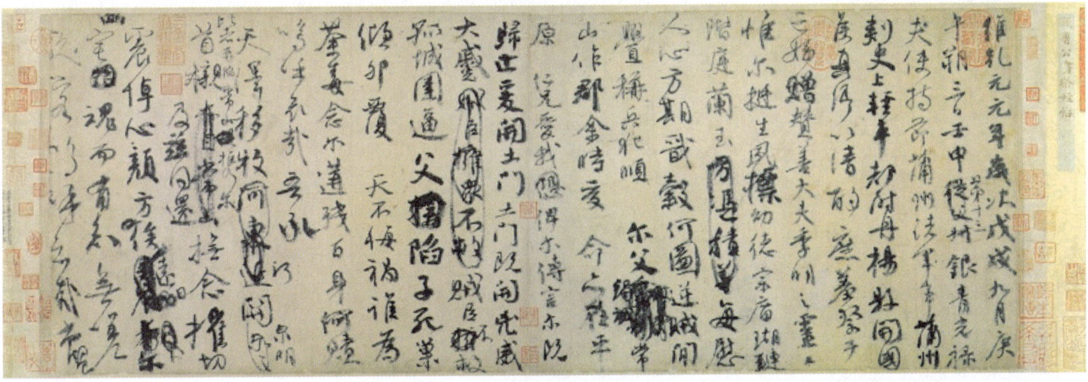

图5-26　颜真卿《祭侄文稿》

思考与练习

1. 简述篆书的书写要领。

2. 隶书的基本笔画有哪些？其结构特点是什么？

3. 草书的基本笔画有哪些？

4. 试从笔画和结构两个方面对楷书的"永"字进行分析。

5. 被称为"天下第一行书"的是哪部作品？请对其进行欣赏和分析。

课后实践

班级组织一次"金句书签"活动，将习近平总书记的"两会"金句以及鼓励青年的金句用典，与传统书法艺术相结合，以书法的形式呈现，并设计制作手工书签，在感受中国传统书法艺术美的同时获得心灵的滋养。

第六章 ｜ 语言美

｜ 本章导读 ｜

　　语言艺术是人们以语言为物质媒介，以情感为动力，进入审美想象的自由空间，并进行意象、形象和意境创造的艺术形式。语言艺术主要指文学。文学和其他各类艺术相比，有着特殊的地位，它是所有艺术中唯一运用语言作为物质媒介的一种想象的艺术。但是，文学语言又不同于日常用语或理论语言，它是把生活用语经过艺术加工，使其成为更凝练、更具形象性的语言。文学按体裁可分为诗歌、散文、小说和戏剧文学。

｜ 育人目标 ｜

　　引导学生了解中国灿烂辉煌的历史文化，增强学生的文化自信，坚定学生继承和发扬中国传统文化的决心。

｜ 思维导图 ｜

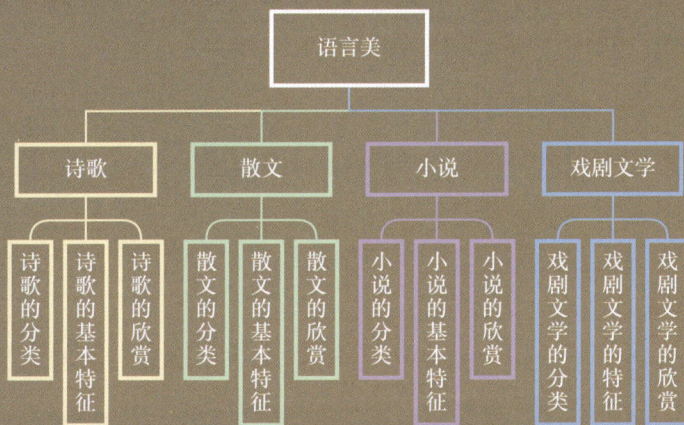

第一节
诗　　歌

　　诗歌是文学史上最早产生的一种文学体裁，它的起源可追溯到上古时期，虞舜时期就有相关文献记载。诗歌最初起源于原始时代结合简单语言的劳动呼号，后来作为劳动的伴唱及庆祝丰收时的祝祷，与音乐、舞蹈一同得到发展。《毛诗序》中有言："诗者，志之所之也，在心为志，发言为诗，情动于中而形于言，言之不足，故嗟叹之，嗟叹之不足，故咏歌之，咏歌之不足，不知手之舞之足之蹈之也。"这解释了诗歌、音乐、舞蹈"三位一体"的原始状况。进入文明时代以后，艺术逐步分化，诗歌逐渐成为一种独立的文学体裁。

一、诗歌的分类

　　诗歌根据不同的表达内容，可以分为抒情诗和叙事诗；根据不同的表现形式，可以分为格律诗、自由诗、散文诗、民歌等。

（一）抒情诗、叙事诗

　　抒情诗是指通过直接抒发诗人的思想感情来反映社会生活，没有完整的故事情节和人物形象的诗。抒情诗可以根据不同的内容，分为颂歌、哀歌、挽歌、情歌等，其中情歌所占比例较大。艾青的《大堰河——我的保姆》、舒婷的《祖国啊，我亲爱的祖国》、戴望舒的《雨巷》等都是抒情诗中的名篇。

　　叙事诗一般都有比较完整的故事情节和比较具体的人物描写，但它不像小说那样侧重于客观事物的叙述和描写，它通常以抒情的方式叙述，把丰富的情感融于人物形象和故事情节之中。具体形式有史诗、英雄颂歌、故事诗等。古典诗如《木兰辞》《孔雀东南飞》、白居易的《琵琶行》《长恨歌》，现代诗如李季的《王贵与李香香》、闻捷的《复仇的火焰》等都是很有影响力的叙事诗。

　　抒情诗和叙事诗并不是截然分开的，抒情诗会有许多叙事因素，叙事诗也离不开抒情的成分。二者的划分，主要是就其主导倾向而言的。

（二）格律诗、自由诗、散文诗、民歌

格律诗是指形式有一定规格，音韵有一定规律的诗。它要求篇有定句、句有定字，讲究对仗、平仄、押韵。中国古典格律诗中常见的形式有五言、七言绝句和律诗。

自由诗是写法比较自由的诗。它没有固定的格式，诗节的划分、篇幅的长短、诗行的字数以及节奏和韵律都没有严格的限定。诗句诗节的长度随诗意的变化而变化，韵律灵活，靠短语、句子、段落的参差变化来形成诗歌的韵律和节奏。自由诗是现代广为流传的一种诗体。值得注意的是，自由诗中有一些特殊形式的诗歌，比如歌谣、儿歌、民歌和打油诗。

散文诗是介于诗和散文之间的一种新兴诗体。它重在抒情，语言精练，篇幅短小，不分行排列，具有诗的意境和激情，多用象征、暗示等手法，但语言比抒情散文更凝练。

民歌是指民间的"歌"，是劳动人民口头创作的诗歌，它是集体智慧的结晶，具有浓郁的地方色彩。它"感于哀乐，缘事而发"，具有独特的审美特质。民歌包括山歌、童谣、秧歌、信天游、渔歌、夯歌、拉纤号子等多种形式。

二、诗歌的基本特征

（一）凝练性

凝练性是诗歌的特征之一，它不仅是一种文字处理上的技巧，更是一种独特的思维方式，体现着诗人简洁干练的文字风格、独特的生活感受和审美体验方式，是诗人对繁杂生活现象的高度概括。由于诗歌可以高度集中地反映社会生活，较之于其他文学样式（如散文、小说），其对语言有更高的要求。它要求言简意赅，用较少的语言表现丰富的内容，生动形象，且富有音乐性。著名诗人公木说：文学是语言的艺术，特别是诗歌，它是经过提炼的最精粹的语言。贺敬之在《雷锋之歌》中对历史的概括更为凝练，新颖生动且富有节奏感："长征路上/那血染的草鞋/已经化进/苍松的年轮……/淮海战场/那冲锋的呼号/已经飞入/工地的夯声……"，这里"血染的草鞋""冲锋的呼号"是对过去战争岁月的高度概括，说明过去是血染的过去，是充满硝烟的过去。而"苍松"和"夯声"则表现出今天的中国已苍松翠柏，朝气蓬勃，一片热气腾腾的社会主义建设的景象。这中间"化进"和"飞入"运用得极为巧妙。

它前后关联，生动地表现了历史的发展、事物的变化。在这里诗的语言就起到了以少胜多、以一当十的作用。

拓展阅读

七律·长征

毛泽东

红军不怕远征难，万水千山只等闲。

五岭逶迤腾细浪，乌蒙磅礴走泥丸。

金沙水拍云崖暖，大渡桥横铁索寒。

更喜岷山千里雪，三军过后尽开颜。

全诗56个字（仅算正文）负载着长征路上的各种艰难险阻，饱含着中国共产党的万般豪情壮志。它是中国革命的壮烈史诗，也是中国诗歌宝库中的明珠。无论对革命史而言，抑或对诗歌史而论，它都是里程碑之作。它不仅以精练之笔高度地概括了红军夺关杀敌的战斗历程，而且用革命的激情艺术地、形象地表现了红军战士不屈不挠、英勇顽强的大无畏气概和革命乐观主义精神。

（二）抒情性

诗是诗人情感的产物。"桃花潭水深千尺，不及汪伦送我情"是诚挚深厚的友情；"春蚕到死丝方尽，蜡炬成灰泪始干"最初是描绘痛苦又执着的爱情；"大道如青天，我独不得出"是怀才不遇、壮志难酬的愤懑抑郁之情；"多情自古伤离别，更那堪，冷落清秋节"是哀婉凄楚的生离死别之情；而屈原的《离骚》、陆游的《示儿》所表达的则是崇高的爱国之情。

诗就是情，情就是诗；无诗没有情，无情即非诗。但这并不是说所有的诗都必须具有浓重热烈的感情色彩，否则就不是诗或不是好诗。诗人的情感有的如滔滔洪流、汹涌澎湃，如屈原的《离骚》、蔡文姬的《胡笳十八拍》、李白和杜甫的歌行、苏轼和辛弃疾的长短句，都是直抒胸臆，读之令人荡气回肠。而有的诗歌则如山涧小溪，潺潺流淌，《诗经》的"国风"，陶渊明、孟浩然的田园诗，都清新明朗、真挚自然，同样具有打动人心的艺术力量。

（三）音乐性

在所有的文学样式中，诗与音乐最为同源，正所谓"在辞为诗，在乐为歌"。诗歌之所以具有音乐性，与它的抒情性紧密相关。情感的起伏跌宕、波动流走，构成了诗歌内在的音乐美，将诗歌内在的音乐美传达出来，也就构成了诗歌语言上的音乐美。诗歌的音乐性是指语言的节奏感和韵律感。诗歌的语言讲究节奏，这要求音节大致整齐，音调的轻重抑扬按一定韵律交替使用，读起来铿锵悦耳。这样吟诵起来，就会产生一种流畅、和谐的美感。鲜明的节奏、和谐的音韵是诗歌区别于其他文学样式的基本特征。

所谓节奏，是指诗歌语言轻重、缓急、强弱、高低、长短等有规律的运动带给人的一种张弛交错的特殊美感。郭沫若在《论节奏》一文中指出："节奏之于诗是它的外形，也是它的生命。我们可以说没有诗是没有节奏的，没有节奏的便不是诗。"中国诗歌语言上的节奏，主要通过"平仄"和"顿"来实现。在古代汉语里，汉字有平、上、去、入四声，除平声外，都是仄声（在现代汉语中，平声分为阴平和阳平，入声则归入阴平、阳平、去声）。平声音长而平稳，仄声音短而有升降，古代诗人运用平仄的对立，在长期的诗歌创作实践中形成了一些稳定的平仄格式。

拓展阅读

登鹳雀楼

王之涣

白日依山尽，（平仄平平仄）

黄河入海流。（平平仄仄平）

欲穷千里目，（仄平平仄仄）

更上一层楼。（仄仄仄平平）

这首诗单句与双句之间相同位置的字音，特别是二、四两字，上句用平声字，下句一定用仄声字，这种平仄有规律的组合，造成了语音上的错落有致、变化和谐，也形成了诗歌语言的节奏。

（四）意境美

所谓意境，一般是指作者的思想感情和诗中所描绘的物象融为一体所产生的一种艺术境界，即作者把所要通过诗歌表达的思想感情用诗中所写之景来表现。如马致远的《天净沙·秋思》写道："枯藤老树昏鸦，小桥流水人家，古道西风瘦马。夕阳西下，断肠人在天涯。"诗的题目为《秋思》，但除了"断肠"二字外，诗人并没有直截了当地告诉读者"思"的是什么，只是用笔描绘了几种不同的自然景物，这一个个单独的景物就如同一组组移动的镜头，在读者眼前缓缓而过，在读者的脑海里构成一幅萧瑟凄凉的秋郊晚景图。通过这些画面，读者能深切地感受到天涯游子的羁旅之思。诗人并没有言情，也没有说愁，可那枯藤老树、夕阳古道、黄昏归鸦等暮秋景象与天涯游子寂寞愁苦的情思融为一体，情景交融，使意境显得深远优美。又如，戴望舒的《雨巷》中写道："撑着油纸伞，独自/彷徨在悠长、悠长/又寂寥的雨巷/我希望逢着/一个丁香一样的/结着愁怨的姑娘……"那独自彷徨的主人公，那悠长而又寂寥的雨巷，那丁香一样的结着愁怨的姑娘……一组组意象所构成的梦一般凄婉迷茫的意境，正是诗人哀怨、彷徨、迷惘、惆怅的复杂微妙的内心情感的真实写照。

三、诗歌的欣赏

对诗歌的鉴赏主要从以下几个方面进行。

（一）感受诗歌的真情美

诗歌既然凝聚了诗人强烈的思想感情，读者在鉴赏诗歌的时候，首先要考虑的就是诗里有没有诗人的真情，如果有的话，其在表述的时候采用了哪些手法。欣赏诗歌就要深刻体会诗歌的真情美。感受诗歌的真情美可以从以下两方面入手。一方面，通过想象，把形象转化为情感。诗歌表现情感的方法一般来说有两种：一是直抒胸臆，把自己的想法、内心的情感直接倾泻出来；二是把情感转化为具体生动的形象。诗人多采取第二种方法。因此，鉴赏诗歌时需要从形象中把握情感，把诗人隐藏的情感挖掘出来。另一方面，通过诗歌节奏发现情感。诗歌所表达的动荡的心绪需要通过诗歌的节奏起伏来表现。如李白的《蜀道难》的开头："噫吁嚱，危乎高哉！蜀道之难，难于上青天！"连用叹词，陡然惊呼，把读者的情绪牢牢控制在对诗歌的总体感受上，既是诗人激情的外化，也借此提领全篇。然后诗人的情绪仿佛平静下来，对蜀道的历史进行追叙，但在追叙中我们仍能感觉到诗人那因惊惧而怦怦直跳的脉搏。

（二）品味诗歌的意境美

真正能够体现一首诗的意境美的，应当是情与景的有机结合、密不可分，因此我们欣赏一首诗，要看它怎样写景、怎样通过写景把思想感情融入其中。意境的艺术特征主要表现为情景交融、虚实相生、韵味无穷三个方面。

1. 情景交融

诗歌意境的创构，从根本上说，就是借客观之景抒诗人主观之情。景物只有融注情感，才有生命；情感只有附于景物，才有依托。正如朱光潜所说的，情景相生而且契合无间，情恰能称景，景也恰能称情，这便是诗的境界。具体来说，情景交融的方式有以下三种。

（1）景中寓情

景中寓情就是通过景物描写来表现诗人的情感。如元稹的《行宫》，"怨"是属于"意"的范畴，尽管全诗无一"怨"字，但诗中的"寥落古行宫""宫花寂寞红""白头宫女""闲坐"等意象和行为无一不在替宫女诉说对时光流逝的哀怨，也无一不体现了诗人对宫女悲惨命运的同情，以及对大唐盛世不再的无奈。

（2）情中见景

情中见景是指诗人在抒发情感的时候，尽管没有刻意描写人事、景物，而人事、景物清晰可见。如陈子昂的《登幽州台歌》，全诗直抒胸臆，一气呵成，感情充沛、摄人心魄，以一个"独"字统领全篇。尽管诗人没有描写具体的人事、景物，然而一个登高怀古、满怀悲愤之情，前无古人、后无同道的文人形象跃然纸上，再联系诗题，让人不禁联想到苍茫的大地、悠远的天空、高耸的幽州台。

（3）情景并茂

情景并茂是指诗人在诗中既抒情，也写景，从而使情景浑然一体，它是上述两种方式的综合。如徐志摩的《再别康桥》中有着令人神往的景色描写，如悠悠的彩云、柔美的金柳、迷人的波光、软泥上的青荇、清澈的泉水、斑斓的彩虹、满天的星辉、悄悄的笙箫、善解人意的夏虫……这些都是诗人情感的寄托，平常视而不见的无生命的物体现在都值得留恋，以至于作者感叹"在康河的柔波里，我甘心做一条水草"，深深的情思化为具体而缠绵的琐屑，缠绵的琐屑就是作者对描写物的一往情深。"满载一船星辉，在星辉斑斓里放歌。但我不能放歌，悄悄是别离的笙箫"，这里紧扣诗眼"悄悄"，选取的景物也仿佛披上了"悄悄"的外衣，不愿惊动诗人那悄然的告别。此诗可谓情景并茂的典范。

2. 虚实相生

意境包括两个部分：一是"如在目前"的实境；二是"见于言外"的虚境。实境是指诗中的景、形、人、事等；虚境既指在实境的基础上因联想而产生的情、意和感悟，也指实境在联想中的延伸和扩大。

如刘禹锡的《乌衣巷》中描写朱雀桥边长满了野草，开满了野花，乌衣巷沐浴在夕阳的余晖里，昔日王导、谢安等人的豪华宅第的废墟上，如今是一片寻常的民房，那不解人间世事的燕子在平民百姓的庭院里飞来飞去。读者如果仅停留在这个层面显然是不够的，必须领悟到作品中的虚境。面对此情此景，有鉴赏力的读者眼前会马上浮现历史的画面，感慨东晋时南京秦淮河上朱雀桥和南岸的乌衣巷的繁华如过眼烟云，不知不觉地陷入对历史的沉思和人生的思考。这就是诗的虚境。如果读者了解诗人的生平经历，也许会想到诗人作为一个政治家曾和柳宗元一起支持王叔文的政治革新，后来革新失败，诗人遭贬。面对严峻的现实，诗人有一种大厦将倾的预感。越是有这种预感，就越有一种报国无门的痛苦。这首诗就是在这样复杂的背景下写成的。优美诗歌的意境往往虚实相生，以有限的语言传达无限的情感，否则诗就丧失了韵味。

3. 韵味无穷

"韵味"是中国美学中一个内涵极其丰富的词语，它既可以指物体的神韵、气度，也可以指人的闲逸风度，而诗歌的韵味则是指诗歌意境中蕴含的那种绕梁三日、令人回味无穷的审美效果。韵味可分为言内之味和言外之味。

言内之味由意境中的实境来体现，读者可以通过字面意义捕捉。如李白的《月下独酌·其二》直抒胸臆，初读仿佛是李白在为自己的爱酒列举论据，为自己开脱，细读就能体味到诗人仕途失意、苦闷伤感、借酒消愁，"但愿长醉不复醒"的愤激。

言外之味是由意境中的虚境来体现的。如杜甫的《江南逢李龟年》实写晚春时节与李龟年在江南相逢，眼前的李龟年已由当初红极一时的音乐家沦为街头艺人，"落花时节"明指自然界的季节，暗指李龟年不幸的身世。诗中还暗含自己所经历的辛酸：虽不得志，但当年在长安毕竟也曾出入岐王、崔九之门，而今已是"老病有孤舟"，境况也大不如从前了。从更深远的意义来看，含有唐王朝盛世已过的意味。唐王朝经过"安史之乱"之后，盛世的繁荣已不复存在，不也是"落花时节"吗？

（三）吟诵诗歌的音乐美

所有文体中，诗歌的音乐性最强。对诗歌鉴赏者来说，感受诗歌的音乐之美，是鉴赏诗歌的一项重要内容。《古诗十九首》中有一首《青青河畔草》，我们且不说这首诗的内容如何，仅这首诗和谐而优美的节奏，就可以把读者征服。六组叠字中，"青青"是平声，"郁郁"是仄声，"盈盈"是平声、浊音，"皎皎"则是仄声、清音，"娥娥""纤纤"虽同为平声，却一清一浊。这样或平仄相间，或清浊相衬，形成了自然而又丰满的音乐形象。再如，李清照的《声声慢》连用七个叠字"寻寻觅觅，冷冷清清，凄凄惨惨戚戚"，则更是千古绝唱。当然，诗歌的音乐性必须与诗人内在情感相融合，只有恰到好处地表现诗人内在的情感流动时，诗的音乐性才有意义。李清照的《声声慢》历来受到人们的喜爱，不仅因为它有着动人的节奏和旋律，更重要的是这优美的节奏和旋律恰当而又充分地表现了诗人（虽为词，这里还是统称诗人）孤独空虚、悲苦凄凉的精神状态。"寻寻觅觅"写诗人似有所失、茫然寻觅精神慰藉的心理情态。寻觅无果，依然室空无人，一片冷清。"凄凄惨惨戚戚"进一步写诗人忧愁悲伤。因此，从词的外形来看，叠字的运用增强了作品的音乐效果，而从其所表现的情感内容来看，这短促而抑郁的声调传达的正是诗人凄凉悲苦的心绪。

第二节
散　文

散文有广义和狭义之分。广义的散文泛指那些不讲究骈偶押韵的文体。狭义的散文是除诗歌、小说、戏剧文学以外的一种文学体裁，专指用凝练、生动、优美的文学语言写成的叙事、记人、状物、写景、喻理的短小精悍的文艺性文体。

散文是历史悠久的文学体裁，在其漫长的发展过程中，形成了鲜明的文体特点与审美特质。先秦时期的诸子散文如《论语》《孟子》《老子》《庄子》《韩非子》等，和历史散文如《左传》《国语》《战国策》等，使中国古代散文较之诗歌、小说更早地显现出辉煌之势。此后，中国散文经过司马迁（《史记》）、班固（《汉书》）建立传记文学的经典，到唐朝时韩愈、柳宗元领导的中唐古文运动，出现了古代散文史上的第一次复古运动，深刻地影响了北宋的散文创作。北宋的欧阳修、王安石、苏洵、苏轼、苏辙、曾巩和唐代的韩愈、柳宗元合称为"唐宋八大家"，这是一个卓有成就的散文创作群体。到明朝时，出现了"前后七子"的散文第二次复古运动，以及与他们相抵抗的李贽的"童心说"，以及公安派的"性灵说"。中国古代散文史上的第三次复古运动由清代的"桐城派"发起，其代表人物有方苞等，一直持续影响到晚清的曾国藩、李鸿章等人。20世纪初新文化运动兴起，中国现代散文出现，散文的写作也进入了一个崭新的历史时期。

一、散文的分类

中国散文浩如烟海，品类繁多，要对它们进行科学分类实属不易。有学者将中国古代散文分为四类十七种，每种又分出若干名目，大略如下：第一类是古代记叙文，计有传记（含史传、史外传，如家传、自传、小传、别传、外传等）、游记（含山水记、游记、亭台记）、杂记（含画记、斋记、闻见记）、笔记（如刘向的《新序》《说苑》、刘义庆的《世说新语》等）；第二类是古代辩论文，计有论（含理论，即学术论文、政论、史论）、辩与议、说与解、原等；第三类是古代讽喻文，计有寓言、杂文（即杂体文，如对问、七体、连珠等）；第四类是古代实用文，计有家信、赠序、碑志（含纪功碑与建筑碑、墓碑）等。

现代散文也涉及诸多种类，根据内容和表达方式，一般可分为如下四类。

（一）叙事散文

叙事散文是指以记叙为主要表达方式，以写人记事为主的散文。这类散文对人和事的叙述和描写较为具体，同时体现了作者的认识和感受，也带有浓厚的抒情成分，字里行间流露出强烈的感情。叙事散文侧重于在叙述人物和事件的发展变化过程中反映事物的本质，包含时间、地点、人物、事件等因素，一般从一个角度选取题材，表现作者的思想感情。比如，鲁迅的《藤野先生》、朱自清的《背影》都是叙事散文。

根据该类散文内容的不同侧重点，又可将其分为记事散文和写人散文。记事散文以事件发展为线索，偏重于对事件的叙述。它可以是一个有头有尾的故事，也可以是几个片段的剪辑拼接。比如，鲁迅的《记念刘和珍君》、巴金的《小狗包弟》都是记事散文。在叙事中倾注作者真挚的感情，是记事散文与小说叙事最显著的区别。写人散文以人物为中心，往往抓住人物的性格特征做粗线条勾勒，偏重于表现人物的气质、性格和精神面貌。比如，鲁迅的《藤野先生》就是写人散文。人物形象是否真实是写人散文与小说的最大区别。

（二）抒情散文

抒情散文是指以抒情为主要表现手段，辅之以描写、记叙和议论，注重表现作者的感受，抒发作者思想感情的散文。这类散文有对具体事物的记叙和描绘，但通常没有贯穿全篇的情节，其突出的特点是强烈的抒情性。它或直抒胸臆，或触景生情，具有浓厚的诗情画意，即使描写的是自然风物，其中也蕴含深刻的社会内容和思想感情。优秀的抒情散文感情真挚，语言生动，还常常运用象征和比拟的修辞手法，把思想寓于形象之中，具有强烈的艺术感染力。如郁达夫的《故都的秋》通过描写北京的秋天，抒发作者的思念与眷恋之情。文章开头的"北国的秋，却特别地来得清，来得静，来得悲凉"是写景抒情的线索，不露痕迹地将作者的主观情绪与自然景物融为一体。主体部分勾勒了五幅优美的画面——清晨景观、落蕊轻扫、秋蝉残鸣、雨中闲人、胜日秋果，细致地描绘了故都的秋色、秋意、秋味、秋韵，表达出作者对故都深深的眷恋之情。结尾仍以北国之秋与南国之秋做对比，使得文章首尾呼应，气韵贯通。

（三）写景散文

写景散文是指以描写为主要表达方式，辅之以记叙、抒情、议论、说明等，以描绘景物为主的散文。这类文章多在描绘景物的同时抒发情感，或借景抒情，或寓情于景，抓住景物的特征，按照空间的变换顺序，运用移步换景的方法，把观察点的变化作为全文的脉络。生动的景物描绘不但可以交代背景、渲染气氛，还可以烘托人物的思想感情，更好地表现主题。如朱自清的《荷塘月色》、李乐薇的《我的空中楼阁》都是写景散文。

（四）哲理散文

哲理散文指用来表现作者思想成果，显示出一种理趣与哲思的散文。哲理是思想的火花、理念的凝聚、睿智的结晶。它纵贯古今、横亘中外，包容大千世界，穿透人生社会，寄寓于人生百态。高明的作者善于抓住哲理闪光的瞬间，形诸笔墨，创作内涵丰富、耐人寻味的美文。我们时常涵咏这类美文，自然能在潜移默化中受到启迪和熏陶，这种内化作用无疑是巨大的。

哲理散文以种种形象来参悟生命的真理，从而揭露万物之间的永恒相似，它因深邃性和灵性的整合，呈现出一种透过现象深入本质、揭示事物的底蕴和观念，且具有震撼性的审美效果。我们要善于把握哲理散文的思维方式，领悟哲理散文所蕴藏的深厚的文化底蕴和文化积淀。如余秋雨的《废墟》，作者审视那些看似平凡的废墟，指出人们所谓的"仿古造古"，实质上是一种错误的行为。作者认为"不管是修缮还是重建，对废墟来说，要义在于保存"，保持废墟原有的风貌，就是保留了它的历史文化的生命。

二、散文的基本特征

（一）真

取材于真人真事，抒写真情实感，决不仰仗虚构，这是散文的首要特征，也是散文和小说、戏剧文学的主要区别；尤其那些取材于特定的社会生活，甚至直接取材于某个重大历史事件和重要历史人物的散文，像《挥手之间》《藤野先生》等，不但整体上不能仰仗虚构，就连细枝末节的失实，也是不容许的。至于一般题材的散文，则允许在真人真事的基础上进行局部细节的艺术加工。

（二）情

正所谓"文章不是无情物"，散文作为作者情感的产物，注重表现作者的生活感受，具有强烈的抒情性，这是散文的又一显著特征。散文抒发的情感要真实。只有具有真情实感的散文，才能真正征服读者的心。相反，那些虚假的、矫饰的情感连同其文、其人是越来越令人厌烦鄙弃了。

（三）小

篇幅短小而情长意远，是散文可贵的优点。例如《陋室铭》只有81个字，《爱莲说》只有119个字，但都是千古流传的散文名篇。既自叙身世又述忠孝之义的《陈情表》，融叙事、写景、抒情、议论于一体的《岳阳楼记》，一派金碧辉煌、铺彩缀金的《阿房宫赋》都是非常简短的。现代散文名篇也一样，《白杨礼赞》《济南的冬天》《荷塘月色》的篇幅也都较为短小。篇幅短小的好处就在于可以让人们以小见大、见微知著。

（四）散

散文的"散"讲究的是"形散而神不散"。"形散"主要是指散文取材广泛而自由，结构形式多种多样，表现手法不拘一格。散文可以叙述事件的发展，可以描写人物形象，可以托物言志，可以发表议论，而且作者可以根据内容表达的需要自由调整、随意变化。"神不散"主要是从散文的立意方面说的，即散文所要表达的主题必须明确而集中，无论散文的内容多么广泛，表现手法多么灵活，都是为了更好地表达主题。

1. 取材广泛

散文的取材广泛首先表现为选择题材可以不分古今、不分中外、不分大小或上下，凡能给人以知识和美感，陶冶人情操的内容都可信手拈来，缀成优美的篇章；其次表现在写作散文时，可以在一个主题的统率下选取不同时间、空间的材料。

2. 形式自由

散文可以人物为结构中心，如方苞的《左忠毅公逸事》，选择左光斗几个典型事例展现人物性格；可以景物为结构中心，如郁达夫的《故都的秋》以五组画面来展示北京的秋景；也可以某一象征物为结构中心，如巴金的《爱尔克的灯光》中将"灯光"作为线索贯穿全文。较为常见的散文结构形式，归纳起来大概有三种，即顺时空式、片段式和纵横交错式。魏巍的散文《谁是最可爱的人》立意新颖、布局精巧、语言优美，把几个不同类型的英雄故事，在全篇散漫地进行叙述，并且进行了精彩的抒情和议论，使读者深深地体会到中国人民志愿军是最可爱的人。

3. 表现手法多样

散文可以自由地使用各种表达技巧：在表达方式上，可叙述，可描写，可抒情，可议论，可说明；在谋篇布局上，可设置悬念，可伏笔照应，可对比烘托，可大开大合；在修辞手法上，可自由运用比喻、比拟、排比、双关等手法；在写作构思上，可暗示，可象征，可联想等。比如，记叙性散文的表达方式以记叙、描写为主，往往以深微的情思贯穿始终，或在叙事中抒情，或在写景中抒情，或在记人中抒情。抒情性散文常常以作家的情感线索进行构思，其结构不受事物外在联系的制约，可以突破事件因果关系和自然时空联系，驰骋想象，自由书写，挥洒自如。议论性散文以议论为主，兼用记叙、描写和抒情，写作中可以先亮观点、后举材料，也可以先举材料、后亮观点，还可以边举材料边亮观点。

当然，散文广泛的取材、自由的形式、多样的表现手法，都要始终围绕一个明确而集中的主题进行表达，这就是人们常说的散文的"神"。所以散文最大的特点就是"形散而神不散"。

三、散文的欣赏

在欣赏散文时，一般应注意以下几个方面。

（一）了解作者

散文既然是作家的作品，当然是依据他自己的思想和生活创作出来的。因此，分析一篇散文，必须了解作者和与他有关的社会生活。即便是同一时代的作家，也会有不同的遭遇、思想历程和艺术道路，因而他们的作品也就有自己的思想和艺术特点。进一步说，一个作家一生的创作是随着他的思想、作品表现手法的发展而不断变化的，因而同一作家不同时期的作品也必然具有思想、艺术上的差异。因此，欣赏散文时，应当了解这一作品是作家在什么时期创作的，具体了解这一时期的社会生活状况，这一作家的一般作品的思想、艺术特点，这一作家在这一时期的生活遭遇、思想状况及艺术进展等。

（二）把握立意

立意是指散文的中心、主旨。在欣赏散文时，必须梳理作品中的材料，如生活画面、场景、人物、时间等，分析材料之间的内在联系，探索作者情感深化的脉络，进而揣摩作品的立意。需要注意的是，在表达立意方面，叙事散文往往以小见大，阐述经验教训；抒情散文往往通过写景状物来抒发主观情感，讲究情景交融；哲理散文往往托物言志，多用象征性手法。

（三）善抓"文眼"

就像诗有"诗眼"，散文也有"文眼"。"文眼"是指能表达或暗示作者情感或文章主旨的警策词句，是散文主题的凝聚点。例如，柳宗元《捕蛇者说》中的"苛政猛于虎"，杜牧《阿房宫赋》中的"后人哀之而不鉴之，亦使后人而复哀后人也"都是"文眼"。抓住"文眼"是探索散文主题的直接途径。

（四）抓住散文的线索

散文的线索有纵式、横式、纵横式三种。纵式一般以时间或空间为序，比如《长江三日》根据行驶的航线，按时间顺序依次写三峡壮美的景色。横式或以事理为序，或以情感为序，或以事物为序，比如，欧阳修的《醉翁亭记》以"乐"贯穿全篇，介绍山水之乐、四时之乐、游宴之乐、与民同乐。纵横式是纵式、横式的综合运用，比如，姚鼐的《登泰山记》既以游踪为序，又以雪（物）为线索贯穿全篇。

第三节
小　说

　　小说源于生活又高于生活，展现的是一个具有深层人生内涵、广阔生活画面的艺术世界。和诗歌、散文、戏剧文学相比，小说是一种后起的、不断发展的文学样式。小说创作在自身的发展过程中，从注重故事情节，到注重典型性格的刻画，再转为注重人物内心世界的展示，在继承传统、开拓发展的道路上硕果累累，最终形成了今天这些充满现代意识的小说。

一、小说的分类

　　小说的分类方法有多种。以内容题材划分，可分为历史小说、现代小说、科幻小说、推理小说、武侠小说、言情小说等。以流派风格划分，可分为表现主义小说、存在主义小说、新新闻主义小说等。以表现方法划分，可分为散文体小说、诗体小说、意识流小说、纪实体小说等。以雅俗划分，可分为通俗小说、严肃小说等。

　　比较通行的分法，是依据作品的篇幅长短、容量大小、情节繁简、人物多寡等，将小说分为长篇小说、中篇小说、短篇小说、微型小说四类。

（一）长篇小说

　　长篇小说的容量较大，篇幅较长，字数一般在15万字以上。长篇小说多以重大事件为题材，在广阔的背景和复杂的社会矛盾中，描绘众多的人物以及他们之间的复杂关系，反映某个历史时期的社会风貌。

　　长篇小说具有史诗性特点，作家创作时常常怀有史诗性追求。比如，作家陈忠实在其小说《白鹿原》的扉页上就引用了巴尔扎克的"小说被认为是一个民族的秘史"，宣示了作品的总体艺术追求。小说经由白鹿村族长白嘉轩的家族演变史以及白鹿原上演的权力争斗史，展示了一部头绪纷繁、画面广阔的渭河平原50年间的历史变迁，具有史诗性品格。

　　长篇小说具有以下特点。

（1）多主题

长篇小说因为反映的社会生活比较丰富，容量大，有些作品除了有一个正主题外，还会涉及若干个副主题，故事情节曲折复杂。例如，美国女作家玛格丽特·米切尔的小说《飘》，就包含了反战主题、爱情主题等。

（2）多线索

长篇小说的故事情节完整，情节发展常以一条主线为主，同时伴有几条副线。还是以上文提及的《飘》为例进行说明，全书以斯嘉丽与白瑞德、艾希礼的爱情纠葛为主线，同时交织着美国南方与北方的明争（南北战争）、暗斗（三k党的兴起）等副线。

（3）多人物

由于要反映生活的广阔性、复杂性，长篇小说的人物众多。除了主要人物，常常还会设置若干次要人物。例如，曹雪芹的小说《红楼梦》，据统计，全书重要的次要人物有900多个，其中有名有姓的有700多个。俄国作家托尔斯泰的小说《战争与和平》涉及的人物从上层沙俄贵族到下层士兵农民，共有500多人。

因此，长篇小说中的优秀作品，由于反映了历史的深度和广度，常被视为历史的巨幅画卷，被称为"史诗"，起着帮助人们认识历史、促动社会发展进步的作用。要了解某一个阶段的历史，可以把历史事实与文艺作品结合起来看，小说是生动、形象的历史。

（二）中篇小说

中篇小说的字数为2万到15万，通常撷取主人公某个时期或某个阶段生活中的典型事件来塑造人物形象，反映社会生活的某些方面，故事情节完整，线索比较单一，一般有1~2个或2~3个主要人物。例如，美国作家海明威的《老人与海》、中国女作家谌容的《人到中年》等，都是优秀的中篇小说。

（三）短篇小说

短篇小说的字数在2万字以内，常选取生活中典型侧面或片段加以集中描绘，以揭示其社会意义。短篇小说是作家在需要快速反映生活中的矛盾斗争时普遍采用的文学样式，它的人物比较集中，情节相对单纯，结构紧凑，叙事精练。明代冯梦龙与凌濛初编著的"三言二拍"、清代蒲松龄创作的《聊斋志异》都是我国古代短篇小说的优秀代表。法国的莫泊桑、俄国的契诃夫、美国的欧·亨利是世界公认的短篇小说大师，他们各自的代表性作品《羊脂球》《小公务员之死》《麦琪的礼物》都可谓短篇小说创作的典范。

（四）微型小说

微型小说又叫"小小说""袖珍小说"，篇幅一般在千字左右。微型小说的兴起与社会发展密切相关，它可以说是现代社会快节奏生活的产物，是为适应现代生活节奏而产生的小说形式。

与长篇小说、中篇小说、短篇小说相比，微型小说有独特的写作要求，具体如下。

（1）选材讲究精粹

微型小说是"点"的艺术，选材的角度细小，常常选择某个细节、某个时刻、某个瞬间，善于以小见大，以点折射全面。

（2）构思讲究巧妙

微型小说的构思讲究尺水兴波，常常运用偶然、巧合、错位等笔法，使情节发展一波三折。

（3）转折式结尾

微型小说注重结尾的艺术，结尾常常陡转直下，既出人意料，又合情合理，意味无穷。

（4）语言简练，内容集中

微型小说虽然篇幅短小，却追求容量和内涵，语言要求简约凝练，微言大义，用最经济的语言来表现最精彩、最生动、最感人的生活片段。

二、小说的基本特征

概括地说，小说是以塑造人物形象为中心，通过完整的故事情节和具体的环境描写，形象而广泛地反映社会生活的一种叙事性文学体裁。一般认为，鲜明的人物形象、完整的故事情节、具体的环境描写是小说的基本特征，也称小说的"三要素"。

（一）鲜明的人物形象

一般来说，文学作品都要塑造人物形象，而小说更是把人物形象的塑造和人物性格的刻画作为创作的中心。小说对人物的塑造，不同于戏剧文学和诗歌，它可以自由地转换时空和具体场景，从多方面深入细致地刻画人物。小说既可以写人物的肖像服饰、性格身份，又可以写人物的语言和行动，还可以将人物的内心世界和情感的细微变化一一描绘和展现出来。如小说《红楼梦》对于凤姐这个艺术形象是这样描写的："一双丹凤三角眼，两弯柳叶吊梢眉""粉面含春威不露，丹唇未启笑先闻"。寥寥数语就把凤姐这个人的外貌和泼辣利落、逢场作戏的性格特征描绘得淋漓尽致，使凤姐的形象深刻地烙在欣赏者的脑海之中。又如，沈从文的《边城》塑造出忠厚淳朴的老船夫、天真善良的翠翠、对爱情执着追求的大佬二佬兄弟、待人宽和的船总顺顺、古道热肠的杨兵马等人物形象。尤其是对翠翠的描写，深入而细致，使这个天真活泼、心地善良、既羞怯又直爽的山村少女形象跃然纸上。该作品还通过人物不自觉的意识流动以及幻觉、梦境、失神的动作等，将翠翠这个情窦初开又忧郁满腹的少女微妙、复杂的心理刻画得鲜明生动，使读者如见其人、如闻其声。再如，巴尔扎克对老葛朗台的肖像描绘、托尔斯泰对聂赫留朵夫的心理剖析、吴敬梓对胡屠户的行动刻画、曹雪芹对林黛玉生活环境的渲染、罗贯中在"煮酒论英雄"一回中写曹操和刘备的对话、高尔基对巴维尔成长的抒情议论，都鲜明地刻画了人物的性格。总之，塑造人物形象是小说的主要任务。一部小说是否具有永久的艺术魅力，就看它是否成功地塑造了鲜明生动的人物形象。

（二）完整的故事情节

小说的中心任务是塑造人物形象，而情节是人物成长发展的历史。因此，小说要充分展示人物性格，就必须具有生动、复杂而又完整的故事情节。小说篇幅较长、容量较大，可以深入细致地描绘各方面的社会生活，表现多种多样的矛盾冲突，把各种人物性格都刻画得栩栩如生。和其他文学体裁相比，小说完整的故事情节这一特点更为突出。

人物形象的刻画只有通过性格和行动来展示，才具有生命力，而性格和行动的展示离不开完整复杂的情节结构。从叙事学角度看，小说多是讲述一个虚构的故事，因此，作者要会编故事。编的过程中必然少不了生动曲折的故事情节以及情节之间的关联衔接，这样，情节结构就成为小说必不可少的特质。我国著名的四大古典名著都是因为有完整复杂的故事情节，才拥有一代代的读者，并被各种文学体裁借鉴和吸收。如长篇小说《红楼梦》围绕贾府由盛到衰这个情节主干，以贾宝玉、林黛玉和薛宝钗之间的爱情纠葛为主要情节，展示封建统治阶级内部的相互倾轧和弱肉强食、叛逆者的反抗、荣宁二府的兴衰、贾雨村的宦海浮沉、甄士隐的穷困潦倒、尤三姐的爱情悲剧等。一个个故事此起彼伏、交织穿插，构成一幅色彩斑斓、气象万千的封建社会生活历史画卷。

又如《三国演义》中写诸葛亮，安排了三顾茅庐、舌战群儒、草船借箭、火烧赤壁、三气周瑜、巧布八阵图、七擒孟获、六出祁山等一系列故事情节，全面展示了诸葛亮的过人智慧和鞠躬尽瘁的高洁品格。《三国演义》还善于通过错综复杂的故事情节，描写各种尖锐复杂的矛盾和斗争，尤其善于描写各种战争。在写到交战双方的对比时，作者总是以人物为中心，写出战争的各个方面，如双方的战略、战术、力量的对比、地位的转变，扣人心弦，动人心魄。作者描写时虽依据了《三国志》等史书记载的史实，但在描写战前和战中双方各色人等的心理活动时，几乎全是虚构的。在紧锣密鼓、万箭待发的战争之前，作者还穿插了孔明饮酒借箭、庞统挑灯夜读、曹操横槊赋诗等重要情节。这些描写既是战争前的铺垫，又生动地刻画了人物性格。这样以静衬动、跌宕有致、推波助澜，逐渐把故事推向高潮。

（三）具体的环境描写

环境是指一定时代的自然环境和社会环境。人物都是生活在一定的环境之中的，故事情节也发生在一定的场景里。因此，小说要真实地展现广阔的生活画面，表现人物之间的复杂关系，就必须进行具体生动的环境描写，特别是描绘那些决定人物性格和行为的社会环境。如果离开了对落后封闭的未庄环境的描写，阿Q的典型性格就失去了生长的土壤。没有王胡、小D、吴妈，阿Q的典型形象也将黯然失色。如果《祝福》不是选在除旧迎新的鲁镇，如果不是让祥林嫂在祝福的年关死去，小说渲染的那种环境气氛与悲剧内涵就无法形成巨大的艺术震撼力和冲击力。

小说环境描写是具体的生动的。因为只有具体地描绘环境，才能写出小说人物思想性格形成的原因，衬托出人物的性格特征。例如，高尔基著名的长篇小说《母亲》的开头，就用大量篇幅来描写工人区的阴郁与骚乱，不仅点明了主人公生活的时代，也展示了主人公思想性格形成的社会环境因素。另外，具体生动的环境还起到渲染气氛、表现人物在特定情况下的特定思想感情的作用。如鲁迅的《伤逝》中对会馆周围环境的描写，前后就有很大的不同：开头呈现出欢快的色彩，后面则是凄凉与空虚。作者以不同的环境描写映衬出主人公涓生思想感情的重大变化。

三、小说的欣赏

小说的欣赏，应重点围绕以下几个方面来展开。

（一）小说的人物分析

在分析小说时，评论家经常说某某人物是典型人物，某某人物生存的环境是典型环境。那么，什么是典型人物？什么是典型环境呢？

恩格斯在致玛·哈克奈斯的信中，谈到小说创作问题，他指出，现实主义的意思是，除细节真实之外，还要真实地再现典型环境中的典型人物。典型人物是个性与共性的高度统一，是最完美、最成功的艺术形象。在典型人物身上应既有鲜明的个性，又能反映一定历史条件下的阶级、阶层或某些社会关系的本质。通俗地说，就是小说中所刻画的人物应能代表社会中的一类人。那么，典型环境又是什么呢？典型环境是指文学作品中人物所生活的、能够体现一定历史时期社会本质的特定环境。它在某种程度上促成了典型人物性格的形成和发展。

小说中塑造的人物虽然是"这一个"，但是作者在观察生活时，不只是观察一个人，而是把一群人的性格特征通过典型化塑造成一个人的形象。在分析人物形象时，我们必须通过"这一个"认识"这一群"，理解人物形象的典型性和社会意义。

在欣赏小说人物时，我们要注意抓住小说人物语言和叙述语言的个性和特点。通过人物的对话表现人物的性格，这也是小说塑造人物形象的重要手段之一。好的人物语言，都是高度个性化的。欣赏小说人物语言的过程，就是把握人物形象的过程。

在欣赏小说人物时，我们还要注意小说人物活动的社会历史背景，即人物活动的时间、地点、节令、气候、地理风貌等，也就是作者所描写的典型环境对典型人物性格的形成和发展所起的作用。

（二）小说的主题分析

不同读者对同一作品主题的理解是有差异的，这种差异正是文学作品多样性和丰富性的表现。文学作品一经产生，便成为一种客观存在。我们对它的理解鉴赏，就是在作品提供的艺术形象基础上进行的一种再创造。每个读者都会根据自己的生活经验、思想感情和审美观点进行思考，这就是所谓的"有一千个读者就有一千个哈姆雷特"。我们在鉴赏小说的主题时，要从作者生平及写作背景、语言的情感色彩、情节的发展、人物塑造等几个方面入手。

（三）小说的情节分析

情节是故事的构架，是人物性格的历史。从表面看，情节安排只是结构问题，实质上其也是人物塑造、表现主题的问题。小说中故事的展开、人物性格的发展、人物之间的矛盾冲突与解决、主题思想的揭示，都有赖于情节的设计。情节的发展就是典型人物的变化和成长的历史，也是揭示主题的过程。鉴赏小说的情节，特别要注意以下几点。

1. 找出线索，把握情节的来龙去脉

一般来说，小说的故事情节从前到后有着某种内在联系，这种内在联系就是贯穿在整个作品中的情节线索。只要找到了这条贯穿整个作品的线索，情节的来龙去脉也就容易把握了。小说的情节线索并不是指我们一般所说的时间线索或空间线索，而是指作品里的基本矛盾冲突所构成的情节发展线索。例如，鲁迅的《祝福》中祥林嫂与鲁四老爷的矛盾冲突，就是构成情节的主要线索。

2. 从场面和细节的分析入手，把握情节对表现人物性格的意义

情节是人物性格发展的历史，因此，鉴赏小说的故事情节应从场面和细节的分析入手，将人物性格与情节联系起来分析。如鲁迅的小说《孔乙己》中写孔乙己到酒馆喝酒，周围的人嘲笑他、与他争辩的情节，正是要表现孔乙己偷窃、迂腐的坏毛病。孔乙己教"我""茴"字的四种写法和分豆给孩子们吃的细节，又是为了表现孔乙己的自傲和善良的品性。孔乙己被丁举人打断腿后爬着到酒馆喝酒时，谎称腿是跌断的，这些情节则表现他受欺凌的悲惨命运和好面子的特点。小说就是通过这一系列的情节来完成对孔乙己复杂性格的刻画的。

3. 注意发现作者组织情节的艺术匠心

每篇小说的情节铺设都有一定的讲究，小说情节的生动曲折、波澜起伏和扣人心弦，应该说是所有优秀小说的显著特点。我们在鉴赏小说情节时，对于什么地方埋伏笔、什么地方照应、什么地方是有助于塑造人物的精彩描写、哪些地方是游离于情节之外的荒诞不经的"噱头"等，都要加以细致辨析。比如，《红楼梦》中刘姥姥三进荣国府的情节，每次各不相同。一进，只让刘姥姥见了王熙凤，借此给读者展示了荣国府这个诗礼簪缨之族、温柔富贵之乡的豪奢；二进，刘姥姥见了贾母，又是饮宴，又是饱览，让读者见到了荣国府也有各种矛盾，由此埋下了贾府即将败落的伏笔；三进，那位曾向刘姥姥伸出援助之手的琏二奶奶也不得不向她呼救了。鉴赏这样的情节，我们不仅要注意情节本身的变化，还要注意发掘情节所蕴含的主题意义。同时，要看到作者在组织情节时所显现出的胸有全豹、高屋建瓴的艺术造诣。

第四节
戏剧文学

　　戏剧文学主要是指剧作家创作的供戏剧舞台演出用的文学剧本。它是戏剧艺术的一个重要组成部分，是戏剧艺术思想性和艺术性的基础。

　　我国的戏剧由古代的歌舞、伎艺演变而来，最早的戏剧是没有剧本的，之后逐渐发展为由文学、导演、表演、音乐、美术等多种艺术成分组成的综合艺术。由于剧本的出现，戏剧艺术进入了一个质变的阶段。它把戏剧艺术的整个活动，统一在创作者的思想意图和艺术意图之中，因而文学剧本便成了整个戏剧活动的基础。随着社会生活、文化、科技的不断发展以及舞台表演经验的不断丰富，戏剧文学也日趋完善。它不仅可供舞台演出，而且成为一种独立的文学样式，可以直接供人们阅读欣赏。

一、戏剧文学的分类

　　戏剧种类繁多，按照不同的标准可以将戏剧文学分为不同的类别。按照戏剧冲突的性质，可将其划分为悲剧、喜剧和正剧；按照表现手段和艺术载体，可将其划分为话剧、歌剧、舞剧等；按照戏剧的容量和结构形式，可将其分为独幕剧和多幕剧等。

（一）悲剧、喜剧和正剧

　　悲剧、喜剧和正剧是最常见的戏剧类别划分，也是戏剧鉴赏评论中比较常见的概念。

　　1. 悲剧

　　悲剧作为一种重要的戏剧形式，在中西方都有比较悠久的历史。西方悲剧起源于祭祀酒神狄奥尼索斯的庆典活动，主要经历了三个发展阶段：古希腊的命运悲剧，文艺复兴时期的性格悲剧，19世纪的社会悲剧。中国也有悲剧文学，比较耳熟能详的作品有《窦娥冤》、《西厢记》（见图6-1）、《牡丹亭》等，但是总体来说中国悲剧文学独立性不如西方，更多时候悲剧是和喜剧混合在一起的，形成悲喜剧。

图 6-1 《西厢记》剧照

悲剧大都侧重于展示重大的或有深刻社会意义的矛盾冲突。比如,《哈姆雷特》中的主人公最后以死赢得了对旧制度、旧社会势力在道义上的胜利,鼓舞着后继者的斗志。再如,西方莎士比亚的《罗密欧与朱丽叶》、拉辛的《菲德拉》以及中国的《牡丹亭》《梁祝》《雷雨》等,都是通过家庭关系和伦理道德观念的冲突来凸显当时社会的矛盾冲突。

2.喜剧

喜剧作为一种与悲剧相反的戏剧类型,通常是通过对丑恶落后现象的讽刺和嘲笑,来肯定美好、进步的社会理想。一般来说,喜剧作品常常是内容渺小、形式活泼,表现手法上多采用夸张、误会,以制造滑稽搞笑的艺术效果。另外,喜剧作品中的人物通常都是小人物,大致可以分为受人嘲笑的人物、具有否定性的人物和能够巧妙乐观地对待反面力量的正面人物。比如:果戈里的《钦差大臣》锋芒直指沙皇黑暗统治下的官僚体制;莫里哀的《伪君子》对法国贵族社会的黑暗及宗教的欺骗性和危害性进行了辛辣讽刺;《温莎的风流娘儿们》(见图 6-2)中贫穷又奢侈、机智又愚蠢的法斯塔夫随心所欲地做着荒唐又愚蠢的事。

图 6-2 《温莎的风流娘儿们》剧照

3. 正剧

正剧介于悲剧和喜剧之间，所以又称悲喜剧。正剧题材严肃，所以又叫严肃剧。其剧情有悲有喜，一般表现的是悲欢离合、正义战胜邪恶的故事，其在反映生活方面处于两个极端类型的戏剧种类之间，没有极端强烈的情感色彩，其格调既不像悲剧那样沉重，也不像喜剧那样活泼。正剧的实质是一种生活剧，如实地对生活进行全面的展现，既表现生活的积极方面，又表现生活的消极方面。历史的必然性要求其具备实现的可能性，不符合历史发展潮流的必然会被人们否定。

（二）话剧、歌剧和舞剧

根据不同的表现手段和艺术载体，戏剧文学又可以划分为话剧、歌剧和舞剧。

1. 话剧

话剧是通过演员的对白来揭示全剧内容的戏剧。我国的话剧起始于"五四运动"以后，它受欧洲话剧的影响，同时继承和发展了我国传统戏剧中的有益成分。在我国现代文学史上，出现了不少优秀剧作，如曹禺的《雷雨》《北京人》，老舍的《茶馆》（见图6-3）、《龙须沟》。

图6-3　话剧《茶馆》剧照

2. 歌剧

歌剧是以歌唱、音乐为主的戏剧。歌剧的唱词像诗歌一样，有韵律，有浓厚的感情色彩，比较适用于表现人物的内心活动。《白毛女》（见图6-4）、《江姐》、《洪湖赤卫队》、《茶花女》、《费加罗的婚礼》等都是著名的歌剧作品。

图6-4 《白毛女》剧照

3. 舞剧

舞剧是一种把舞蹈、音乐和戏剧结合在一起的戏剧艺术，它的特点是：剧情的发展、人物形象的塑造主要靠演员的舞蹈动作（还有音乐语言）来表现，它是音乐和舞蹈的结合，同时有戏剧的故事情节。欧洲著名芭蕾舞剧《天鹅湖》和我国近年来创作的优秀舞剧《丝路花雨》（见图6-5）都符合这一特点。

图6-5 《丝路花雨》剧照

（三）独幕剧和多幕剧

根据剧情的繁简和结构形式的不同，戏剧文学可以划分为独幕剧和多幕剧。

幕和场是戏剧文学中特殊的结构形式，主要依据时间、地点、情节的发展变化来设置。一般来说，幕是大的情节单位，场是小的情节单位，一幕可以包含几场。只有一幕或一场的戏剧称作独幕剧，两幕或两场以上的称为多幕剧。

1. 独幕剧

独幕剧是只有一幕的短剧，把全剧情节集中在一幕中来表现，其特点在于反映的生活容量较少，出场的人物也不是很多，情节简单，结构紧凑，往往通过某个集中的生活片段，对生活做横断面的展示，反映具有重大意义的主题，表现尖锐的矛盾冲突，达到以小见大的艺术效果。西方独幕剧作品如莫里哀的《逼婚》、契诃夫的《求婚》、辛格的《骑马下海人》；中国独幕剧作品如田汉的《名优之死》、丁西林的《压迫》、洪深的《五奎桥》、宗福先的《于无声处》等。

2. 多幕剧

与独幕剧相比，多幕剧算是大型的戏剧。它篇幅长，容量较大，人物较多，剧情较复杂，起承转合也更复杂。它分幕分场，能够通过换幕来表现时间的间隔和空间的转移。因此，多幕剧能够反映更广阔的社会生活。曹禺的《雷雨》《日出》、老舍的《龙须沟》（见图6-6）、沙叶新的《陈毅市长》等都是较为有名的多幕剧。

图 6-6 　《龙须沟》剧照

二、戏剧文学的特征

戏剧文学在戏剧情境、戏剧冲突、戏剧语言、戏剧结构等方面表现出鲜明的特征。

（一）戏剧情境高度集中

戏剧文学不像小说、散文那样自由性较强，可以不受时间和空间的限制，它要求时间、人物、情节、场景高度集中在舞台范围内。这种时空性决定了剧作家在创作文学剧本时必须高度浓缩地反映生活，在几个场景中突出刻画主要人物，揭示现实生活中的矛盾冲突。因而剧作家在考虑篇幅、人物、故事、场景时应尽可能做到集中、凝练，篇幅不宜过长，人物不宜过多，故事应单纯、生动，场景不宜变换频繁。比如曹禺的《雷雨》尽管只有两个场景，剧中情节发展不到二十四小时，却集中展现了以两个家庭、八个人物、三十年的恩怨为主线的恩怨情仇。

（二）戏剧冲突强烈紧张

没有冲突就没有戏剧，矛盾冲突是戏剧和戏剧文学的又一特征。一方面，戏剧文学里的人物，只有通过一定的矛盾冲突，才能鲜明地表现性格。剧作家不可能采用叙述人的语言来描绘性格，只能抓住人物的性格差异，把各个人物用更加强烈、紧张、对立的方式来加以区别，使得人物形象更加鲜明。另一方面，剧本中的情节，也只有经过人物之间的矛盾冲突，才能获得充分的展示，使得剧情跌宕起伏，摄人心魄，从而推动剧情的曲折发展。如洪昇的《长生殿》通过政治与爱情的对立，努力建构两者尖锐冲突的情境，将人物，尤其是唐明皇置于这种个人情爱与身为君王必然要承担的国事重任这一无法调和的激烈对抗中，由此揭示戏剧主人公面对这一复杂矛盾时内心的困窘与挣扎。即使在表现李隆基与杨玉环恩爱时，作品也并不避讳李隆基作为帝王的特殊身份——由于他是皇帝，自然拥有众多嫔妃，并且有很多机会任意施爱于其他女性，而杨玉环与他的感情正是在这种错综复杂的人际关系中，经历了各种局面的严峻考验而日益深厚。

戏剧冲突首先表现为情节冲突。如沙叶新等人创编的《假如我是真的》开始就设置了一个巨大的冲突，李小璋迟迟从农场调不上来，但与周明华结婚就必须先回城，否则岳父不会同意这门亲事，而李小璋自己没有能力调回城，他这时就处在了一个非常矛盾、尴尬的境地，也引出了后面假冒张老儿子张小理后一路绿灯的调动。在调动过程中，李小璋与张小理的身份也处在激烈的冲突中，深化了后来李小璋被识破后在法庭审理时说的"我错就错在我是个假的，假如我是真的，我真的是张老或者其他首长的儿子，那我所做的一切就将会是完全合法的"的讽刺效果。

戏剧冲突还表现为性格冲突。性格冲突既包括人物与人物之间的性格冲突，又包括人物各自的内心冲突。如《雷雨》中既注意了人物之间的性格冲突，如周朴园与鲁侍萍、繁漪、鲁大海之间的矛盾冲突，又突出了人物内心的矛盾冲突，如周朴园与鲁侍萍的感情纠葛、周萍对繁漪的亲近与疏远等，人物个性十分鲜明。

拓展阅读

"南洪北孔"

"南洪北孔"指的是清初著名的戏曲家洪昇和孔尚任。洪昇创作的《长生殿》、孔尚任创作的《桃花扇》，艺术成就高超，攀上了清代传奇创作的高峰，被誉为"清传奇中的双璧"。因为洪昇是南方浙江钱塘人，孔尚任是北方山东曲阜人，所以他们被称为"南洪北孔"。

洪昇的《长生殿》以唐明皇和杨贵妃的爱情故事为题材，将历史史实与爱情故事结合起来，既再现了历史上的重大事件，又细腻委婉地描画了帝王与妃子间的爱情，寓意深刻，曲词优美。

孔尚任的《桃花扇》以南明朝廷的兴衰为背景，描述复社文人侯方域和秦淮歌女李香君悲欢离合的爱情故事。剧作结构宏伟严谨，思想深刻。

（三）戏剧语言富有表现力

在戏剧文学中，除了少数的动作提示和布景说明外，主要靠人物的对白来塑造形象和提示情节，因此戏剧文学的语言有不同于其他文学体裁的特殊语言要求。首先，戏剧语言要有高度的个性化和充分的表现力。戏剧语言要符合人物身份、性格、年龄以及特定的环境，达到高度个性化，使人物形象鲜明、充分地表现出来。其次，戏剧语言要富于行动性。戏剧文学里的对话和说白，要考虑人物在舞台上行动的需要，富于行动性，否则容易给人沉闷之感。最后，戏剧语言既要明朗动听又要含蓄深邃。明朗动听就是让演员便于上口，观众听时入耳；含蓄深邃即有潜台词，给观众留下充分的想象余地。戏剧文学在语言上的这些特点，使其成为文学体裁中最难运用的形式之一。

（四）戏剧结构组织严密

戏剧结构要求组织严密而又节奏紧凑。戏剧结构从总体上看可分为外部结构和内部结构。外部结构是就剧本的外在表现形态而言，最主要的便是剧本的章法结构，如中国元杂剧的"四折一楔子"就是非常明显的外部结构。一般的戏剧在结构形式上都要分幕分场，由于受到舞台的时空限制，剧情的时间延续和空间变换只能通过分幕分场来加以表现。幕是戏剧情节发展的大段落，场是戏剧情节发展的小段落，有时候一幕一场，有时候一幕多场。幕和幕之间，时间可以变换，地点也可以变换，分幕分场可以突出不同时空中的主要事件，从而使剧情更为紧凑集中，也符合舞台演出的要求。

内部结构是就戏剧内在要素的组织安排而言，指在矛盾冲突和剧情安排上所显示出来的结构特点。这种结构主要呈现为三种方式，即开放式结构、锁闭式结构和人像展览式结构。

开放式结构就是按照时间顺序把戏剧情节从头到尾原原本本地表现在舞台上。开放式结构的内容丰富，情节完整，涉及的人物较多，时间跨度比较大，能较充分地表现人物性格的发展过程，因而比较自然，也符合一般的欣赏习惯。但是，由于内容丰富，内容的深度和冲突的激烈程度有时就受到一定的影响，人物较多、情节较长使得剧中人物难以得到充分的刻画，一些重头戏也因为属于次要情节而难以得到充分的展现，而且过场戏增加，结构容易松散。开放式结构是比较传统的一种结构方式，中国古代戏剧大都是开放式结构，如《西厢记》《裴少俊墙头马上》《梁山伯与祝英台》等；在西方，莎士比亚的全部悲剧和喜剧（史剧除外），除了《哈姆雷特》和《暴风雨》两部外，可以说都是开放式结构。

锁闭式结构就是剧本的内容截取事件发展过程中高潮即将到来的一段，往往只写高潮至结局，集中表现戏剧性危机，而对于过去事件和人物关系则用回顾和内省方式随着剧情的发展逐步交代。根据内容的特点，锁闭式结构可分为两种：一种是"终局式"结构，另一种是"回顾式"结构。"终局式"结构是以高潮与结局中的情节为主要内容，而以回顾往事作为辅助性情节，即以"终局"为主的戏剧结构，如《玩偶之家》；"回顾式"结构是以回顾往事为主要情节的结构，剧本的戏剧性主要在于过去的情节中，现在的动作主要是作为说明或烘托过去的手段而存在的，如《俄狄浦斯王》。锁闭式结构的情节集中紧凑，冲突紧张激烈，富于戏剧性，而且人物较少，可以深刻揭示主要人物性格和精神世界的各个方面。不过，由于人物少、场景少，如果剧本写得不好，容易单调乏味，且由于往事回顾较多，舞台变化较少，如果没有高度的技巧和生动的对白，容易冷场，难以引人入胜。

人像展览式结构是近代戏剧的产物，以展览社会风貌和人物形象为主要目的。这种结构具有以下几个主要特点：其一，人物多，但没有突出的主人公，某个人物在剧本的某一段中话说得最多，表现最充分，他就是这一段的主要人物，但在另一段中，他又可能消失得无影无踪，贯串全剧的人物不一定是主要人物，往往只起串线的作用；其二，剧情进展缓慢，有时候好像停滞不前；其三，通过社会生活的某个横断面，着重展示人物性格的内部冲突，潜在的冲突比外部行动的冲突要强烈得多；其四，表面上看，剧本人物众多，情节也不够统一，好像一盘散沙，但实际上众多的人物和散乱的剧情都服务于同一个主题。人像展览式结构最早的例子是17世纪本·约翰逊的《哈骚洛谬市场》；这一结构形式于19世纪开始流行，著名的代表作有霍普特曼的《织工》、高尔基的《在底层》等。在中国，曹禺的《日出》、夏衍的《上海屋檐下》、老舍的《茶馆》等都是有名的人像展览式结构的戏剧。

需要指出的是，开放式结构和锁闭式结构各有长短，也各有适用的表现对象，剧作家应根据剧情的需要斟酌取舍，不能刻意为了用某种结构而用某种结构。人像展览式结构则是在开放式结构和锁闭式结构的基础上发展而来的，它的特长是通过人物群像的描绘显示社会的面貌和本质，它的基本方法是通过回顾和内心活动来刻画较深刻的人物性格，内部动作多于外部动作，这种结构是近代社会剧的重要形式。另外，开放式、锁闭式、人像展览式三种结构只是戏剧史上几种最主要的结构形式，这并不否定其他结构形式的存在，相反，应鼓励人们创造新的结构形式，以丰富戏剧艺术。

三、戏剧文学的欣赏

（一）分析戏剧冲突

冲突是戏剧文学的内在本质，所以，戏剧欣赏的切入点是戏剧的冲突。我们在欣赏戏剧时，首先要品评戏剧冲突对情节的推动力，这就需要了解冲突发生的背景、掌握冲突的基本内容、分析冲突的内在结构、探求冲突的思想倾向。其次，要品评戏剧冲突对人物塑造的催化作用，也就是分析冲突中的人物动作，解读冲突中的人物对话。再次，要品评戏剧冲突设置技巧的有效性，戏剧冲突的结构方式有延展式结构（如越剧《红楼梦》按时间安排情节）、浓缩式结构（如《雷雨》从危机出现的那一刻开始，运用"回顾式"结构）、人像展览式结构（如《茶馆》以刻画人物群像为主）。戏剧冲突的设置技巧一般有悬念、巧合、表演技巧等。

（二）品味戏剧语言

语言是构成戏剧文学的基础。戏剧语言包括人物语言和舞台说明。人物语言也叫台词，包括对白、独白、旁白等。剧作家通过人物语言来展开戏剧冲突，塑造人物形象，揭示戏剧主题，表达自己对生活的认识。舞台说明也是一种叙述语言，用来说明人物的动作、心理、布景、环境等，直接展示人物的性格和戏剧的情节。所以，在把握戏剧语言时，首先，要品味个性化的人物语言。这里的个性化是指受人物的年龄、身份、经历、教养、环境等影响而形成的个性特点。其次，要品味富有动作性的人物语言。动作性包括外部动作和内部动作（内心活动），像周萍打鲁大海，表现为外部动作；鲁侍萍看见周萍打鲁大海后那种痛苦的心情，是内部动作。最后，要品味人物语言中蕴含的丰富的潜台词。好的潜台词总是以最少的语言表达最丰富的内容，给人以品味、想象的空间。比如《雷雨》中，鲁侍萍听周朴园沉吟"无锡是个好地方"的时候，虽然顺着周朴园的话语说"哦，好地方"，却包含丰富的潜台词。

（三）把握人物塑造

戏剧文学所塑造的人物是否真实可信、对人物的描写是否精雕细刻，都是评价戏剧好坏的重要标尺。戏剧文学十分注重塑造具有鲜明生动的个性而又能体现社会某些本质方面的人物，也就是具有某种典型意义的人物。对这些人物的介绍一般包括社会因素、心理因素和形体外貌三个方面。社会因素主要是指阶级成分、家庭出身、教育、职业、社会地位、社会关系、政治态度、宗教信仰等；心理因素包括思想、情感、意志、气质、想象力、兴趣爱好、素养等。这两个方面有密切的关系，社会因素往往在很大程度上决定心理因素，而心理因素往往是社会因素的具体体现。除这两个方面外，人的外形、身材、容貌、性别、年龄、姿态、表情、服饰、习惯性动作（包括某种遗传特征）等都是人的具体形象。这三个方面的内容组成起来构成了一个具体的、有血有肉的、有性格的活生生的人。在鉴赏戏剧文学时，我们要注意发现剧作家在人物塑造方面的匠心。

▌思考与练习

1.自选题材，自拟标题，写一首现代自由新诗。要求有诗味、诗意、诗感、诗趣、诗乐。

2.关于散文的特点，传统说法是"形散而神不散"。但是有学者认为，诗歌、小说也是"形散而神不散"；与诗歌、小说相比，散文的根本特点在于它的真实性。你对此有什么看法？

3.戏剧文学的特征有哪些？

▎课后实践

班级举办一次"读书分享会",每位同学选择一个自己喜欢的文学作品(诗歌、散文、小说或戏剧文学),以PPT的形式呈现自己对作品的理解,然后在分享会上向其他同学展示。

第
七
章 | # 艺术美

本章导读

　　艺术美是以艺术家创造的典型化、集中化的艺术作品为对象所感受和体验到的美。艺术美来源于生活又高于生活，是典型化地反映社会客观现实生活，具有高度思想性和艺术性的美。它比一般形态的美更典型、更集中、更理想、更强烈。艺术美具有丰富的内容，是审美素质教育的重要组成部分之一。

育人目标

　　引导学生了解中国传统文化的辉煌历史，增强民族自豪感和自信心。

思维导图

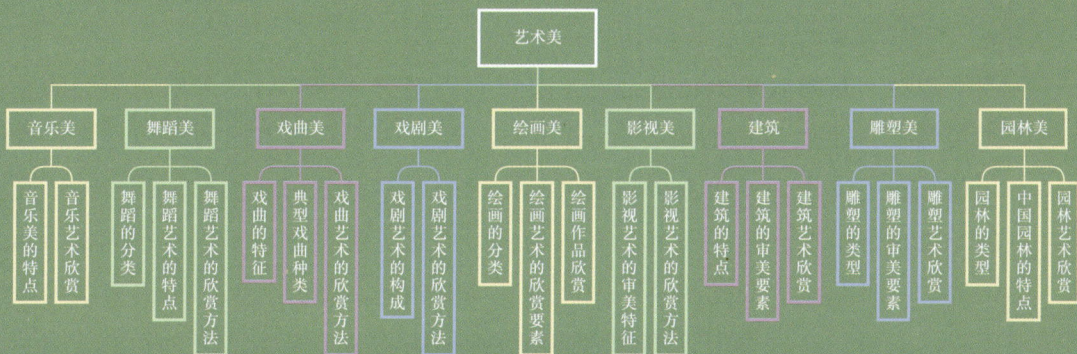

第一节
音　乐　美

一、音乐美的特点

音乐美既与其他艺术美有相同之处，又由于其感性材料——声音的特殊性，而有自己的个性。音乐美至少可以归结为三个主要的特点，即内在性、情感性、秩序性。

（一）内在性

所谓内在性，是指音乐作为声音的艺术，虽然跟其他艺术一样，也是精神产品，表现人的内心生活，但并不把这种内容外现为一种图景。听众领悟音乐内容，仿佛被引导着返回自己的内心世界。作品里的情感、意志、思想、意识等，作为内容的一部分，在听众这里得以复活、再现，于是引起共鸣，产生审美感动。一方面，作曲家在创造美的活动中，把内心世界化为音响，创造出生动的形象，以至于回想到他所选择的主题，仿佛就是察觉到自己。另一方面，听众在欣赏美的活动中，带入自己的情感、意志、思想、观念，仿佛在音乐中认出了自己。更为重要的是，音乐艺术以其独特的时间流动性，以及作为感性基础的声音元素，深刻地触及并融入人们的精神领域。时间本身的抽象性以及声音持续感知的特性，使得音乐能够渗透人的内心深处，在个人的内在宇宙中自由延展，丰富并塑造着人们的情感世界。

（二）情感性

所谓情感性，是指音乐美比其他艺术美更接近情感本身。音乐来自情感、表达情感、激起情感，是"激情的语言"。这里需要区分两个有所不同的反应层次。首先，音乐的材料——声音有时并不需要特别的内容因素就能引起人的情绪反应。比如：有的音色可以引起轻盈、飞翔、幸福的情绪联想，有的音色可以带来迟钝、沉重、恐怖的印象；某些和弦仿佛具有或明朗或暗淡的色调意义；某些节奏可能实现动荡或安静的效果。这种偏向生理性的情绪反应，常常是不稳定的、短暂的，具有较少的社会性。文化背景和思想立场不同的人可以对同一部音乐作品产生相似的反应，因此人们常常将音乐看作"超国界""超时代"的艺术。这主要是在生理情绪反应的层面认识音乐，这种反应因为缺少社会性而不大可能是深刻的。其次，音乐的文化属性更能引起人们的情感反应，它不仅是人际交流的手段，还包含供人欣赏的社会性内涵，期待着引起他人的共鸣。这一层面的反应往往是稳定的、后续性、选择性的。正是在这一层面，音乐艺术将其浓厚的文化属性、民族属性、时代属性表现得非常充分，音乐的社会历史价值也得到鲜明体现。所以，当我们说一部音乐作品美时，不仅是在体验其带来的情绪反应，而且是在这里获得充足的美感；不仅是在说"我能理解它"，而且是在说"我认同作品的内涵"，即情感上引发共鸣。可见，音乐美比其他艺术美更具情感性，甚至这种美就是情感本身。正因如此，人们常说音乐是情感的艺术。

（三）秩序性

所谓秩序性，指的是在人类创造的所有艺术形式中，音乐的自然本性最接近数理科学，也最注重形式因素。

首先，乐音具有强烈的数学秩序。所有乐音都是人们按一定振动比例组织起来的，这是音乐美的原始起点。例如，纯律以泛音列中的八度音、五度音、大三度音作为生律基础（还有一说是以纯五度音和大三度音为生律基础），得到大音阶中三个正三和弦，这些音按高低顺序可以排列成一个纯律大音阶，各音之间有一种简单的算术比例。像五度相生律、十二平均律，也都是经过严密计算，以优美简洁的数学比例关系建立起的乐音秩序。所以，圣·奥古斯汀才会说，声音的合理结合就是算术比例的简单结合，美的事物因数而使人快乐。

其次，音乐形式具有美学的秩序。比如，人们从音乐作品中发现大量的对称现象，发现"黄金比"的运用，甚至在我国传统音乐中发现典型的序列思维（如递增、递减的数列关系）。在江南的锣鼓曲中，有一个名为《金橄榄》的段子，先是1357，再是7531，形成一个两头小、中间大的形式，仿佛一个橄榄的形态，这也是通过数学上的递增、递减实现的。西方音乐中，巴赫时代的赋格曲逻辑关系十分严密，贝多芬的奏鸣曲也是音乐秩序的典范。

音乐美要求音乐形式、音乐材料、音响的物理性质都有一定的秩序。

二、音乐艺术欣赏

（一）欣赏音乐前的准备

1.了解作品的时代背景

一部好的音乐作品，总是表现了作曲家对现实生活的感受。因此，要想比较深刻地领会作品的时代内涵，就必须了解作曲家所生活的时代及其特点，也就是作品的时代背景。

例如，贝多芬的《第三（英雄）交响曲》《第五钢琴协奏曲》和《"艾格蒙特"序曲》等作品极具英雄气概，这是向当时的法国资产阶级大革命致敬，作品中渗透着一股反抗精神；而贝多芬的《第五（命运）交响曲》是他在耳朵失聪、生活受挫、恋爱失败的情况下创作的，他要"扼住命运的咽喉""愿意活上一千次"，反映了他不屈从命运的抗争；贝多芬的《第七交响曲》和《第九交响曲》是极富戏剧性的辉煌乐章，分别表现了他处于民族解放战争和梅特涅反动统治时期的精神状态和思想境界。又如，我国著名作曲家冼星海所创作的《黄河大合唱》是在日本帝国主义侵略、人民处于水深火热的情况下，为号召民众反抗日本侵略者所创作的，反映了中华民族坚强博大的民族精神，展现了抗日必胜的光明前景。这部具有交响诗、写实性、气势磅礴特点的大合唱，既有中华民族的英雄气概，又有强烈的时代精神。由此我们可以看出，要较好地欣赏一部音乐作品，就应该首先了解作品的时代背景。

2.了解作者的创作个性

作曲家由于生活的时代、环境、素养、经历和艺术趣味不同，表现出不同的创作个性。贝多芬的《第九交响曲》和舒伯特的《未完成交响曲》是同一时期的作品，具有同样的时代背景，但由于作者的创作个性各异，作品的风格也大不一样。另外，创作个性和风格也是在不断变化发展的。同样是舒伯特的作品，从悲怆凄恻的《未完成交响曲》，到气势豪迈的《第九交响曲（C大调）》，标志着作者创作思想和创作风格的转变。

3.了解音乐的民族性

民族音乐的内容丰富且韵味无穷，只有民族的才是世界的，所以好的音乐作品大都根植于民族，有鲜明的民族特征。有些作品概括地体现了民族音乐语言的某些特征，还有一些作品和具体的民族音调有密切的联系例如，就欧洲音乐而言，各民族的音乐都有自己的特点——意大利音乐热情、明朗，普鲁士音乐庄严、古朴，俄罗斯音乐伤感、柔和等，都体现了本民族音乐的特征。再看中华民族的音乐，更是天南地北、百花争艳，五十六个民族的音乐各有其长、各显其美。从地域看，东北民歌热情豪放，江南小调秀雅恬静，西北高坡的大秦腔透着沙土的高亢和苍凉，西南山地的侗族大歌悠扬婉转、和声丰满，雪域高原的藏歌更显空旷与激越。民族音乐风格鲜明、迥异，这还不包括各地的戏曲，可见要欣赏一部音乐作品，一定要了解其民族性。

4. 了解音乐语言的功能

作曲家创作乐曲有一整套表情达意的体系，这就是音乐语言。音乐语言包括很多要素，如旋律、节奏、节拍、速度、力度、音色、音区、和声、调式等。一部音乐作品的思想内容和艺术美要通过各种音乐要素表现出来。

5. 了解曲式、体裁和题材

欣赏一部音乐作品还要了解曲式、体裁和题材方面的知识。

曲式专业性强，较难懂，简单来讲就是音乐材料排列的样式，也就是音乐的结构布局，有一段体、两段体、三段体、回旋式、奏鸣式等，如儿歌《上学歌》是一段体，《土耳其进行曲》是典型的回旋式等。

体裁是音乐作品的种类，如歌曲、舞曲、进行曲、谐谑曲、叙事曲、夜曲、序曲、交响曲、组曲等。不同的体裁有不同的特点，适合表现不同风格的作品，如柴可夫斯基的《四小天鹅舞曲》、舒曼的《军队进行曲》、肖邦的《谐谑曲》、比才的《卡门序曲》、海顿的104部交响曲等。浩瀚的艺术海洋有太多的艺术形式，不胜枚举。

题材是音乐作品表现的内容，其主要表现在歌曲和歌剧方面。在歌曲方面，有歌颂祖国的《北京颂歌》、赞美生活的《我们的生活充满阳光》、歌颂爱情的《我爱你》、歌颂军旅的《咱当兵的人》、赞美家乡的《谁不说俺家乡好》等；歌剧方面，有神话题材的《魔笛》、爱情题材的《茶花女》、圣经题材的《尤丽狄茜》等。

欣赏音乐除了要了解上述相关音乐知识外，还要提高文学修养，以确保更准确地理解作品的思想内涵。

（二）音乐欣赏的过程

音乐欣赏是一个由浅到深的过程，即从感性认识（被音乐感动）到理性认识（探究音乐知识）又回到感性认识（更深层次的欣赏）这样一个阶段。这是欣赏音乐的必经之路。

1. 官能的欣赏

这一层次的欣赏主要满足于悦耳动听的感受，是比较肤浅的欣赏。处于这一层次的欣赏一般是出于对音乐所产生的音响的兴趣去听，遇到"听不懂"的或"不好听"的乐曲就不去听。在这个层次上听音乐，可以不费脑子，不用思考。在这样的欣赏中，音乐把听众带入了一个幻想的境界，而听众可以对音乐作品本身没有多少理解。这种具有美感特征的官能欣赏，对许多人都会产生类似的感染力。因此，官能的欣赏在音乐欣赏中具有一定的作用和意义。

2. 联想的欣赏

在这一层次，欣赏者对音乐作品渗入了主观的分析和理解，对音乐作品所表现的思想感情产生共鸣。音乐可以激发欣赏者的喜怒哀乐，可以使他根据自己的生活体验去想象和幻想。通过欣赏音乐，他可以感受到许多难以言喻的东西，可以产生丰富的联想，从而在音乐中获得优美的享受。欣赏者努力地去感受和联想音乐所表达的内容，逐步获得一定的理解。这一层次的欣赏是大多数欣赏者通过实践能够达到的。

3. 理智的欣赏

在这一层次，欣赏者不仅对音乐作品所体现出来的音乐形象有较深刻的理解，而且对于作品的主题思想、作品的形式和风格乃至作者的创作动机、表现手法都有较丰富的认识。他可以从整体上了解音乐作品的结构和作品所要表达的丰富情感以及富有哲理的思想内容。通过欣赏音乐，欣赏者的精神获得极大的满足，达到一种新的思想境界。在这个层次，欣赏者一方面深入音乐之中，不仅对音乐的各种表现手法有较为敏锐的感受，而且对作品的形式、作曲家的创作意图和赋予作品的思想内容有较为充分的理解；另一方面能超脱音乐，预见音乐将要前进的方向和发展的层次。

拓展阅读

歌曲《送别》欣赏

《送别》（曲谱见图 7-1）是李叔同所作乐歌中流传最为广泛且影响深远的一首歌曲，是我国 20 世纪初不可多得的抒情类学堂乐歌之一。它具有鲜明的学堂乐歌特点：一是用古典诗词填写歌词，二是选用美国流行曲调作谱。

第一段着重写送别的环境。以十分流畅的音乐语言，用人的中声区娓娓唱出"长亭""古道""芳草""晚风""暮色""弱柳""残笛""夕阳"八个典型的意象，渲染离别的场景，蕴含一种淡淡的忧伤。音乐的速度中庸，叙事与抒情融为一体，为下面的发展做了到位的铺垫。

第二段着重写送别人的心境，是全曲的高潮。词的内容是第一段的自然发展，通过"天之涯""地之角""知交半零落""浊酒""别梦"，诉诸感官，触动心弦，感伤情绪较为浓厚。在时空交错中，作者以现在时的"今宵别梦寒"总括全篇。从韵律上看，它是重复强调，但这个重复强调却是表达进一步的思念。

第三段是第一节的重叠，进一步烘托别离的气氛，是意象上的强化和音韵上的反复。全曲结束后，给人们留下余音袅袅之感。

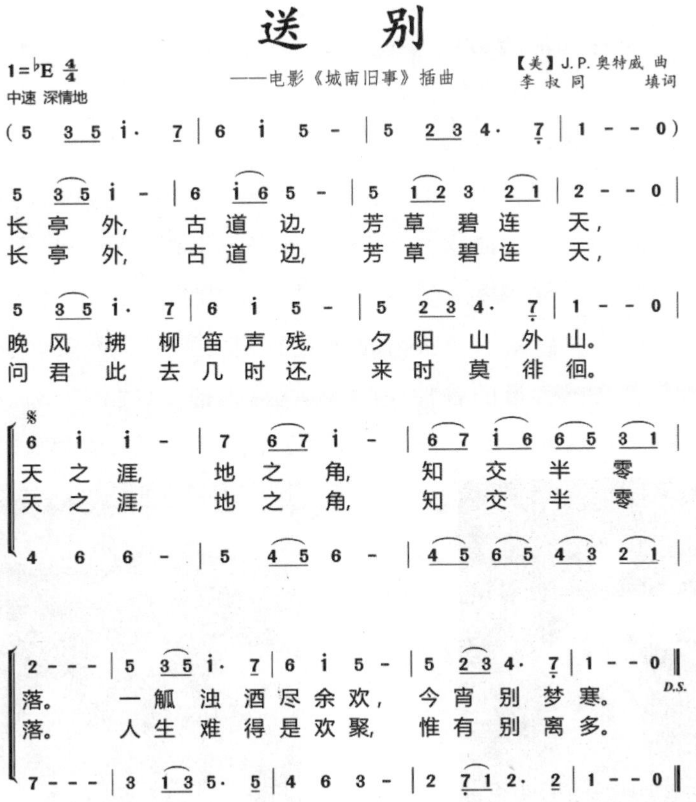

图7-1　《送别》曲谱

第二节
舞　蹈　美

一、舞蹈的分类

在舞蹈发展的历史长河中，多种舞蹈显示出不同的风格、不同的样式和不同的审美取向。我们的生活中存在多种舞蹈样式，在专业的舞蹈剧场表演中也有多样的舞蹈形态。

（一）中国古代舞蹈

中国古代舞蹈是指我国古代流传的一些舞蹈形式，其包括从远古时期到奴隶时期直至封建时期所出现和流传过的宫廷乐舞、民间歌舞、巫舞、傩舞以及宗教祭祀舞蹈等。

宫廷乐舞主要是指我国历代宫廷为统治阶级享乐而服务的一种贵族歌舞。它是我国古代舞蹈艺术发展的最高水平的代表。其中，隋唐宫廷燕乐可视为中国古代宫廷乐舞发展的最高峰。巫舞、傩舞（图7-2）与宗教祭祀舞蹈是长期流传于民间或宗教活动当中、具有古代舞蹈风貌的一种舞蹈形式。其中，以驱除疫鬼为主要目的的傩舞至今可在许多民间、民俗、社火舞蹈中找到相关遗存，如陕北闹秧歌中的谒庙、拜年，以及以祈雨、祭祀为目的各种民间舞。"抬神楼"（见图7-3）以及景颇族重大节日当中举行的"目瑙纵歌"等，颇具原始舞蹈的"巫舞""傩舞"之遗风。

图7-2　傩舞

图7-3　"抬神楼"

(二) 中国古典舞

中国古典舞是最具中国传统审美特征、历史最悠久、最具代表性的舞蹈形式之一。根据中国古典舞的产生及表演风格，目前主要有四种学派的古典舞蹈，即身韵舞蹈、敦煌舞蹈、汉唐舞蹈和昆舞。这里主要介绍前三种。

身韵舞蹈又称古典舞蹈身法，其具有较强的中国传统特色。《爱莲说》(见图7-4)是集身法和韵律于一身的中国古典舞之一，其文化意蕴体现了中华民族文化传统中博大精深的内涵，其身韵融中国的戏曲身段和中华武术于一体。

敦煌舞蹈是由敦煌壁画衍生而来的舞蹈艺术形式。它以佛教中的多种形象为主要造型，同时结合西域文化特色而编创。敦煌舞蹈动作内容丰富、变化多样、舞姿造型独特，与其他舞蹈有所不同。敦煌舞蹈是集舞蹈韵律与技巧精华于一身而创作的中国古典舞门类。它历史久远、风格独特，具有较大的审美价值。由于敦煌舞蹈具有这种独特的风格及形成方式，所以其所表现的往往是博爱、庄重、神圣的舞蹈主题。敦煌舞蹈作品中，有的与佛教和博爱有关，如《千手观音》(见图7-5)；有的与颂扬中华民族博大精深的传统文化有关，如《飞天》所运用的元素多数是我国敦煌莫高窟飞天壁画的形象。总之，敦煌舞蹈的主题受其风格和造型以及敦煌壁画的渊源影响较深。

图7-4 《爱莲说》表演

图7-5 《千手观音》

汉唐舞蹈是以中国古代文明史中最为辉煌的汉唐精神和艺术气质为审美主干，以汉唐为代表的乐舞文化传统和明清以来发展成熟的戏曲舞蹈形式为支点，以孙颖为代表创建的中国古典舞流派之一。由于汉唐时期的舞蹈或气势庞大或歌舞升平，所以汉唐舞蹈往往呈现繁荣、祥和、恢宏、大气的美好主题,比如《霓裳羽衣曲》的恢宏大气,《踏歌》(见图7-6)的轻松、祥和、美好等。

图7-6   《踏歌》

(三)民间舞蹈

民间舞蹈是起源于人类的劳动生活,由人民群众自创自演,表现一个民族或地区的文化传统、生活习俗及人们精神风貌的群众性舞蹈活动。民间舞蹈经历了由原生态到超越原生态的发展过程。它是世界各国风土人情的再现,自身也随时代的发展而变化。《大河之舞》(见图7-7)作为爱尔兰国家的民间舞蹈,享誉全球、久演不衰,这就是民间舞蹈既植根于民间,又能在继承中适应社会变化,有所创造和突破的最好例证。在表达美好主题的宗旨下,由于民族习性和民族审美不同,其舞蹈形式和风格也会千差万别,但舞蹈主题的特征有着极大的相似性,即热爱生活、热爱生命。

图7-7   《大河之舞》

　　我国民间舞蹈主要分布在广大农村、乡镇地区，城市地区也时有出现。民间舞蹈的形式多、内容广、地方色彩强，特别是广场舞，多使用大道具。如《龙舞》、《狮舞》、《采莲船》、《滚花灯》、《跑驴》、《大头舞》、《旱船》、《高跷》、《盘鼓舞》、《二鬼摔跤》（见图7-8）等。另外，我国优秀的民间舞蹈作品《黄土黄》（见图7-9）、《东方红》、《女儿河》等红遍大江南北，将中国的民间文化在舞蹈中发扬光大。这些舞蹈作品反映了中华民族的审美理想，具有深刻的思想文化内涵。

图7-8　《二鬼摔跤》

图7-9　《黄土黄》

（四）芭蕾舞

　　芭蕾舞起源于意大利，兴盛于法国，鼎盛于俄罗斯。芭蕾舞作为西方国家最具代表性的传统舞蹈类型，迄今仍因其优雅、高贵、骄傲的姿态而让世人瞩目。确切地说，芭蕾舞的诞生以1581年《皇后喜剧芭蕾》（见图7-10）的上演为标志，距今已有400余年历史。

图7-10　《皇后喜剧芭蕾》

芭蕾舞最早出现在意大利王公贵族的盛大宴会上，穿插进行音乐和舞蹈表演，西方舞蹈史学界称其为"席间芭蕾"，这亦被认为是芭蕾艺术兴起的源头。19世纪初浪漫主义芭蕾的兴起，可以说是芭蕾舞发展史上第一个"黄金时代"。这一时期的芭蕾舞作品大多以超凡脱俗的仙女和英俊多金的王子之间美丽的爱情童话为主线。芭蕾艺术最鼎盛的时期、芭蕾训练体系的最终完成是在俄罗斯的土地上实现的。19世纪下半叶，以佳吉列夫、彼季帕为代表的一大批作曲家、编导、舞蹈家创作并演出了一批优秀剧目，如《天鹅湖》（见图7-11）等，将古典芭蕾推向了高峰。

图7-11   俄罗斯皇家芭蕾舞团《天鹅湖》

（五）现代舞

现代舞作为西方现代主义文化艺术思潮的一部分，其产生离不开时代的发展，是西方社会、政治、经济、文化变迁与发展的反映及载体。当"现代舞之母"伊莎多拉·邓肯最先喊出"古典芭蕾一点都不美"的口号时，一个新的舞蹈种类也由此出现了。现代舞（见图7-12）既是一个舞蹈种类，也是一种舞蹈现象。现代舞者凭借不断探索、不断推陈出新的精神，使各国现代舞的发展呈现多姿多彩的局面。现代舞者反对古典芭蕾的因循守旧、脱离现实生活的浪漫主义倾向、单纯追求技巧的形式主义倾向，主张摆脱古典芭蕾单一化动作程式的束缚，以合乎自然运动法则的动作，自由而舞、随心而舞，抒发真情实感，揭示内心世界。

图7-12 广东现代舞团现代舞

（六）国标舞

国标舞，即国际标准舞，来源于各国的民间舞蹈，也称"体育舞蹈"。国标舞可分为两个发展阶段。第一个阶段是1924年英国皇家交际舞专业教师协会对当时的交谊舞进行了整理，将各种舞种的舞步、舞姿、跳法加以系统化和规范化，规范了华尔兹、探戈、维也纳华尔兹、伦巴、布鲁斯称为"国际标准舞"。此后，相继制定了"布鲁斯""慢华尔兹""慢狐步舞""快华尔兹""快步舞""伦巴""探戈"等7种交谊舞，称之为普通国际标准交谊舞，亦称普通体育舞蹈。第二个阶段是"规范与国际化"，随着国际舞蹈组织的成立与赛事的推动，国标舞在动作规范、评判标准等方面实现了高度统一，并迅速在全球范围内传播开来，成为一项广受欢迎的体育竞技与艺术表演相结合的舞蹈项目。

国标舞可分为两个项群，即摩登舞和拉丁舞（见图7-13）。其中，摩登舞项群含有华尔兹、维也纳华尔兹、探戈、狐步舞和快步舞，拉丁舞项群包括伦巴、恰恰、桑巴、牛仔和斗牛舞。每个舞种均有各自的舞曲、舞步及风格。根据各舞种的乐曲和动作要求，组编成各自的成套动作。

图7-13 拉丁舞

二、舞蹈艺术的特点

（一）律动性

律动性是指人体舞蹈的形态动作遵循自身规律有节奏地流动。律动性决定着舞蹈动作的大小、动静和沉浮，其核心是节奏。节奏的基础是内在情感，表现形式是外部动作。不同民族的人都有各自的风俗习惯，不同国家和地区的人也有不同的思想感情、生活情趣。历代舞蹈家经过提炼、整理，形成了各种独特的舞蹈语言，呈现出不同的节奏、韵律和风格。如蒙古族舞的甩肩、抖肩，西班牙舞双手用力甩动和打脚点等。律动性与音乐的节奏紧密相连。如果说音乐是"舞蹈的躯壳"，那么舞蹈的灵魂就要与音乐这个"躯壳"协调，这样舞蹈才能具有整体的韵律美。

（二）情感性

舞蹈作为一种以抒情性为内在本质属性的艺术，情感性更为鲜明和突出。由于舞蹈是用人体自身的动作直接表现人的情感的艺术，能表现人的内心世界各种繁多复杂的情感，所以其细腻、深刻、强烈的程度要远远超过其他艺术；而它的人体动感的直接传导性跟使用文字、语言、声音、色彩、线条等为表现手段的艺术形式相比，有天然优势。比如《鸣凤之死》这部舞剧之所以能征服广大观众，使观众享受舞蹈美，最基本的原因就是其表现出了鸣凤深邃和丰富的情感世界，引起了观众情感的共鸣。再如舞剧《阿诗玛》（见图7-14）是当前被认为能给人以强烈美感的优秀作品。它之所以被广大群众喜爱，就在于观众在观赏这部舞剧的过程中，能随着主人公情感的发展变化和命运遭遇，时而欢欣，时而舒畅，时而愁闷，时而悲愤……当最后以悲剧告终时，又使人陷入一种"悲剧是把人生有价值的东西毁灭给人看"的情绪，从而使观众获得一种高度的审美愉悦。

图7-14　舞剧《阿诗玛》

（三）时空性

舞蹈是在一定的时间和空间中展开的，而舞蹈的时空性并非一个简单的绝对数值，而是舞蹈动作在一定时间、一定空间内以特定的形式分布、间隔和排列，通过节奏的变化展现不同的视觉效果。例如，舞蹈作品《扇妞》只是将原有课堂动作元素加以变化，强调节奏"点"的位置，就产生了妙趣横生、出人意料的舞台效果。最典型的是中国戏曲舞蹈中段落与段落之间"亮相"的表演，戏曲艺术大师可以通过控制动作的时间、节奏而达到画龙点睛、以形传神的艺术效果。中国古典舞所讲究的点与线、动与静相结合，同样说明了舞蹈的时空性以及节奏对舞蹈艺术的重要意义。

（四）舞蹈的力

舞蹈是人体对力的使用的态度和样式。人体动作离不开力的作用，肌肉动作其本质就是一种力的释放，从中流露出直接、真实的生命本质。

在西方国家，德国现代舞大师魏格曼将时、空、力看作构成舞蹈动作的三要素。也就是说，在时间、空间和力三者的表现中，舞蹈动作必然具有一定的延展性，身体有节奏的运动表现为"时间"，身体的运动以及运动中的视觉呈现表现为"空间"，身体运动中的相互作用与转换表现为"力"。

身体各部位对力的控制是塑造身体形态、传递情感分寸、外化个性特征的主要方式。其主要包括内收、外放、松弛、控制。内收即力往人体重心点回缩或内扣；外放即力的释放或伸展；松弛即不主动用力进行控制；控制即在一段时间内保持力量值不变的相对静止。中国舞蹈所讲究的"劲"，就是对力的来源和使用分寸的诠释，也是力在身体部位上默契配合形成的一种具有动感的使用样式。总之，舞蹈所呈现的多种力的变化和样式，构成了对人体生命力深层、直观的表现和理解。

三、舞蹈艺术的欣赏方法

（一）形式美

舞蹈艺术的形式美应包括舞蹈的形体美、色彩美和音乐美。这主要体现在舞蹈的三大要素，即动作表情、舞蹈节奏、舞蹈构图等方面。动作表情是指舞蹈表演中，由人的内在情感所引发的各种动作和姿态，其中包括面部表情和人体动作表情；舞蹈节奏是指舞蹈动作在速度上的快慢对比、在力度上的强弱对比、在空间幅度上的大小对比、在结构安排上的张弛对比等；舞蹈构图是指在舞蹈表演中，演员的静态造型和舞蹈队形变化所构成的画面。欣赏舞蹈时可以从以上几个方面进行分析和判断。

比如，我国民族舞剧《丝路花雨》（见图7-15），是一部色彩浓烈的画卷。舞蹈中优美的形体、动作和造型，具有浓郁的古典风格和鲜明的民族特色。其中的重要舞蹈选段《反弹琵琶》《霓裳羽衣舞》《东方舞》等不仅融入了传统古典舞的步伐和身段，还吸收了芭蕾舞的托举和快速旋转的技巧，有许多优美的形体造型。舞剧布景再现了丝绸之路的石窟和富丽堂皇的宫殿，可谓"舞中有画、画中有舞"，画舞交融、相映生辉，生动地创造了舞蹈的形体美和色彩美。全剧的音乐吸收了《春江花月夜》《月儿高》等民族古典音乐的韵味和调式，尤其是带有古典特征的变徵音，以弦乐以及琵琶器乐尽情展现，使得全剧的古典民族意味更加浓郁。

图 7-15　舞剧《丝路花雨》

（二）意境美

舞蹈是借助人体动作来抒情的，人体动作又创造了一定的景象，这样情（意）和景（境）的结合与统一，构成了舞蹈的意境美，这是欣赏舞蹈美的重要标准。面对舞蹈的形象和意境，观众可以凭借自己的欣赏能力，自由联想和想象，领悟和品味优美舞蹈的艺术意蕴，从而产生丰富而强烈的情感共鸣。欣赏舞蹈要进入作品，体会作品表现的生动景象，并和作品所抒发的强烈情感产生共鸣，做到情（意）与景（境）的结合与统一，这样才能体会到舞蹈的意境美。

比如，男子独舞《海浪》描绘了海浪翻滚、海燕飞翔的种种壮丽景象。演员的动作、姿态、造型，一会儿像汹涌澎湃、势不可挡的海浪，让观赏者联想到面向大海时的情景，心胸豁然开朗，进而认识到人应该具有大海一样宽广的胸怀和远大的志向；一会儿又像展翅飞翔、盘旋海空的海燕，让观赏者联想到海燕与惊涛骇浪搏斗的情景，从而认识到人应该像海燕一样，有不屈不挠、百折不回的奋斗精神。

（三）技艺美

舞蹈是表演艺术。成功的舞蹈作品离不开演员娴熟的技能、技巧和技艺。把舞步、手势、力度及面部表情按照美的要求组合起来，就是技巧。表演者只有掌握了高超的技艺，并且把这些技艺融入作品的情节和形象，体现舞蹈动人之处的形体动作所显示的千变万化、富有节奏的形式美，并表现出舞蹈的动态美、造型美，才能完整地表现作品的思想内容。比如，我国著名舞蹈家杨丽萍在舞蹈中一再展示自己独特的肢体语言，尤其是近乎魔幻的柔软纤细的手指、修长的能多角度转动的胳膊、柔若无骨的腰，每一个舞姿都是那么优美、细腻、迷人，体现了高超的舞蹈技巧，展示了完美的艺术形式（见图7-16）。

图7-16　杨丽萍的孔雀舞

第三节
戏　曲　美

戏曲是我国传统的戏剧形式，在我国民族传统文化中源远流长，是最具特色的艺术形式之一，在我国人民群众的文化生活中具有广泛的影响。中国的戏曲起源于原始社会中的部落歌舞，发展到汉代出现了"百戏"。经过几千年的发展变化，我国形成了完整的戏剧体系和特有的戏剧美学观。中国戏曲艺术美以其形态上的独特风格和民族特色，在世界剧坛独树一帜，引起了很大的反响。

一、戏曲的特征

戏曲是中华优秀传统文化的重要组成部分。我国社会、经济、文化的发展演变过程催生了戏曲，形成了与传统文化一脉相承而又自成一派的艺术体系，有着鲜明而独特的艺术特征。

若从戏剧表演艺术的角度来考察，戏曲主要有综合性、程式性、虚拟性、写意性等艺术特征。这些特征凝聚着中国传统文化的美学思想精髓，构成了独特的戏剧观，使中国戏曲在世界戏曲文化大舞台上闪耀着独特的艺术光辉。

（一）综合性

综合性不仅表现在戏曲融汇各个艺术门类（如舞蹈、杂技等）出新意方面，还体现在其精湛深厚的表演艺术方面。戏曲将各种不同的艺术因素与表演艺术紧密结合，通过演员的表演实现自身的全部功能。其中，唱、念、做、打在演员身上的融合，便是戏曲综合性最集中、最突出的体现。唱，指唱腔技法，讲究字正腔圆；念，即念白，是一种朗诵技法，要求严格，正所谓"千斤话白四两唱"；做，指做功，即身段和表情技法；打，指表演中的武打动作，是在中国传统武术基础上形成的舞蹈化的武术技巧组合。这四种表演技法有时相互衔接，有时相互交叉，构成方式视剧情需要而定。总之，戏曲是一种具有高度综合性的民族艺术，体现出和谐之美，充满着音乐精神（节奏感）。

（二）程式性

戏曲既有规范性又有灵活性，所以戏曲艺术被称为有规则的自由动作，是戏曲反映生活的表现形式。程式性是指戏曲中有对生活动作的规范化、舞蹈化表演并重复使用。程式直接或间接地来源于生活，是按照一定的规范对生活进行提炼、概括、美化而形成的。戏曲表演中的关门、推窗、上马、登舟、上楼等动作皆有固定的表达方式。除了表演程式外，戏曲在剧本形式、角色当行、音乐唱腔、化妆服装等各个方面也有一定的程式。

程式是戏曲人物形象塑造的特殊艺术语汇，贯穿于舞台演出的方方面面，如念白有"调"，歌唱有"腔"，动作有"式"，音乐有"牌"，锣鼓有"经"，节奏有

"板"，化妆有"谱"，武打有"套"，角色有"行"等。可以说，如果没有程式，中国的戏曲艺术将不复存在。

程式不仅不会制约戏曲的人物形象塑造，相反，诸多手法、技巧、技能、套路等程式的运用，丰富了艺术的表现手段，赋予戏曲内容以鲜活的表现力。因此，程式既是一种技术规范，也是舞台艺术美的典范。优秀的艺术家能够突破程式的某些局限，创造出个性化的规范艺术。

（三）虚拟性

戏曲的一大特征就是虚拟性。舞台艺术不是单纯地模仿生活，而是对生活原型进行选择、提炼、夸张和美化，把观众带入艺术的殿堂。虚拟是戏曲反映生活的基本手法，它是指通过演员的表演用一种变形的方式来比拟现实环境或对象，以表现生活。

戏曲的虚拟性首先表现在对舞台时间和空间处理的灵活性方面，所谓"三五步走遍天下，七八人百万雄兵""顷刻间千秋事业，方寸地万里江山""眨眼间数年光阴，寸柱香千秋万代"，这就突破了西方歌剧"三一律"与"第四堵墙"的局限。戏曲的虚拟性还表现在具体的舞台气氛调度和演员对某些生活动作的模拟方面。如刮风下雨、船行马步、穿针引线等集中鲜明地体现出戏曲的虚拟性特色。此外，戏曲脸谱也是一种虚拟方式。戏曲的虚拟性，既是戏曲舞台简陋、舞美技术落后的局限性带来的结果，也是追求神似、以形写神的民族传统美学思想积淀的产物。这是一种美的创造，它极大地释放了作家、舞台艺术家的创造力和观众的艺术想象力，从而使戏曲的审美价值获得了极大的提高。

（四）写意性

写意本是中国绘画中使用的概念，属于纵放一类的画法，即"纵笔挥洒，墨彩飞扬"。《辞海》（第7版）对"写意"的解释是："亦称'粗笔'。与'工笔'相对。中国画中属纵放一类的画法。不求客观物象的形似，而以简练的笔墨来表达对象的神韵和画家主观的意兴。"具体到戏曲舞台表演艺术，写意性突出地表现在艺术表现生活的观念方面，即艺术表现应以"形似"为基础，以"神似"为目标。因为"无形则神无所依，无神则形无所活"，最终达到"气韵生动、神形兼备"的最高境界。戏曲艺术拒绝单纯的外形模仿，主张将生活原型作为艺术创作的前提，通过精心的筛选、甄别，提炼典型特征，并给予进一步的夸张和美化，将自然的、现实生活中的素朴美升华为艺术美。

　　写意性具有手法简约、形象传神、意蕴绵长、想象无限、回味无穷等艺术特点，不仅存在于演唱音乐、演员行动、舞台布置、角色化妆、人物服饰、导演手法等戏曲二度创作领域，而且存在于戏曲一度创作（剧本、声腔等）的故事结构、人物安排、唱词处理、唱腔安排、曲牌选用等方面。

　　可以说，写意性是中国戏曲重要的艺术特质，是戏曲创作必须恪守的基本原则。在处理写实与写意的关系上，稍有偏离就会导致戏曲创作失败，即便是京剧大师梅兰芳、周信芳等，也曾有因过于强调写实而使新剧目创作不尽如人意的情况。

二、典型戏曲种类

（一）京剧

　　京剧又称京戏、平剧等，是中国传统文化的重要组成部分。它是一个古老而又年轻的剧种，其在徽戏和汉剧的基础上，吸收了昆曲、秦腔等的优点和特长演变而来。2010年11月16日，京剧被列入"人类非物质文化遗产代表作名录"。京剧的代表作有《空城计》、《四郎探母》、《贵妃醉酒》（图7-17）、《霸王别姬》（图7-18）等。

图7-17　京剧《贵妃醉酒》

图7-18　京剧《霸王别姬》

（二）昆曲

　　昆曲原称昆山腔（昆腔），是我国汉族传统戏曲中最古老的剧种之一。昆曲行腔优美，以缠绵婉转、柔曼悠远见长。在演唱技巧上注重声音的控制，节奏速度的顿挫疾徐和咬字吐音的讲究，场面伴奏乐曲齐全。它糅合了唱念做打、舞蹈及武术等，以曲词典雅、行腔婉转、表演细腻著称，被誉为"百戏之祖"。昆曲的代表作有《长生殿》、《桃花扇》、《牡丹亭》（见图7-19）等。

图7-19　昆曲《牡丹亭》

（三）黄梅戏

黄梅戏原名黄梅调、采茶戏等，是由山歌、秧歌、茶歌、采茶灯、花鼓调等逐步形成发展起来的剧种。黄梅戏起于农村，后入城市。它吸收了汉剧、楚剧、京剧等众多剧种的因素，逐渐形成了自己的艺术特点。黄梅戏的唱腔属板式变化体，有花腔、彩腔、主调三大腔系。花腔以演小戏为主，曲调健康朴实，优美欢快，具有浓厚的生活气息和民歌小调色彩；彩腔曲调欢畅，曾在花腔小戏中广泛使用；主调是黄梅戏传统正本大戏常用的唱腔，有平词、火攻、二行、三行之分，其中平词是正本戏中最主要的唱腔，曲调严肃庄重、优美大方。黄梅戏的代表作有《天仙配》、《牛郎织女》、《槐荫记》、《女驸马》（见图7-20）等。

图7-20　黄梅戏《女驸马》

（四）豫剧

豫剧是在河南盛行的时尚小令（民歌、小调）的基础上，汲取北曲弦索、秦腔、蒲州梆子等演唱艺术精华发展而成的。豫剧以唱腔铿锵大气、抑扬有度、行腔酣畅、吐字清晰、韵味醇美、生动活泼、有血有肉、善于表达人物内心情感著称，凭借其高度的艺术性广受各界人士欢迎。2006年，豫剧经国务院批准被列入第一批国家级非物质文化遗产名录。豫剧的代表作品要有《穆桂英挂帅》（见图7-21）、《春秋配》、《花木兰》（见图7-22）等。

图7-21　豫剧《穆桂英挂帅》

图7-22　豫剧《花木兰》

（五）越剧

越剧也称"绍兴戏"，是中国第二大剧种，被称为"流传最广的地方剧种"。越剧是从流行于浙江的说唱"落地唱书"发展而来，其长于抒情，以唱为主，声音优美动听，表演真切动人，唯美典雅，极具江南灵秀之气，题材以"才子佳人"为主。越剧的艺术流派纷呈，公认的就有十三大流派之多。各流派唱腔由曲调和唱法两大部分组成。在曲调的组织上，各流派都有与众不同的手法和技巧，通过旋律、节奏以及板眼的变化，形成各自的基本风格。起调、落调、句间、句尾的拖腔和旋律不断反复、变化的特征和惯用音调等，更是体现各流派唱腔艺术特点的核心和关键。在演唱方法上，各流派大都注重在唱字、唱声、唱情等方面显示独特个性。各流派通过发声、音色以及润腔、装饰的变化，形成不同的韵味美。越剧代表作有《梁山伯与祝英台》、《西厢记》（见图7-23）等。

图 7-23 越剧《西厢记》

（六）评剧

评剧流传于中国北方地区，是汉族传统戏曲剧种之一。评剧唱腔在唐山民歌、莲花落等民间音乐的基础上，吸收东北二人转、京剧、河北梆子等冀东和京津一带地方戏曲的音乐成分而形成，其特点为抒情性强、流畅自然、乡土气息浓厚。评剧的代表作有《秦香莲》、《杨三姐告状》、《花为媒》（见图7-24）等。

图 7-24 评剧《花为媒》

三、戏曲艺术的欣赏方法

（一）戏曲的程式性与虚拟性

欣赏者要有一定的生活经验，并掌握戏曲的美学特征，才能看懂戏曲。常言道："行家看门道，外行看热闹。"不懂事的孩子就不一定能看懂京剧《三岔口》，因为他们不明白在明亮的灯光下，两个演员为什么装作相互看不见而在那里乱打。不懂得戏曲的程式性与虚拟性，当然就欣赏不了戏曲的美。欣赏京剧《拾玉镯》时，我们从行当的程式性可以知道，孙玉娇是着重做工的花旦，是活泼伶俐的少女；傅朋是小生，是文雅且风流的青年男子；同时能看懂他们在剧中做的许多虚拟性动作，如梳妆打扮、开门关门、撒米喂鸡、绣花做活等，并从中体会到这出戏的美之所在。欣赏京剧《画龙点睛》，从脸谱的程式性就可以知道红脸的马周是耿直、正派、无私无畏的正面人物；县官赵元凯是文丑，再听其言、观其行，就可以肯定其是个赃官。剧中"落荒"一场，李世民这个"真皇上"遇见了"土皇上"，被迫流落到荒郊野外时，既有感慨和悲愤的唱段，又有"顿足""跪步""甩发"等程式性动作，生动地表现了李世民在生死关头激动万分的情感。可见，我们只有懂得戏曲的程式性与虚拟性，才能欣赏戏曲的美。

（二）戏曲营造的气氛和情境

戏曲的程式性与虚拟性为欣赏者创造了通过想象体会戏曲的气氛和情境的客观条件，欣赏者要发挥主观能动性，积极地展开想象。京剧《秦香莲》中陈世美派手下的武士追杀秦香莲母子时，是用追过场来表现的，即秦香莲母子从舞台一端出场，用锣鼓中《急急风》的程式节奏配合，急行到舞台另一端退场，而武士持刀随后追赶，紧跟着下场。欣赏者在这种过场戏营造的紧张气氛和情境中，感受到危险和恐惧，替秦香莲母子提心吊胆。京剧《贵妃醉酒》中表现杨玉环醉酒时，用《柳摇金》这个曲牌的旋律伴奏，尤其使用唢呐、笛、胡琴、月琴等乐器。通过乐曲的旋律和这些乐器不同的音色，欣赏者可以感受到杨玉环醉酒的苦闷情绪，同时也烘托了戏曲的气氛和情境。

（三）戏曲的特色和主题

戏曲的综合性决定了戏曲丰富多彩、各具特色的艺术风格，因此人们在欣赏戏曲时要分析和理解一出戏的风格和特色。比如京剧《空城计》（见图7-25）是以老生的唱工为主的戏，诸葛亮的唱腔是"西皮慢板"，演员唱得古朴苍劲、潇洒飘逸，生动地刻画了诸葛亮晚年时面临困境、忧心忡忡又强作镇静的心情，既表现了唱腔和音色的美，又表现了动作和神态的美。《拾玉镯》是以花旦的做工为主的戏，戏曲中的孙玉娇有许多程式性和虚拟性动作，用来表现少女春心萌动、一见钟情、又想又怕、娇柔羞赧的复杂而微妙的心理。演员为塑造这一人物精心设计了台步、手势、眼神、动作等，表演自然而不随便，活泼而不油滑，泼辣而不放荡，把这一人物角色演得娇、美、憨、甜。

图 7-25 京剧《空城计》

戏曲的美还应表现剧目的主题美。戏曲多取材于历史故事、神话传说和古典文学著作，因为我们对这些内容比较熟悉，所以比较容易理解以这些内容为题材的戏曲的主题。如果我们不熟悉戏曲的内容，就要善于观察、思考和分析。如在欣赏新编历史京剧《画龙点睛》时，可以从"画龙""辨赝""店逢""点睛"等八场戏中，理解该剧歌颂了以马周为代表的劳动人民的聪明机敏、刚直不阿的优良品质，同时揭露了以赵元凯为代表的封建社会贪官污吏的丑恶嘴脸，进而使人们认识到"民心如渭水，载舟也翻船"。古今治国之道在于任用贤良和整治吏治，因此《画龙点睛》所表达的主题思想有着深刻的历史意义和现实意义。

第四节
戏 剧 美

一、戏剧艺术的构成

完整的戏剧艺术由戏剧文学、表演艺术、导演艺术、舞台美术、音乐与音响等构成。

（一）戏剧文学

戏剧创作的基本要素主要包括戏剧语言、戏剧动作、戏剧情境、戏剧场面、戏剧结构等。一部优秀戏剧作品的呈现一定是这些基本要素完美配合的结果。

我们通常所说的戏剧语言，一般包括人物语言和舞台指示。剧本主要是通过戏剧语言来推动情节发展、表现人物性格的。因此，戏剧语言必须能够充分地表现人物的性格、身份和思想感情，要通俗自然、简练明确，还要口语化，适合舞台表演。

戏剧动作就是戏剧人物的具体活动形式。现实生活的丰富性直接决定了戏剧动作的多样性，也间接决定了戏剧动作形态的多样性。戏剧作品中的环境、事件安排、情节发展和人物性格通常情况下都不能通过直接的叙述进行交代，主要还是靠戏剧动作直观地展现出来。戏剧动作作为戏剧表现的基本艺术语汇，也是戏剧塑造人物形象、展示人物性格的基本手段。

戏剧情境是构成一出戏的框架，一般包括环境、事件和人物关系。任何戏剧动作的展开、戏剧冲突的发生都是在一定的时间和空间中进行的，因此，具体的时空环境的营造，不仅有利于形成特定的剧情氛围，还能推动人物行动发展。戏剧情境在戏剧表演中的重要性主要体现在以下几个方面：其一，戏剧情境是戏剧情节的基础，可以铺陈人物的行动，展示事件的原因和结果；其二，戏剧情境是人物性格显示的条件，戏剧中的人物性格必须在特定的具体的情境中通过人物强有力的行动展现；其三，戏剧情境是戏剧审美的必要媒介，观众欣赏戏剧最大的满足是和演员所扮演的人物产生共鸣，而共鸣的感受来自观众对人物所处情境在审美判断中的切身体验。

戏剧场面指的是一幕戏或一场戏中由人物动作构成的呈现在舞台上的一幅幅具体的流动的生活画面。它是展现戏剧情节的基本单位。比如，《威尼斯商人》第四幕"法庭判案"这一场戏，就是深入揭示人物性格和内心世界的经典戏剧场面（见图7-26）。这一场面的成功之处就在于将戏剧中人物你来我往的明争暗斗和观众凝神关注的提心吊胆很好地结合起来，让观众的情感紧随戏剧作品中人物的语言动作产生跌宕起伏的变化。

戏剧结构是一出戏基本框架的组织安排，是戏剧作品进行内容表达时的一种基本手段。好的戏剧结构可以让戏剧作品的情节跌宕起伏、人物性格特点鲜明，整个剧作非常具有吸引力，而那些不能很好地讲述情节，不能将人物、事件等元素很好地结合在一起的戏剧作品就会给人以一盘散沙的感觉。如话剧《雷雨》（见图7-27）把戏的高潮前不久这一时间点作为戏的开始，将30年前周朴园遗弃侍萍的罪过用回

图 7-26　《威尼斯商人》第四幕"法庭判案"

图 7-27　《雷雨》剧照

叙的手法融合到剧情发展部分，将过去和现在发生的事情交织在一起，这样剧情显得紧张激烈，容易实现戏剧性的效果。又如，话剧品《十五桩离婚案的调查剖析》采用连环套式的戏剧结构，即在时空连接上用现实时空套现实时空、现实时空套心理时空、心理时空套心理时空，以及这三种不同时空交错变化的戏剧结构。

（二）表演艺术

戏剧艺术是一门综合性较强的艺术，表演艺术是戏剧艺术的核心，任何戏剧作品都是由演员通过表演呈现在舞台上的。

表演艺术是三位一体的艺术，即融创作材料（如形象、形体、容貌、气质等）、创作工具（如声音、语言、动作等）以及创作成品（角色或剧中人物）于一体。需要明确的是，表演艺术是戏剧艺术的核心，并不直接等同于演员是戏剧表演的中心。

（三）导演艺术

戏剧的导演艺术是以文学剧本为依据，以演员表演为主体，运用和组织各种艺术手段、在舞台上进行综合的二度创造的艺术创作活动。其主要目的在于把文学性剧本内化为鲜活立体的人物形象。受剧本题材、演出形式、导演个人审美喜好等多种因素影响，即便是同一个剧本，由不同的导演进行创作，产生的艺术效果也是截然不同的。如中国青年艺术剧院排《雷雨》就弱化了政治色彩，强化了人物之间的情感纠葛，是该剧导演对剧本的一种新的诠释。

导演主要通过对不同类型的舞台行动进行组合，表达相应的主题思想，来让观众更加直观地看到剧本语言描述的场景。如，话剧《霓虹灯下的哨兵》（见图 7-28）第九场在表现陈喜和春妮和好这一场景时，导演通过春妮扔针线包这一略带责备意味的谅解动作，来表现僵局即将打破时两人的复杂心情。

图 7-28   《霓虹灯下的哨兵》剧照

（四）舞台美术

在戏剧舞台上，除了演员的表演，其他一切造型因素都统称为舞台美术。最初的舞台美术主要指向演员的化妆、布景、服装、灯光、音响、道具等方面。随着科学技术的不断发展，高科技舞台布景、舞台灯光开始出现，艺术造型手段也逐渐丰富，舞台美术开始在戏剧综合艺术中扮演越来越重要的角色。在这些舞台美术的烘托和陪衬下，舞台氛围更加浓厚，演员的表演更加专业逼真。

对戏剧作品的欣赏主要是借助视觉和听觉感官进行的。舞台美术中布景的主要作用就是创造视觉形象。布景不仅能展现剧本中所描写的场景，还能作为戏剧空间的构成要素，创造和组织戏剧动作空间，表现动作发生的环境。最重要的是，布景还可以作为主人公命运或性格的暗示与烘托。比如话剧《原野》（见图 7-29）中铁道旁的布景设置、沉郁黑暗的原野这一舞台布景就是对主人公命运的暗示。

图 7-29 《原野》剧照

舞台灯光对人物角色的塑造、人物情感的烘托、戏剧气氛的渲染以及舞台时空的转换具有重要的作用。许多戏剧作品中的戏剧场面、戏剧气氛及戏剧情调等，都是通过灯光的变幻、色调、明暗来体现的。剧作家的意图、导演的构思，有许多只可意会不可言传的地方，也要靠灯光来表现。比如，话剧《蔡文姬》中用闪光灯烘托主人公迷离恍惚的心境，用八条彩色光柱在台上交叉横扫，营造出兵荒马乱的战火氛围。

舞台美术中的道具作为环境陈设的一部分，也是表现人物生活的客观环境的要素。写实性的道具可以增强客观环境的逼真性，还可以推动剧情发展。此外，道具还是揭示人物内心世界的重要手段。如《温德米尔夫人的扇子》中的扇子（见图7-30）、《珍珠塔》中的珍珠塔、《北京人》中的鸽子（见图7-31）、《玩偶之家》中的信都能揭示人物的内心世界。

图 7-30 《温德米尔夫人的扇子》剧照

图 7-31 《北京人》剧照

舞台美术中的服装不仅能够增加人物视觉上的美感，还能为人物性格塑造提供外部的造型特征。《骆驼祥子》中的刘四爷年轻时当过库兵，是个土混混，后来成为生活悠闲舒适但心狠手辣的车厂主，剧中他穿一条肥大的黑绸子灯笼裤，扎腿带，上身穿的是白绸子，衣肥袖长，里边是夏布坎肩，腰里扎着半尺宽的牛皮，中间的大铜别子闪闪发光。这些服装显示了人物特定的经历、身份和性格。

（五）音乐与音响

音乐与音响是营造戏剧舞台气氛的两大主要手段。如果说舞台布景是一种视觉艺术，那么音乐与音响则可以视作听觉艺术。对于戏剧舞台表演而言，音乐与音响的运用是一种重要的辅助创作手段。

戏剧中的音乐可根据不同功能归结为两种：一种是烘托性音乐，另一种是揭示性音乐。烘托性音乐主要用于对人物情绪状态、剧作节奏、气氛的烘托和强调，也可以用来暗示人物性格特征，强调人物情感状态，主要起到直接配合某一场面，使其原有的情绪效果得以加强的效果。如《蔡文姬》将《胡笳十八拍》作为贯穿全剧的抒情基调，用伴唱的方式作为主人公的内心独白。揭示性音乐通过与演员表演相结合来扩展或延伸戏剧动作的内在含义，然后将这种内在含义传达给观众，引发观众的联想，产生巨大的感染力，丰富戏剧原有的内容。

二、戏剧艺术的欣赏方法

（一）主题美

主题又叫主题思想，是文艺作品通过描绘现实生活和塑造艺术形象所表现出来的中心思想。艺术欣赏是一种情与理、感性认识与理性认识、娱乐性与教育性相统一的审美活动。任何戏剧作品总是会宣传一定的思想，如果取消颂扬真善美和揭露假恶丑的社会功能，戏剧存在的价值就大大减弱了。但是高明的戏剧家总能通过潜移默化的手段来实现这一目的，让观众不知不觉地接受戏剧所宣传的主题思想。欣赏者在观剧过程中或观剧之后，若认真思考，就能够敏感且准确地抓住戏剧的主题思想。

戏剧的本质特征在于它的矛盾性。戏剧的矛盾冲突不仅可以推动情节的发展，更为重要的是，可以表现特定的主题。主题是有阶级性和时代特点的。如话剧《雷雨》通过展现周鲁两家夫妻之间、主仆之间、兄妹之间、男女之间的感情纠葛和矛盾冲突，深刻地揭露了资产阶级的罪恶本质和必然崩溃的命运，热情地颂扬了劳动人民的反抗精神和不屈的性格。

（二）个体美

人们一般将构成事物的美分为个体美和综合美。个体美是指事物本身相当完整而又相当独立的个体的美。戏剧中个体美主要表现在个体的语言、动作、服饰等方面。比如，《雷电颂》是现代文学家郭沫若的作品，是历史剧《屈原》第五幕第二场的高潮部分出现的抒情独白。这段台词激情澎湃、铿锵悦耳，本身就是一首抒情诗，具有很高的欣赏价值，表现了戏剧剧本的语言美。

艺术家刁光覃在《蔡文姬》中饰演曹操时，在感情最激越的关键时刻设计了几个急转身的动作。这种尺度大、雕塑感强的形体动作，展示了曹操的人物性格、气质和精神状态，让观众看到了一位心胸开阔、气势非凡的曹操，塑造了一位政治家和大诗人的形象，给观众留下了想象的余地和难以磨灭的印象，表现了戏剧表演中的动作美。

戏剧中的服饰、布景、灯光、道具等主要是为烘托气氛、塑造舞台形象和表现戏剧主题服务的，但有些场景也能给观众以美的享受。如话剧《蔡文姬》《中国梦》等放弃使用实景而采用了现代光与音响组合的方法，使观众获得全新的享受和美的愉悦。

（三）综合美

戏剧是多种艺术的综合，因此要求欣赏者具备多种审美能力，善于运用综合艺术的眼光来欣赏。对于戏剧，要从剧本、导演、表演的有机结合，单体部件与整体结构的有机结合，内容与形式的有机结合等方面进行综合欣赏。当然，表现戏剧美时，服饰、布景等多种艺术元素融入其中，这也要求欣赏者全面完整地欣赏戏剧。

戏剧美的欣赏是一个复杂的认识过程。主题美、个体美、综合美不是孤立存在的，而是相互依赖、相互渗透、巧妙融合、高度统一的。

第五节
绘 画 美

绘画是使用纸、布、木板等物质材料，运用线条、色彩和形体等艺术语言，通过造型、设色和构图等艺术手段，在二维空间（即平面）里塑造静态的视觉形象，以表达作者审美感受的艺术形式。绘画美则是绘画作品中所蕴含的美。

一、绘画的分类

从种类和形式来看，绘画在整个艺术门类中可以说是最为丰富多彩的艺术形式。绘画的分类有不同的标准，一般根据工具材料的不同和表现内容的不同来划分。根据不同的工具材料，我们可以将绘画分为油画、水彩画、水粉画、版画、素描、中国画等。

（一）油画

油画起源于西方，是用快干性的植物油（亚麻仁油、罂粟油、核桃油等）调和颜料，在画布、亚麻布、纸板或木板上进行创作的一个画种。作画时使用的稀释剂为挥发性的松节油和干性的亚麻仁油等。画面所附着的颜料有较强的硬度，当画面干燥后，能长期保持光泽。油画凭借颜料的遮盖力和透明性能较充分地表现描绘对象，色彩丰富，立体质感强。油画是西方绘画的主要画种之一。拉斐尔的《西斯延圣母》（见图7-32）、毕加索的《拿烟斗的男孩》（见图7-33）都是世界经典油画。

图7-32　拉斐尔《西斯延圣母》

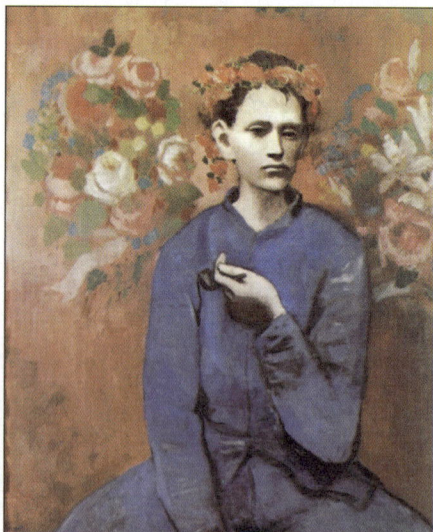

图7-33　毕加索《拿烟斗的男孩》

（二）水彩画

水彩画（见图7-34）也起源于西方，是以水为媒介调和颜料完成的绘画作品。由于水彩画颜料价格比较便宜，使用方便，色彩感觉也很理想，所以一般人都乐意使用。

水彩画本身也具有迷人的魅力。它的最大特点是在画面上体现一种轻快感、透明感和滋润感。水彩画清爽神俊、浓淡相宜，具备潇洒风雅的格调。水彩画颜色的透明性，重色彩技法、干湿技法的运用，使画面水乳交融，带着令人陶醉的风韵，让人仿佛感受到凉爽的清风。画面中水的渗化作用、流动的性质以及随机变化的笔触，让人感觉到一种流动性。这种意境是其他画种所难以比拟的。

图 7-34　水彩画

（三）水粉画

水粉画（见图 7-35）是使用水调和粉质颜料绘制而成的一种画。水粉画以水为媒介这一点与水彩画是相同的，所以它也可以呈现和水彩画一样的酣畅淋漓的效果。但是它没有水彩画那样透明。它和油画也有一定的相同点，即有一定的覆盖力。但油画是以油为媒介的，颜色的干湿几乎没有变化，而以水为媒介，干湿变化很大。所以，水粉画的表现力介于油画和水彩画之间。水彩画的特点是颜色透明，通过深色对浅色的叠加来表现对象，而水粉画的表现特点是处在不透明和半透明之间。如果在有颜色的底子上进行覆盖或叠加，那么这个过程实际上是个加法，底层的色彩多少会对表层的颜色产生影响，这也是水粉画较难掌握的地方。但是，有经验的画家往往利用它的这种特性来表现水粉色彩特有的艺术魅力。

图 7-35　水粉画

（四）版画

版画（见图 7-36）是视觉艺术的一个重要门类。广义的版画可以包括在印刷工业化以前所印制的普遍具有版画性质的图形。当代版画主要指由艺术家构思创作并且通过制版和印刷程序而产生的艺术作品，具体地说，是以刀或化学药品等在木、石、麻胶、铜、锌等版面上雕刻或蚀刻后印刷出来的图画。古代版画主要是指木刻，也有少数铜版刻和套色漏印。独特的刀味与木味使它在中国文化艺术史上具有独立的艺术价值与地位。

图 7-36　蒙克《青春期》蚀刻版

（五）素描

素描是用钢笔、铅笔、木炭等单色材料在纸上描绘而成的一种画（图7-37），可以用单色线条或涂抹成面等方式来表现直观世界中的事物，也可以表达思想、概念、态度、情感、幻想、象征甚至抽象形式。素描是一个对物体外形进行综合了解的过程，其中包括形体、透视、比例、色调等一系列基本元素，只有深刻理解被画对象，才能达到训练效果。素描中以不同的笔触体现不同的线条及横切关系，包括节奏、主动与被动的周围环境、平面、体积、色调及质感等。

图7-37　素描作品

（六）中国画

中国画是我国的传统绘画形式，用毛笔蘸水、墨、彩作画于绢或纸上。传统的中国画不讲究焦点透视，不强调自然界对于物体的光色变化，不拘泥于物体外表的肖似，而多强调表现绘画者的主观情趣。中国画讲求"以形写神"，追求一种"妙在似与不似之间"的感觉。中国画在艺术手法、构图、用笔、用墨、敷色等多个方面具有特色。

按不同题材，中国画可分为人物画、山水画、花鸟画等。中国画的技法包括写意、工笔和兼工带写，其精神内核是"笔墨"。写意是用豪放简练的笔墨描绘物象的形神，抒发绘画者的感情。它要求有高度的概括力，有以少胜多的含蓄意境，落笔准确，运笔熟练，能得心应手，意到笔到，如徐悲鸿的《奔马图》（见图7-38）。工笔就是用笔工整细致，敷色层层渲染，细节明彻入微，以极其细腻的笔触描绘物象，如邹传安的工笔花（见图7-39）。兼工带写则是综合运用工笔和写意这两种方法。

图7-38   徐悲鸿《奔马图》

图7-39   邹传安的工笔画

🏵 **拓展阅读**

《虾趣图》欣赏

中国画家齐白石老人于八十七岁高龄时创作了一幅《虾趣图》（见图7-40）。画中的虾从右上角向左下角游动。这些虾不但墨色有浓淡干湿的变化，而且有伸展弯曲的不同。虽是浓墨但没有沉重僵死之感，虽是淡墨但无浮躁之气。整个画幅未用一笔背景和水纹，却把虾的游动之态表现得活灵活现。

图7-40   齐白石《虾趣图》

《虾趣图》以浓墨竖点为睛，横写为脑，落墨成金，笔笔传神；以笔肚遣淡墨绘成躯体，浸润之色，更显虾体晶莹剔透之感；以中锋笔尖绘须、爪、大螯，刚柔并济、凝练传神，显示了画家深厚的书画功力，表现了众多虾的形态，活泼、灵敏、机警，有生命力。用笔的变化，使虾的腰部呈现各不相同的情态，有躬腰向前的，有直腰游荡的，也有弯腰爬行的。虾的尾部也是三笔，既有弹力，又有透明感。虾的一对前爪，由细而粗，数节之间直到两螯，形似钳子，有开有合。虾的触须用数条淡墨线绘出，看似容易，实则极难：画活了，则虾的生命感自出；画僵了，虾也就失去了生命力。虾须的线条似柔实刚，似断实连，直中有曲，乱中有序，纸上之虾似在水中嬉戏游动，触须也像在随水波而动。

二、绘画艺术的欣赏要素

绘画与其他艺术相比，有独特的艺术语言，如线条、色彩、形体、构图、明暗、材质肌理等。它们在绘画艺术中有各自的内涵，承担各自的使命，发挥各自的作用。

（一）线条

线条是绘画艺术语言的基本元素。它既依存于画面的表现形象，又是可视形象的有机构成，而且与人的心理感受有直接关系，体现着一定的内涵和意义。无论是中国画还是西方绘画，都是从以线造型开始的。传统西方绘画的线条严格服从造型要求，是一种描绘性的线条。中国画更重视以线造型。历代画家对绘画中线条的运用不遗余力，在以线条作为造型的最主要手段的同时，赋予线条个性特征和审美意义，创造出变化多姿的各种线条。比如，梵高的《星空》（见图7-41）就是以有变化的线条作为艺术语言。从画中我们可以看到，星云与棱线宛如一条巨龙不停地扭动着，暗绿褐色的柏树像一股猛烈的火焰由大地的深处向上旋冒，所有的一切似乎都在回旋、转动和动摇，在夜空中放出绚丽的光彩。这幅画不仅映射出宇宙的无垠与奥秘，也微妙地透露出画家内心对于未知世界的探索与迷思，以及可能存在的孤独与深刻情感的交织。

图 7-41 梵高《星空》

（二）色彩

色彩是最具感染力的美术语言。它可以分为固有色、条件色、表现性色彩和装饰性色彩等不同的类型。色彩是绘画艺术最重要的表现手段，它使画家有可能鲜明地表达现实世界的多样性、对象的体态、颜色、光线、深度和广度及自然景物、活生生的人和人的活动。如意大利画家拉斐尔的名作《雅典学院》（见图 7-42），在色彩的处理上就相当精彩。其建筑背景是乳黄色的大理石结构，人物的服饰有红、白、黄、紫、赭等，相互交错。整个画面色彩协调、秩序井然，合乎真情实景，表现出气势非凡的深度感和广度感，让人们仿佛听到这个大厅里的回声。

图 7-42 拉斐尔《雅典学院》

（三）形体

几何学抽象出的基本概念——点、线、面、体——在美术作品中是和形象结合在一起的，通过这些美术语言来表现物象的轮廓和结构。如《韩熙载夜宴图》中人物的塑造都是用线实现的，这也是中国传统人物画中工笔画的重要特征。毕加索的《格尔尼卡》（见图7-43）也通过大量点、线、面来传递信息。形体的运用集中体现在大量雕塑、建筑作品中。

图7-43 毕加索《格尔尼卡》

（四）构图

构图就是在平面上安排和处理表现对象的位置和关系，把个别的或局部的形象组织成艺术整体，准确地表现作品的思想内容。构图是绘画表现形式美的主要元素之一。长期以来，人们在生产和生活实践中总结出变化与统一、对称与平衡、节奏与韵律、对比与调和等形式美法则。构图应遵循这些法则，同时与表现主题要求和形式结构要求相符。

由于审美思想和审美追求的差异，西方绘画注重焦点透视，即画面有一个固定的视点，只描绘从这一视点出发的固定方向所见的景物。如米勒的《拾穗者》（见图7-44），通过透视表现了农场的辽阔。中国画通常注重散点透视，不拘于特定的时间与空间，在时空的处理上非常灵活，鸟瞰式的多视点打破了固定视点的局限视野，使"咫尺之图绘千里之景"成为可能。比如，《洛神赋图》、《清明上河图》、《长江万里图》（见图7-45）等就体现了中国画构图不受时空限制、灵活多变的特点。

图7-44　米勒《拾穗者》

图7-45　张大千《长江万里图》局部

图7-46　达·芬奇《蒙娜丽莎的微笑》

（五）明暗

明暗是自然界的物理现象，物体由于受到光的作用而产生明暗变化。自从达·芬奇总结出明暗造型法以后，它就成为绘画（特别是西方绘画）表现立体感的一种主要的虚拟语言。《蒙娜丽莎的微笑》（见图7-46）就是充分利用明暗这一艺术语言来传达蒙娜丽莎神秘的微笑的。

（六）材质、肌理

材质是指材料本身的质地；肌理是指材料表面的纹理。中外艺术家创造艺术形象都与使用的物质材料有关。西方传统绘画离不开画布和油彩的表现力，比如，从梵高的《麦田》（见图7-47）

中可以明显地看到油画材料的特征。中国画也离不开笔墨和宣纸的性能。雕塑作品也不例外，如汉森的《佛罗里达州的顾客》是以一种新型塑料（聚合树脂）和玻璃纤维为材料完成的。

图7-47　《麦田》

三、绘画作品欣赏

（一）《簪花仕女图》

《簪花仕女图》（见图7-48）相传为唐代周昉绘制的一幅粗绢本设色画。画中描绘了六位衣着艳丽的贵族妇女于春夏之际赏花游园的情形。作品从当时社会的现实生活出发，将现实生活中的贵族妇女画得雍容华贵，表现了一种闲适无聊的生活本质以及娇、奢、雅、逸的气息，同时细腻描绘了女性柔软、细腻、动人的姿态，赋予作品鲜明的时代意义。作品渲染的快乐而又略带懒散的情绪和气氛，恰当地展示了当时贵族阶级的时代气氛，在表面华丽雍容的物质繁华背后，隐藏着人物内心的凄寂和幽怨。

图7-48　周昉《簪花仕女图》

《簪花仕女图》是目前全世界范围内唯一认定的唐代仕女画传世孤本。除了唯一性之外，该作品的艺术价值也很高，是典型的唐代仕女画标本型作品，也是能代表唐代现实主义风格的绘画作品。《簪花仕女图》这种仕女画风格在当时画坛上颇为流行，极大地影响了唐末乃至以后各朝代的仕女画坛和佛教艺术。该作品带有极为浓郁的时代特色和民族气息，是中国传统绘画史上非常重要的一部作品。

（二）《清明上河图》

《清明上河图》（见图7-49）是北宋著名画家张择端描绘东京汴梁（位于现在河南省开封市）及汴河两岸生活场景的巨幅社会风俗画。画幅长约5米，场面宏大，内容丰富。整个画卷以人物和屋宇舟船的界画为主，辅之以树木、坡石、水流，以及牛、马、驴、骆驼等形象，构图起伏错落、有张有弛、虚实搭配，具有极强的节奏韵律感。画中人物与动物刻画生动，线条简括苍劲，色彩轻快明洁，充分显示了张择端高超的画技。

图7-49　张择端《清明上河图》（局部）

《清明上河图》是我国绘画史上现实主义的伟大杰作。它标志着我国绘画艺术的高度成熟。作品是对我国北宋时期城市经济的高度写实，具有很高的认识价值。画家张择端的生卒年代及身世简历，均已无从考据，但他留给今人的这幅旷世巨制，足以使他进入世界绘画史上的大家之列。现今保存的《清明上河图》临摹本有很多，且不少出自后代名家之手。

（三）《日出·印象》

《日出·印象》（见图7-50）是莫奈于1872年在勒阿弗尔港口创作的一幅油画。

莫奈被誉为印象派领导者，是印象派的代表人物和创始人之一。莫奈擅长光与影的实验与表现技法。他最重要的风格是改变了阴影和轮廓线的画法。在莫奈的画作中，人们看不到非常明确的阴影，也看不到突显或平涂式的轮廓线，光和影的色彩描绘是莫奈绘画的最大特色。

图 7-50　莫奈《日出·印象》

　　该画描绘的是透过薄雾观望勒阿弗尔港口日出时的景象。经过晨雾的折射，一抹圆形的红日在昏暗的景象中极其突出，在水面上形成随波颤抖的暖光。急促的条形笔触与光线投影相呼应，给人留下深刻的印象。莫奈借用长短不一的笔触描绘出水面上泛起的波光，三只小船在朦胧的雾气中若隐若现，再用隐约的笔触表现远处依稀可见的工厂烟囱、吊车等物象，将日出时刻法国海港城市的景象呈现在人们面前。

　　该幅作品突破了传统题材和构图的限制，完全以视觉经验的感知为出发点，侧重表现光线氛围中变幻无穷的外观，是莫奈画作中最典型的一幅，也是印象画派的开山之作。

第六节
影　视　美

　　影视艺术在各种艺术中综合性最强。法国电影评论家和电影史家乔治·萨杜尔说过，影视的伟大之处就在于它是很多艺术的综合。影视是把绘画与戏剧、音乐与雕刻、建筑与舞蹈、风景与人物、视觉形象与语言汇成统一的整体，利用现代摄影技术手段，以戏剧和绘画艺术为基础，综合吸收各门艺术的表现方式和方法而发展起来的一门新的艺术种类。它将音乐、戏剧、绘画、文学等领域的内容综合起来，是各门艺术中唯一直接作用于人的视觉和听觉感官的，自由地展示思维空间运动的造型艺术，也是唯一产生于现代科学技术基础上的艺术。

一、影视艺术的审美特征

（一）造型性

　　影视艺术是一种视觉艺术，它传达给观众的是直观的视觉形象，它所调动的一切艺术手段和技术手段，都是为实现和加强视觉效果服务的。它在画面的有限空间内，通过直观而生动的视觉形象塑造人物、叙述事件、抒发情感、阐释哲理，实现对生活的再现与创造。由此可见，造型性是影视艺术重要的美学特征，它的审美意义主要表现在视觉形象的造型美以及造型所蕴含和暗示的情感美、意义美。影视艺术中具有视觉造型功能的还有色彩、光线、画面、构图等。

　　色彩造型主要体现在影视作品的色彩基调和色彩构成上，它是由题材、主题和创造者的主观情感决定的。色彩基调是指统领全片的总的色彩倾向和风格。比如，电影《红高粱》（见图 7-51），通片是浓烈的红色——红高粱、红头巾、红裤红袄、红绣鞋、红酒……大片大片变幻、流动的红色给观众一种强烈的视觉刺激和心灵震撼，使观众在感受色彩造型美的同时，体验到了生命活力和一种崇高的美。

　　色彩构成是指在色彩基调之上的色彩组合及其关系。它的重要功能之一是创造具有鲜明视觉感的色彩特征。比如，影视作品中的人物服装色彩都有一定的象征性，或纯洁真诚或奸险虚伪，色彩的强烈反差构成了很强的造型性，在心理和文化上又有很强的意味性。比如，孤僻的性格常用黑色调来渲染等。

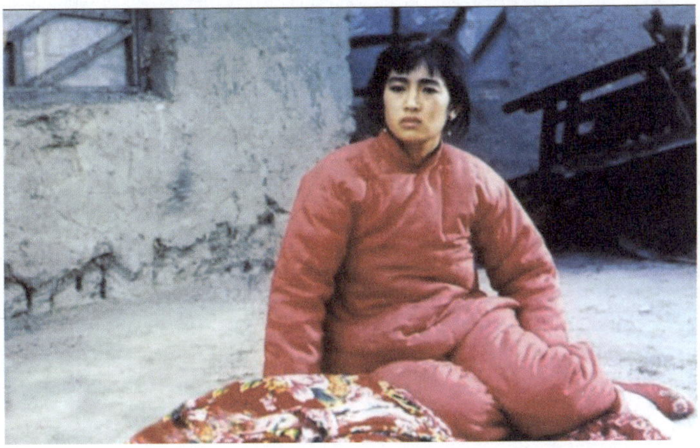

图7-51 《红高粱》片段

光线也是影视造型的重要形式之一。影视中所用的光源包括自然光和人造光。光是视觉造型的第一要素，因为没有光，人们就什么都看不见，而且光具有表现功能，可以用来渲染气氛，创造情调，表达情感，能够给人们留下深刻的印象。如苏联老电影《复活》中有玛丝洛娃被士兵押送走出牢房的一组镜头（见图7-52），从黑暗的牢房转到阳光灿烂的大街，画面影调突然由黑变亮、由低调变高调，使观众很自然地去联想是谁把玛丝洛娃这个纯洁的姑娘从光明的世界推向了黑暗的深渊。这种光线的强烈反差对比，可以用来强化人物的造型，突出人物的性格和情感，创造不同的情境。

图7-52 《复活》中的玛丝洛娃

影视中的画面和构图根据创作倾向，大致可分为绘画派和纪实派。绘画派借鉴绘画的构图，讲究画面的整体布局，注重形式美法则，刻意追求构图的均衡、对比、变化、节奏、和谐，画面具有强烈的视觉美感和张力；纪实派则强调画面的自然、真实、生活化，注重在运动中捕捉对象，在实录中完成造型，画面具有真实自然的现场目击感。

（二）运动性

影视的运动性是指在延续时间中通过变换画面实现叙事功能。影视通过每个画面内部的运动再现现实世界中人和事物的流动演变形态，通过摄影机的运动产生多变的景别、角度、场面和空间层次，从而达到多变的艺术效果。影视中的运动包括被拍摄主体的运动、摄像机的运动和剪辑形成的蒙太奇运动。

被拍摄主体的运动指的是影视作品中实际拍摄的主体动作，如人物行走、车辆行驶等。

摄影机的运动主要有推、拉、摇、移、跟和变焦等形式，加之运动的速度、方向、角度、幅度、力度、强度等，可以表现叙述、描写、议论、抒情，也可表现暗示、隐喻、象征等。电影《泰坦尼克号》中，杰克给露丝画像时，先用推镜头将青年露丝的全身变化为上半身，再变化为面部（见图7-53），再变化为青年露丝眼睛的特写。然后，镜头变焦，使画面由实变虚，再由虚变实，这时变实的画面上是老年露丝的眼睛特写，用拉镜头变化为老年露丝的面部，再变化为其上半身，再变化为老年露丝向众人诉说她84年前的故事的情景。在影视时空中，摄影机运动的美学意义是丰富多彩、深刻微妙的，它可以实现顺叙、倒叙、插叙、补叙，也可以制造动感、动势、节奏、韵律等。

图7-53   《泰坦尼克号》中杰克给露丝画像

剪辑形成的蒙太奇运动并非实际拍摄的主体动作，而是通过剪辑和组接不同镜头实现的视觉和叙事效果。它有两种情形：一种是静态画面的衔接，另一种是动态画面的衔接。比如，将三个静态画面——卧着的石狮子、抬头的石狮子、跃起的石狮子——剪辑在一起能产生很强的动感。这种隐喻蒙太奇表现了从沉睡到觉醒再到奋起斗争的运动过程，形成了一种强烈的感染力。影片《一江春水向东流》中女主人公素芬身居陋室、斜倚床头，望着明月思念丈夫张仲良，接下来的镜头是张仲良和王玉珍小姐躺在豪华公馆的床上。这两个镜头对比鲜明，一方面赞颂了素芬对爱情的忠贞，另一方面谴责了张仲良的负心和背叛。

（三）逼真性

影视最早被称作"活动的照相"。如果说照相本身已经能够出奇地再现生活的原貌，那么，"活动的照相"把可见的事物在运动中记录下来，也就使得所拍摄的人和事物更加精确和逼真了。影视艺术的逼真性并不等于真实性，观众从屏幕上获得的实际上是一种真实感，它虽源于客观现实，但重现时必然进行了一定的艺术加工。因此，我们只能说，影视能够创造最大限度的真实感。

影视艺术的逼真性首先表现为视听方面的真实感，给人身临其境的审美体验。比如，《唐山大地震》导演将现代技法加入其中，逼真地再现房屋开裂、倒塌，餐具爆碎，人们惊慌失措、大喊大叫、绝望地哭泣等场景（见图7-54），让观众有身临其境之感，对观众的视觉和心灵产生了强烈的冲击。

图7-54　《唐山大地震》剧照

影视的逼真性源于创作者对生活实质的真正体验和把握。很多影视作品为了达到真实效果，采取现场实拍方式并融入了许多纪实性创作方法。为了突出现场感，有很多导演动用大批人员，如美国影片《辛德勒的名单》（见图7-55）动用众多犹太人参加演出；再如张艺谋拍的电影《一个都不能少》，实地选用当地农民、学生来演出，让人有一种真实感。

图7-55　《辛德勒的名单》剧照

（四）假定性

假定性是指银幕画面上展现的现实影像，而不是现实本身，影视时空是假定的时空，运动感是假定的运动感。影视的假定性是由它的存在方式决定的，在一个有限的画面中真实完整地反映一个人的一生，是完全不可能的。时间的限制、空间的限制，使艺术家有了充分发挥主观能动性的机会和依据，也使影视有了跨越时空的可能。

影视的假定性体现在很多方面。首先是故事的假定。影视一般按照生活逻辑虚构故事或根据其他艺术作品改编故事。此外，还有一种是完全虚构和想象的故事，如科幻片、童话片、神话片等。再次是角色的假定，如角色的分类、模式化特点。不同类型的角色有不同的外部标志，如造型标志、言语标志、动作标志等，观众通常能加以识别，并由此决定自己对该角色的情感倾向。将人物变成角色实际上就是复杂的个体类型化，这正是假定性的表现。

场景的假定也是影视假定性的体现。影视根据艺术再现的需要设计场景。场景是角色活动的环境，是事件发生的空间依据，因此必须与真实的生活相符。影视创作一般在构思时假设多个场景，再在拍摄时选择实景或进行美工布景。这一过程本身就体现了假定性。

此外，影视的假定性还体现在影视语言的假定方面。影视语言是一种人工语言，其在功能、结构、形态上都不同于自然语言的表象、表现、表意的艺术符号系统。

它的语义当然包含某些约定俗成的成分，但更多的时候，其内涵因作品的不同而不同，解读影视语言必须进入作品假定的话语环境。比如，影片《祝福》（见图 7-56）中，祥林嫂在遭遇一次次的不幸和欺侮后，有一镜头推上来，画面中祥林嫂眼神呆滞、下巴颤抖，整个人带着一种无尽的绝望，这便成为包含特定语义的符号。这本身就是一种假定，这种假定的视觉符号可以给观众带来更强烈的刺激，使观众受到更强烈的感染。

图 7-56　电影《祝福》中的祥林嫂

二、影视艺术的欣赏方法

人们可以从不同的角度欣赏影视作品，既可以欣赏它的主题，又可以欣赏它的情节；既可以欣赏它的表现手法，又可以欣赏它的人物。但不管从哪个角度欣赏，都必须以得到情感上的愉悦、思想上的启迪、艺术上的满足为目的。

（一）主题的欣赏

影视艺术的灵魂就是它的主题思想。影视作品中，人物的塑造、情节的安排、环境的烘托，甚至某一细节、某一特写，都是围绕这一灵魂展开的。同时，影视的主题集中地体现了影视艺术家对某一题材的思想倾向性，也是影视艺术家世界观的体现。所以，一部好的影视作品，必然有一个深刻的主题。人们在欣赏影视作品时，只有深入地把握主题，才能使自己与作品融合，产生共鸣。

比如影片《红高粱》中，九儿挣脱封建枷锁的束缚，与余占鳌自由结合，歌哭随意，好恶随己，大喜大悲，洒脱狂放，反映了深层人性的张扬与觉醒。影片《骆驼祥子》（见图 7-57）中的祥子只想凭借自己的力气过上安稳的日子，然而无论他怎

图 7-57　《骆驼祥子》

样挣扎、苦干，都没有摆脱生活的厄运。为此，观众给予祥子以深切的同情。但是，观众的心理感受不能仅停留在同情这一层面上，还要进行深入的思索和联想，从而认识到祥子的遭遇是旧社会广大劳动人民生活命运的写照，祥子悲剧的根源是整个黑暗的旧社会和旧制度，进而意识到没有中国共产党领导人民推翻旧社会，广大人民就不能获得解放和幸福，从而激发建设新生活的热情和力量。

总之，在欣赏影视作品时，我们要全神贯注地捕捉主题的思想光芒，也就是说，要紧紧抓住思想感情在某个瞬间出现的微妙的共鸣点，去发现和提炼蕴藏其中的思想内涵。

（二）情节的欣赏

所谓情节，就是影视作品中人与人之间的合作、矛盾冲突等构成的复杂关系。影视作品的主题正是随着情节的深入展开而逐渐充实、鲜明的，所以，如果说主题是影视作品的灵魂，那么，情节便是这一灵魂的载体，是影视作品的主要内容。我们对影视作品情节的欣赏应注意以下两个方面。

1. 历史性

情节是人物全部关系的总和。影视作品中的人物总是活跃在一定的时代背景和社会环境中，因此情节具有历史性。影视作品中的每个人物都带有时代的特点，烙有时代的印记，因此人们只有充分了解并全面把握影视作品的时代背景，才能真正理解其所展示的情节和塑造的人物。比如，电影《乱世佳人》（见图 7-58）的故事情节发生在美国南北战争及其后的重建时期这一特定的历史环境中。战争前，一切是和平的美好的，如梦境一般悠远，这就造就了希礼那种浪漫的气质。当时的思嘉是一个漂亮的、任性的、有着强烈虚荣心的郝家大小姐。但是，伴随着战争的爆发，南方人一贯的自信被北方人的枪炮击得粉碎，所有宁静和梦境都随风飘逝了。现实逼迫每个人发生了改变。作为旧时代象征的希礼带着他的破碎的梦，在现实中挣扎、失意。而思嘉的身上却涌着一种时代的气息。她坚强、勇于面对一切挫折，敢于正视现实，并力求在现实中活得更好，而不是像希礼那样沉溺于对过去的追忆中而又无可奈何地面对生活。我们在欣赏电影时只有对这样一个战火纷飞、动荡不安的时代有深入的了解，才能深刻地理解人物，随着剧中情节的发展与电影中的角色同喜同忧。

图7-58　电影《乱世佳人》片段

2. 生动性

影视作品中情节的生动性主要是看人物是否具有独特的命运形式、情节的起承转合是否巧妙自然、能否达到引人入胜的效果。一部好的影视作品能够通过跌宕起伏的情节，紧紧抓住观众的心，使观众随着情节的展开、随着男女主人公命运的变化，或喜或悲，或忧或乐。要达到这一效果，就要加入悬念，使其成为情节不断发展的内在动力。姜大卫导演的影片《黑雪》之所以能取得较好的效果，就在于情节生动灵活，悬念顿生。

（三）人物形象的欣赏

人物形象是影视艺术中的表现主体，他（她）为观众提供了真正栩栩如生的屏幕形象。如果一部影片所拍摄的自然风景非常优美，房屋建筑或机器设备表现得非常漂亮，每个镜头的角度也选择得十分别致，但是人物并不突出，甚至只是画面中的点缀品，就不能被称为一部好的影视作品。所以，我们欣赏影视作品必须注重其中的人物形象。

欣赏影视作品中的人物形象，关键是看主人公是否具有典型性。优秀的影视作品并不会停留在把生活面貌具体生动地描绘出来这一层面，更主要的是根据真实的生活情况，集中、概括地创造人物形象，使影视作品中的人物形象比实际生活更高、更强烈、更有集中性、更典型、更理想、更带有普遍性，并通过人物形象揭示生活本质。优秀的影视作品之所以能够赢得多数人的赞赏，主要就是因为其塑造了具有高度概括意义的人物形象，通过鲜明、生动而突出的人物个性概括和反映了某类人的某些共性，从而揭示出社会生活的本质和规律。

鲁迅的小说《阿Q正传》被拍成电影（见图7-59）后，荧幕上的阿Q的"精神胜利法"之所以震撼人心，就是因为展示了阿Q独特、突出、鲜明的个性。阿Q之所以成为阿Q，就是因为具有这种"熟悉的陌生人"的个性。电影通过这种独特的个性，概括了辛亥革命时期我国江南农民阶级中一种普遍的病态心理，甚至也概括了那个历史时期中国封建统治阶级中普遍存在的一种自欺欺人的精神弱点，即鲁迅称之为"精神胜利法"的"国民性"。影片正是通过对阿Q这个典型人物的刻画，揭示了当时社会生活的某些本质方面，即劳动人民长期遭受剥削、压迫和精神上的毒害，资产阶级革命的不彻底性等。

图7-59　电影《阿Q正传》片段

（四）摄影技巧欣赏

摄影艺术的优劣高低也直接决定着影片的质量。如果摄影质量平庸，那么无论如何也创造不出优秀、成功的影视作品来。影视的摄影技巧一般包括两个方面，即画面构图与色彩运用。

画面构图的关键在于活动性。因为每一帧画面（电影一般每秒放映24帧画面）都与前后画面有着细微的差别。摄影机为了适应拍摄对象的运动变化，其本身也处在不断运动的过程中。每一帧画面的构图都要具有艺术感染力、充满美感。因此，电影摄影比一般的静态摄影难度要大得多。构图十分出色的画面都由一系列连续不断的动态影像构成，它富有动感和冲击力，从而使影片具有强烈的感染力。如日本影片《罗生门》中有一组镜头是由三船敏郎饰演的强盗多襄丸在树林中边喊叫边奔跑的一系列画面组成。它表现了人如野兽般的凶猛和矫健。摄影机采取了在侧面跟踪拍摄的方法拍摄这一场面。这组画面构图成为电影中表现动态美的范例。

在画面色彩的运用方面，一部影片要根据自身的风格和思想确定一个色彩基调，以创设影片的整体情调和气氛。例如，《黑炮事件》中的红色及与之相近的橘红色基调，《大红灯笼高高挂》中的青灰色基调（见图7-60）等，都能够使观众感受到影片的特殊情调和气氛。

图7-60 《大红灯笼高高挂》片段

拓展阅读

常用的10种影视经典构图

1. 直线构图

直线构图可以充分显示景物的高大和深度。电影画面中的瀑布、参天大树等可以用直线构图，还能产生一定的情绪化表达作用。

2. 水平构图

水平构图可以传达平静、安宁、舒适、稳定的感觉，常用于湖面平川的拍摄。最好别让水平线从画面中间穿过，也就是别让水平线把画面一分为二，这样会给人一种很不舒服的感觉，除非是为了追求特殊的艺术表达效果。一般来讲，水平线条应放在画面上下 1/3 处。

3. 斜线构图

斜线构图可分为立式斜垂线和平式斜横线两种。其常表现运动、流动、倾斜、动荡、失衡、紧张等场面。也有画面利用斜线指出特定的物体，起固定导向的作用。

4. S 形构图

S 形构图是指画面上景物呈 S 形曲线的构图形式，常用于河流、山脉、曲径等。这种构图方式具有延长、变化的特点，画面看上去有韵律感，能使人产生优美、雅致、协调的感觉。当需要采用曲线形式表现拍摄对象时，应首先想到 S 形构图。

5. 对角线构图

对角线构图即把主体安排在对角线上。这种构图方式能有效利用画面对角线的长度，也能使陪体与主体发生直接关系。对角线构图富有动感，能够使画面显得活泼，同时产生线条的汇聚趋势，吸引人的视线，达到突出主体的效果。

6. 十字构图

十字构图是画面上的景物、影调或色彩的变化呈正交十字形的构图形式。这种构图方式能容纳较多的背景和配体，使人们的视线自然向十字交叉部位集中。十字构图多用于稳定排列组合的物体以及规律性运动的物体等。

7. 向心式构图

向心式构图是指主体位于中心位置、四周景物向中心汇聚的构图方式。这种构图方式能将人们的视线强烈引向主体中心，并起到聚集的作用。需要注意的是，向心式构图能够突出主体，但有时也可能成为压迫中心，让人产生局促沉重的感觉。

8. 放射式构图

放射式构图是指以主体为中心、景物向四周扩散的构图方式。这种构图方式可使人的注意力集中到被摄主体，也有开阔、舒展、扩散视野的作用。放射式构图适用于需要突出主题但场面较复杂的场合，也适用于使人物或景物在较复杂的情况下产生特殊效果的场景。

9.三角构图

三角构图以三个视觉中心的景物为主要位置（有时是以三点成一面的几何形式安排景物位置），形成一个稳定的三角形。三角形可以是正三角形、斜三角形或倒三角形。其中，斜三角形较为常用，也较为灵活。三角构图具有安定、均衡、灵活等特点。

10.对称构图

对称构图具有平衡、稳定、相对的特点，给人以满足的感觉，画面结构完美无缺，安排巧妙，对应而平衡。对称构图常用于表现对称的物体、建筑、特殊风格的物体。

第七节
建　筑　美

建筑作为一种艺术，根据不同的功能可分为公共建筑（如大会堂、剧场、音乐厅、体育馆等）、工业建筑、城市民用建筑等。由于建筑功能不同，因此在表现的艺术风格上也各具特色。

一、建筑的特点

早在两千多年前，古罗马建筑师维特鲁威就提出了建筑实用、坚固、美观这三条基本原则。迄今为止，它仍为建筑学家所遵循的基本规律，仍为支配建筑艺术的经典法则。这正如意大利建筑理论家阿尔伯蒂在《论建筑》一书中指出的：所有的建筑物，如果你认为它很好的话，都产生于"需要"，受"适用"的调养，被"功效"润色，"赏心悦目"在最后考虑。由于建筑艺术的审美受制于实用，因而建筑艺术具有区别于其他艺术种类的特点。

（一）追求形式美

随着社会的进步、审美水平的提高，人们在实用的基础上对建筑的形式美有了更加强烈的追求，并将在长期生产实践中积累形成的形式美法则广泛地运用于建筑。

对称、均衡、对比、韵律、比例、尺度、序列等法则在建筑造型、构图中得到淋漓尽致的体现。例如，人民大会堂（见图7-61）正面的柱子合乎比例地均匀排列，让整个建筑物形象雄伟壮丽、庄严稳定、朴素大方，深刻地体现了时代精神和我国人民的性格特点。

图7-61　人民大会堂

色彩也是形式美的重要因素，被卓有成效地运用于建筑。色彩受气候条件、地理环境、民族信仰、风俗习惯、时代精神等因素的影响很大。一般来说，热带地区建筑多用白色、黄色，并注意色彩的强烈而鲜明的对比。温带地区多采用与自然景观相似的色调。东方古老民族的建筑，多用醒目耀眼的色彩。如北京故宫以红色和金黄色为主调，翠绿色的琉璃瓦与之相配，红、黄、绿在蓝天的衬托下尽显故宫的华丽高贵。

建筑材料质地与色彩关系密切，质地赋予色彩律动性和生命感。天安门广场的人民英雄纪念碑，以巨大的花岗岩为主，栏杆和10块大浮雕、纪念碑题字和碑文均用汉白玉雕刻制成，花岗岩和汉白玉的质与色的特点在这里得到充分发挥，赋予了纪念碑更凝重的意蕴和更强烈的情思。

（二）整体和谐美

建筑艺术以高度的概括性和综合性，极大地体现出整体的和谐美。

首先，建筑是各个部分结合成为一个整体。在建筑里这种结合主要涉及排列组合以及一种始终一致的和谐与妥当的尺寸比例。在这里，整体和谐不仅是指形体上合比例，给人和谐的视觉感知，而且包含适用性需求。

其次，建筑的群体组合是根据不同的适用目的和美的规律进行的。比如，我国西藏的布达拉宫（见图7-62）整体布局精妙和谐。红宫、白宫、龙王潭和"雪"四个部分，依山势而建，由上而下构成庞大雄伟的建筑群体。红宫、白宫、"雪"三个层次纵向排列、主次分明。各个部分、构件、装饰等都协调统一于宗教佛法神威和宗教审美观。

图7-62 布达拉宫

最后，建筑物与周围环境的和谐。建筑史上很多著名建筑之所以给人留下深刻的印象，其中一个重要原因就是它们巧妙地利用了周围环境，以整体的和谐氛围打动着人们。泰姬陵（见图7-63）是伊斯兰建筑中最伟大的成就。其用大理石建成，通体白色。然而这种洁白如没有色彩背景加以衬托未免显得单调呆板。为此，在主建筑周围配以花园、常青树、水道。它们把建筑衬托得分外明媚和圣洁。中国古代人民习惯将宫殿建于开阔地带，让陵墓倚山而立，将寺庙和园林与山水交织，也都是力求建筑与周围环境的和谐。

图7-63 泰姬陵

（三）多重象征性

建筑造型具有抽象、表现和抒情的特点，它不能再现或描绘现实生活中的人、事和自然景物，却能以物质实体暗示、象征或表现某些意义，唤起人们更自由的想象和更丰富的情感反应。黑格尔在《美学》一书中指出，建筑是与象征型艺术形式相对应的，它最适宜于实现象征型艺术的原则，因为建筑只能用外在环境中的东西去暗示移植到它里面去的意义。宗教性、纪念性或政治性的建筑大多具有象征意味。我国南京中山陵的总平面形状像一座钟，以象征孙中山领导的民主革命犹如唤醒民众的警钟，寓意深刻。法国的朗香教堂看上去像一朵巨大的蘑菇，耳朵状的平面，弯曲而倾斜的墙面，船底形的压顶，墙面不规则地开着大小不一的窗洞，教堂中的线和面都是斜的，如一个充满神秘色彩的天国。此种形式是教会象征。值得一提的是 20 世纪 70 年代在澳大利亚建成的悉尼歌剧院（见图 7-64），它的造型如直立的花瓣，如迎风的帆船，又如海中的贝壳，无论从天上还是从地上任何角度去观赏都会获得象征性的不同美感。建筑物的象征性是在富有象征意味的艺术语言与建筑实体形象有机统一的基础上生成的，是创造主体深层的审美感性意识与高度的理性认知和谐交融的结果。

图 7-64　悉尼歌剧院

二、建筑的审美要素

（一）形体

形体是指建筑的形状和体积，包括各立面、天花板、地面、屋顶的形状，也包括整体外形轮廓以及合围而成的体积。建筑物的外形具有丰富的表现力，能给人清晰而深刻的视觉印象，还可以形成不同的建筑风格。例如，罗马式建筑（见图7-65）的圆形穹顶和半圆形拱，哥特式建筑（图7-66）的尖塔和尖状拱，中国古代建筑（见图7-67）屋顶上的飞翼等，都具有鲜明的个性。

图7-65　罗马式建筑

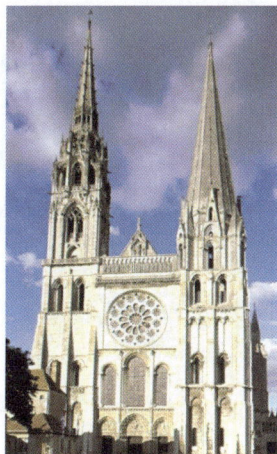

图7-66　哥特式建筑

（二）空间

空间是建筑的灵魂，它是通过不同大小、虚实、凹凸、曲直、高低、平斜的形体围合而成的空荡体积。不同的空间形状会给人不同的心理感受。同时，建筑空间还应将使用功能与精神需要相统一，使之既具有使用价值又能让人产生某种精神上的共鸣。

（三）比例和尺度

比例是指建筑局部和整体之间匀称的关系。比例不仅直接关系到建筑的美感，还与实用性和经济性有直接关系。任何造型艺术都不能回避比例的问题。尺度所研究的是建筑物的整体或局部给人感觉上的大小印象与其真实大小之间的关系问题。比例是各部分数量关系之比，是相对的，而尺度是形体在量上的调和与统一。

图7-67　中国古塔

（四）材料

材料是一切建筑工程的物质基础，能够影响建筑风格的表现，因为不同的材料可以反映不同的建筑内涵。例如，粗糙质地的材料给人以分量感，显得厚实而朴实（见图 7-68）；光滑细腻质地的材料则使人感觉干净、轻盈（见图 7-69），具有现代气息。

图 7-68　粗糙质地的材料

图 7-69　光滑细腻质地的材料

（五）色彩

色彩是形式要素中最能营造气氛和表达情感的要素，因此，在建筑艺术形象的塑造上有重要意义。色彩强烈的视觉效果（见图 7-70）成为加强建筑造型的形式印象和突出主题的重要手段。比如，我国古典建筑屋顶的琉璃瓦用暖黄色，背光檐口的斗拱用冷绿色或蓝色，通过色彩的冷暖与明暗对比，加强了建筑空间阴阳和虚实的对比效果，突出了建筑造型的性格特征和视觉感染力。

图 7-70　建筑外部的色彩

三、建筑艺术欣赏

（一）长城

长城（见图 7-71）是我国古代的军事防御工事，始建于春秋战国时期，秦始皇时把战国秦、赵、燕等国长城连建成万里长城，以后汉代、明代均大规模修建。明长城东起老龙头，西至嘉峪关，至山海关处蜿蜒如一条巨龙入海，故长城之首被称为"老龙头"，山海关则被誉为"天下第一关"。明长城的总长度为 8851.8 千米，其中人工墙体长度为 6259.6 千米，壕堑长度为 359.7 千米，天然险的长度为 2232.5 千米。

图 7-71 长城

长城是中国古代劳动人民智慧的结晶，是中华文明的瑰宝，也是世界文化遗产。据记载，秦始皇使用了近百万劳动力修筑长城，占当时全国人口的二十分之一。当时没有任何机械，全部劳动都只能靠人力，而工作环境又是崇山峻岭、峭壁深堑，十分艰难。

凡是修筑关城隘口都选择两山峡谷之间或是河流转折之处，或是平川往来必经之地，这样既能控制险要，又可节约人力和材料，达到"一夫当关，万夫莫开"的效果。修筑城堡或烽火台也是选择在险要之处。至于修筑城墙，更要充分利用地形，如居庸关、八达岭的长城都是沿着山岭的脊背修筑，有的地段从城墙外侧看上去非常险峻，内侧则甚是平缓，有"易守难攻"的效果。在辽宁境内，明代辽东镇长城有一种墙叫山险墙或劈山墙，就是利用悬崖陡壁，稍微把崖壁劈削一下成为长城。还有一些地方完全利用悬崖绝壁、江河湖泊作为天然屏障，可以说是巧夺天工。

2001年6月25日，长城作为春秋至明时期古建筑，被国务院批准列入第五批全国重点文物保护单位名单。

（二）北京故宫

北京故宫（见图7-72）是中国明清两代的皇家宫殿，位于北京中轴线的中心，是中国古代宫廷建筑之精华，也是世界上现存规模最大、保存最为完整的木质结构古建筑群之一。北京故宫被誉为世界五大宫之首。

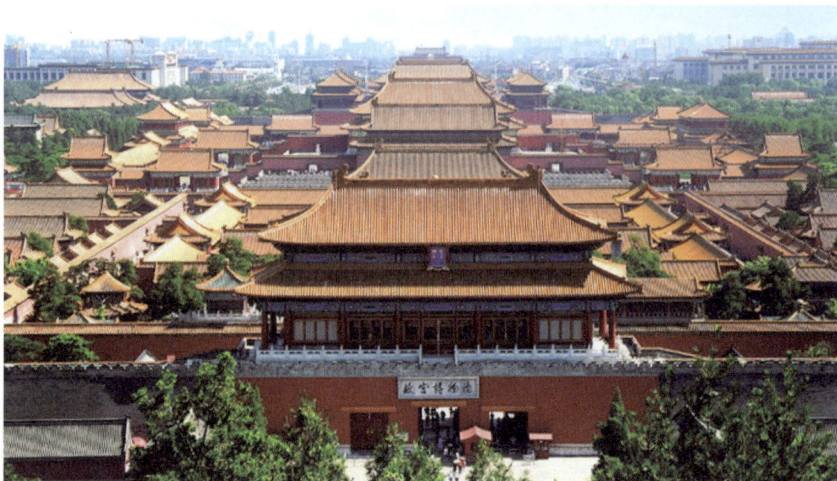

图7-72　北京故宫

北京故宫的主要建筑特点如下。

第一，取坐北朝南的方向，施工前立华表以确定方位。表是直立的标杆，取长短相等的两表，观测早晚其日影长度相等的两点，将其连成一线，即为正东正西方向。一般建筑立木为表，工匠即依照所指方向开沟奠基。天安门之前，立雕饰石柱为华表，指示整座紫禁城的建筑方向，并与主体建筑风格协调，成为一种装饰。

第二，平面布局以大殿（太和殿）为主体，以左右对称的方式排列诸殿堂、楼阁、台榭、廊庑、亭轩、门阙等。

第三，殿堂建筑以木构架为支撑，都柱底下有石柱础，砖修墙体北、西、东三面围护，坐北朝南，上盖金黄色琉璃瓦屋顶。

第四，屋顶正脊两端的正脊吻及垂脊吻上有大型陶质兽头装饰，戗脊上饰有若干陶质蹲兽，歇山式屋顶（中和殿）有宝顶。

第五，斗拱檐桁额枋表面刻画不同的图案和花纹，有动物纹样（如龙凤狮虎鸟兽虫鱼纹）、植物纹样（如藤蔓葵荷花草叶纹）、自然纹样（如山水日月星辰云气纹）、几何纹样（如方形菱形回纹雷纹）、文字花纹（如福寿喜吉纹）、器具花纹（如钱纹、元宝纹）等，具有美观与防腐的双重功用。其他如悬鱼、窗棂、栏杆、壁画、天文板、藻井、隔断等装饰纹也是多种多样的。

第六，宫殿装饰色彩，屋顶多用金黄色，立柱门窗墙垣等处多用赤红色，檐枋多施青蓝碧绿等色，衬以石雕栏板及石阶的白玉色，形成鲜明的色彩对比。

（三）国家体育场（鸟巢）

国家体育场（见图7-73）位于北京奥林匹克公园中心区南部，为2008年北京奥运会的主体育场。

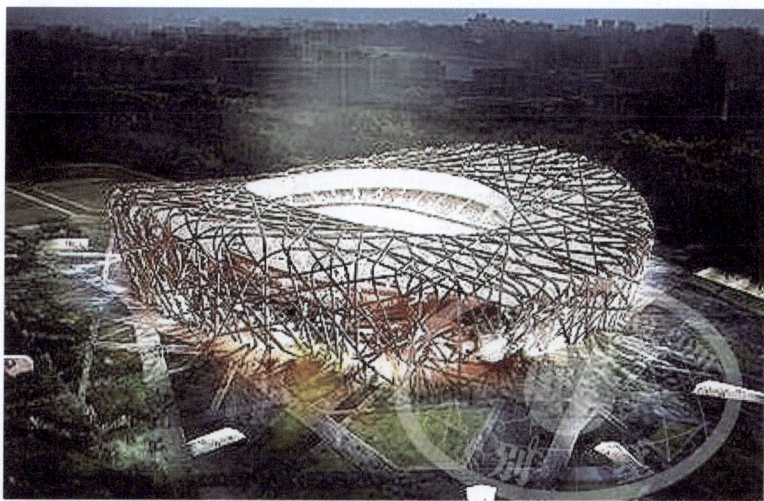

图7-73　国家体育场

国家体育场整体设计新颖激进，外观如同孕育生命的鸟巢，更像一个摇篮，寄托了人类对未来的希望。高低起伏的波动的基座缓和了容器的体量，而且给了它戏剧化的弧形外观。盘根错节的体育场立面与几何体的建筑基座合而为一，如同"树和树根"组成了一个体量庞大的建筑编织体。在满足奥运会体育场所有的功能和技术要求的同时，设计上并没有被那些过于强调建筑技术化的大跨度结构和数码屏幕主宰。体育场的空间效果新颖激进，设计者对这个场馆没有做任何多余的处理，把结构暴露在外，自然形成了建筑的外观，赢得了世人的瞩目。

（四）罗马斗兽场

罗马斗兽场（见图7-74）是古罗马时期最大的圆形角斗场。从功能、规模、技术和艺术风格各方面来看，罗马斗兽场是古罗马建筑的代表作之一。

图7-74　罗马斗兽场

罗马斗兽场占地面积约2万平方米，围墙高57米。从外部看，它由一系列3层的环形拱廊组成，最高的第4层是顶阁。这3层拱廊中的石柱根据经典的标准分别设计。在第4层的房檐下面排列着240个中空的突出部分，它们用来安插木棍以支撑露天剧场的遮阳帆布，可以帮助观众避暑、避雨和防寒。

（五）土耳其圣索菲亚大教堂

土耳其现存的圣索菲亚大教堂（见图7-75）是受拜占庭皇帝查士丁尼一世之命于532—537年建造的。圣索菲亚大教堂是拜占庭式建筑最佳的现存范例，其马赛克、大理石柱子及装饰等内景布置极具艺术价值。

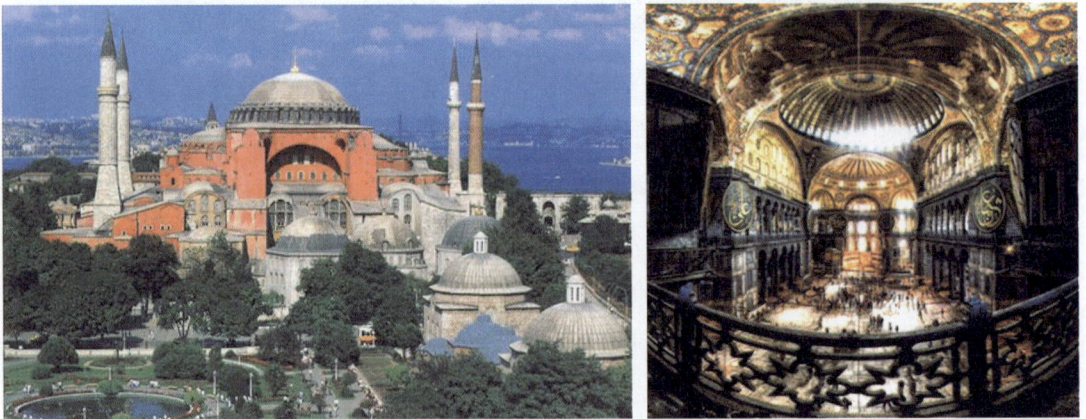

图7-75　圣索菲亚大教堂远景和内景

它最大的圆柱高19～20米，直径约1.5米，以花岗岩所制，重逾70吨。教堂内部的空间广阔、结构复杂，教堂正厅之上覆盖着一个最大直径达31.24米、高55.6米的中央圆顶。圆顶下连绵的拱廊使圆顶看似失重，其下方的40个拱形窗户引进光线，使室内光线明亮。由于经历过为数不少的维修，圆顶略呈椭圆，其直径介于30.86～31.24米。室内地面铺上了多色大理石、绿白带紫的斑岩以及金色的马赛克，在砖块之上形成外壳。这些覆盖物掩饰了柱墩，同时使其看起来更加明亮。

关于原圆顶的另一个值得注意的点是，建筑师如何在圆顶的底部摆设40个窗户。圣索菲亚大教堂闻名于其营造的神秘光线触达正厅各处，使圆顶看起来像悬浮在正厅之上。这大概是由于圆顶的形状像扇贝壳或伞的内部，伞骨由伞的顶端延伸至底部，这些伞骨使圆顶的重量在各个窗户之间流向穹隅，最终抵达根部。这些独特的设计使圣索菲亚大教堂成为近古时代最先进的纪念性建筑物之一。

（六）巴黎圣母院

巴黎圣母院（见图7-76）始建于1163年，建筑总高度超过130米，是欧洲历史上第一座完全哥特式的教堂，集宗教、文化、建筑艺术于一身，具有划时代的意义，也是巴黎历史悠久的最具代表性的古迹。

图7-76　巴黎圣母院

它的建造全部采用石材，其特点是高耸挺拔、辉煌壮丽，整个建筑庄严和谐。教堂的顶部采用一排连续的尖拱，显得细瘦而空透。教堂的正面放一对钟塔。哥特式教堂的造型既空灵轻巧，又符合变化与统一、比例与尺度、节奏与韵律相结合的建筑美法则，具有很强的美感。从外面仰望教堂，那高峻的形体加上顶部耸立的钟塔和尖塔，使人感到一种向蓝天升腾的雄姿。巴黎圣母院的主立面是世界上哥特式建筑中最美妙、最和谐的，水平与竖直的比例近乎为黄金比1∶0.618，立柱和装饰带把立面分为9块小的黄金比矩形，十分和谐匀称，后世的许多基督教堂都模仿了它的样子。

巴黎圣母院平面呈横翼较短的十字形，坐东朝西，正面风格独特，结构严谨，看上去十分雄伟庄严。巴黎圣母院正面高度约为69米，被三条横向装饰带划分为3层。

教堂内部极为朴素，严谨肃穆，几乎没有什么装饰。进入教堂的内部，无数的垂直线条引人仰望，数十米高的拱顶在幽暗的光线下隐隐约约、闪闪烁烁。它是欧洲建筑史上一个划时代的标志。

第八节
雕 塑 美

雕塑是用黏土、石、木和金属等物质材料，通过雕、塑、刻等手段，塑造可视可触的立体艺术形象，反映作者思想感情和社会生活的造型艺术。

雕塑形象的艺术表现力具有高度概括、形象生动、耐人寻味、寓意深长的美。雕塑艺术在美化生活、美化环境、审美教育等方面发挥着重要的作用。

一、雕塑的类型

雕塑的表现形式主要有圆雕、浮雕、透雕之分。

圆雕是指不附着在任何背景上的可以四面欣赏的完全立体的一种雕塑。圆雕可以让欣赏者从不同的角度去欣赏，从不同的角度和距离接近作品，得到不同的审美感受，如作品《海的女儿》（图7-77）。

浮雕是指在平面上雕出凸起的形象的一种雕塑。它只能供人们从特定角度（主要是正面）观赏。浮雕具有较强的依附性和装饰性，常与器物、建筑相结合。如天安门广场人民英雄纪念碑四周的浮雕、吕德的《马赛曲》（图7-78）。浮雕又可以根据雕刻的深浅和厚度分为高浮雕、浅浮雕。

图 7-77　海的女儿

图 7-78　马赛曲

　　透雕介于圆雕和浮雕之间，一般指将底板镂空，从镂空处看到浮雕背面的形象，如园林中的透雕门、窗、栏杆及古色古香的透雕家具等。

　　根据不同用料，雕塑可以分为石雕、铜雕、木雕、牙雕等；按不同功能，雕塑可以分为纪念性雕塑、城市雕塑、建筑装饰雕塑、工艺雕塑等。虽然雕塑的形式不同，但都以立体造型来表现美，以人的形体和姿态来表现韵律和情感。

二、雕塑的审美要素

（一）形体美

　　雕塑作为三维空间的实体，给予人的感觉首先来自它的形体，因此形体美是雕塑形式美的灵魂。雕塑的形体要比例匀称、结构严谨，通过形体展示形象的动势、情绪与生命力。如罗丹的《思想者》（见图 7-79）就是具有感染力和动感、赋予强劲生命力和丰富精神内涵的形体。

图 7-79　罗丹《思想者》

（二）影像效果

　　雕塑的影像效果就是作品形体大的起伏所呈现的总体轮廓。这个影像可能给人以或宏伟崇高或宁静沉重或升腾飞跃的形体结构的美感。如马约尔的《河流》（见图7-80）是以女人横卧的形体来象征河水流动的影像感受。

图7-80　马约尔《河流》

（三）体量感

雕塑具有物理学意义上的体积和重量，而又不能仅以三维实体的重量大小来衡量，主要是以视觉感受上的强弱为标准。雕塑所特有的体量感，能够唤起欣赏者基于特定生活经验的本能的情感反应，或崇仰，或亲切，或伟大，或震撼，或畏惧。如四川乐山大佛（见图7-81）的巨大体积，陕西秦始皇兵马俑的超多数量，都是构成逼人气势和宏大气魄的重要因素，也是作品内容和表达主题的重要因素。又如五峰山下的李大钊半身雕塑（见图7-82），雕像造型单纯明快，线条刚直，轮廓简洁流畅，使其显得凝重、质朴、浑厚，加之中轴对称式构图和夸张的长而平直的双肩，具有建筑般的巨大体量和泰山一样的崇高与尊严，使人感到革命先驱的伟大。

图7-81　乐山大佛

图7-82　李大钊半身雕像

拓展阅读

乐山大佛

乐山大佛地处四川省乐山市，濒临岷江、青衣江和大渡河三江汇流处，与乐山城隔江相望。它是依岷江南岸凌云山栖霞峰临江峭壁凿造的一尊大佛，始凿于唐开元元年（公元713年），历时90余年建成，有"山是一尊佛，佛是一座山"之称，是世界上最大的石刻大佛。

乐山大佛头与山齐，足踏大江，双手抚膝。大佛体态匀称，神势肃穆，依山凿成，临江危坐。大佛通高71米，头高14.7米，头宽10米，发髻1051个，耳长6.7米，鼻和眉长5.6米，嘴巴和眼长3.3米，颈高3米，肩宽24米，手指长8.3米，从膝盖到脚背28米，脚背宽9米，脚面可围坐百人以上。在大佛左右两侧沿江崖壁上，还有两尊身高超过16米的护法天王石刻，与大佛一起形成了"一佛二天王"的格局。与天王共存的还有数百上千尊石刻塑像，宛然汇集成庞大的佛教石刻艺术群。

乐山大佛具有一套设计巧妙、隐而不见的排水系统，这对保护大佛起到了重要的作用。在大佛头部共18层螺髻中，第4层、第9层和第18层各有一条横向排水沟，正胸向左侧也有水沟与右臂后侧水沟相连。两耳背后靠山崖处，有洞穴左右相通；胸部背侧两端各有一洞，但互未凿通。这些水沟和洞穴，组成了科学的排水、隔湿和通风系统，避免了大佛受到侵蚀性风化。

沿大佛左侧的凌云栈道可直接到达大佛的底部。在此抬头仰望大佛，会有仰之弥高的感觉。坐像右侧有一条九曲古栈道，其沿绝壁开凿而成，奇陡无比，曲折九转。大佛头部的右侧就是凌云山的山顶。在此处可观赏到大佛头部的雕刻艺术。大佛头顶共有螺髻1051个。远看螺髻与头部浑然一体，实则以石块逐个嵌就。

（四）象征性

雕塑作品不能像绘画那样进行复杂的精细描绘和环境空间的细致表现，形象一般比较单纯，所以通常赋予其形体和体积，以象征性和寓意性来表达主题。一般多借助人体来象征某种思想、表达某种思想感情和审美观念。如霍去病墓石刻中的主体雕刻《西汉马踏匈奴》（图7-83）刻画的是一位雄壮矫健的战马，腹下蜷缩着穷凶极恶、垂死挣扎的匈奴首领。虽然其没有直接刻画霍去病将军的英雄形象，也没显示千军万马浩荡军威，却使欣赏者自然而然地联想到屡建战功的青年将领和无数浴血疆场的将士。它既是古战场的缩影，又是霍去病将军赫赫战功的象征，具有纪念意义。

图7-83　《西汉马踏匈奴》

（五）材质

雕塑材料的质地、光泽、肌理、色彩等也对其美感起着重要作用。如花岗岩的坚硬粗糙、木刻的质朴自然、青铜的沉重冷峻、汉白玉的细腻纯洁等材质之美，常被雕塑家巧妙地运用，达到出人意料的艺术效果。雕塑材料的不同、对材料的运用，直接涉及作品内容的体现。比如，宋庆龄雕像（见图7-84）利用洁白的大理石表现其纯洁和高雅。又如，刘焕章的木雕《风妮》保持了破木头原有的特点甚至缺点，利用树皮的纹路下垂塑造蓬松的长发，使少女特有的娴静、稚气、自然、纯真气质更为突出。

图7-84　宋庆龄雕像

三、雕塑艺术欣赏

（一）秦始皇陵兵马俑

秦俑属于大型陶制品，制作过程的工艺技术要求很高。在塑造方法上，基本上是塑、模兼用，大的部件统一模制，头部、手、臂等分别塑造后而安装成粗胎，然后运用传统的塑、堆、捏、刻、画等技法进行精细的塑造，窑烧之后再施彩绘而成。秦俑陶质坚硬、造型完整而不变形，足可说明秦代制陶技术之高。

秦始皇陵兵马俑中数以千计的大型兵马俑（见图7-85），一反前代明器雕塑那种简单粗略的面貌，高度的写实技巧令人惊叹。它以宏大的气势给人留下深刻的印象，而且在形象塑造上比例准确、姿态自然。立俑身高180～190厘米，与真人比例相当。人物的塑造富有变化，不仅服饰盔甲不同、姿态各异，而且头型、发束甚至更细的局部也多有变化。作者运用高度的写实技巧和朴素的创作态度，忠实而准确地刻画出人物的形貌和特征，这些都是前所未有的。这些活灵活现的形象取材于当时秦军中的现实人物，经过艺术家的巧妙加工而成。马匹的塑造也栩栩如生、筋肉丰满、体魄强劲，充满活力，显然也是秦军中有名的良马。这些秦俑形象生动具体、丰富多样，统一在全军威武雄壮、严阵以待的整体气势之中。

图7-85　秦始皇陵兵马俑

（二）人民英雄纪念碑

人民英雄纪念碑是为纪念中国近现代史上的革命烈士而修建的，也是中国历史上最大的纪念碑。纪念碑高37.94米，东西宽50.44米，南北长61.54米，采用17000

多块花岗岩和汉白玉砌成，碑基面积约3100平方米。底层月台呈海棠型；二层月台为方形，四面设有台阶，精美的汉白玉栏杆环绕四周。月台上边的大须弥座束腰处四面镶嵌八块巨大的汉白玉浮雕，分别以"虎门销烟""金田起义""武昌起义""五四运动""五卅运动""南昌起义""抗日游击战""胜利渡长江"为主题（图7-86），此外还有"支援前线""欢迎解放军"两面装饰浮雕。每件浮雕都表现了一定的历史事件，概括地表现了中国近代革命史，是美术家重要的集体创作。这些浮雕总体风格写实，既体现了近现代国际美术的影响，又具有本国特色，对我国后期雕塑的创作和发展具有相当大的影响。

图7-86　人民英雄纪念碑浮雕

（三）断臂的维纳斯

断臂的维纳斯是一尊希腊神话中代表爱与美的女神维纳斯的大理石雕塑（见图7-87），由古希腊雕刻家阿历山德罗斯于公元前150年左右创作，高204厘米。雕像中的维纳斯，身材端庄秀丽，肌肤丰腴，拥有美丽的面庞、挺直的鼻梁、平坦的前额和丰满的下巴，面容平静，流露出希腊雕塑艺术鼎盛时期沿袭下来的理想化传统。她那微微扭转的姿势，使半裸的身体构成了一个十分和谐而优美的螺旋式上升体态，富有音乐的韵律感，展示出巨大的魅力。作品中维纳斯的腿被富有表现力的衣褶覆盖，仅露出脚趾，显得厚重稳定，更衬托出上身的秀美。整尊雕像无论从任何角度欣赏，都能发现某种统一而独特的美。这种美不是希腊大部分女性雕像中所表现的感官美，而是一种古典主义的理想美，充满了诗意。在她面前，几乎一切人体艺术作品都显得黯然失色。

（四）掷铁饼者

掷铁饼者（见图7-88）是希腊雕刻家米隆于约公元前450年雕刻的青铜雕塑，原作已经丢失。现存众多罗曼锡青铜复制品。雕像选取运动员投掷铁饼过程中的瞬间动作，这正是铁饼出手前一系列瞬间万变动作中的暂时恒定状态，运动员右手握铁饼摆到最高点，全身重心落在右脚上，左脚趾反贴地面，膝部弯曲成钝角，整个形体有产生一种紧张的爆发力和弹力。虽然形体造型是紧张的，然而在整体结构处理以及头部的表情上，却给人以沉着平稳的印象，这正是古典主义风格所追求的。

图7-87 断臂的维纳斯

图7-88 掷铁饼者

第九节
园 林 美

　　园林美源于自然又高于自然，是自然造化的典型概括，也是自然美的再现。它随着文学绘画艺术和宗教活动的发展而发展，是自然景观和人文景观的高度统一。

　　园林美具有多元性，其表现在构成园林的多种要素和各要素的不同组合形式之中。园林美还具有多样性，其主要表现在历史、民族、地域、时代性的多样统一之中。园林具有绝对性与相对性差异，这是因为它包含自然美和社会美两个方面。

一、园林的类型

　　根据不同的标准，园林可以划分为多种类型，比如中国园林与西方园林、古典园林与现代园林、皇家园林与私家园林等。其中，中国园林又可以划分为南方园林与北方园林、苏州园林与岭南园林等。如果从园林的艺术风格来划分，则可以将其分为自然式园林、规则式园林和混合式园林。

（一）自然式园林

自然式园林也称风景式园林、山水派园林、不规则式园林。这类园林以自然山水和植物为主要表现题材，园林中的景物关系体现出自然的真意和野趣。即使是人工造园，也以自然为楷模，秉承"自然天成地就势，不待人力假虚设"的造园原则。园内的地形地貌处理和挖湖堆山都要顺应其势，断面、曲线应自然流畅，景物配置应成不规则形，植物种植应为丛植、孤植，一般不修剪造型，以此实现高低错落、疏密有变，通常也不设置雕塑、喷泉等人工添景，创造出一种自然山水景物之美，达到"虽由人作，宛自天开"的效果。自然式园林的审美特征是并不将要素直接全部显露出来，而是蕴藏在景物内部，让游人去体验、品味，具有诗情画意，所以被称为"立体的诗"。中国的古典园林，如我国北方的颐和园、避暑山庄（见图7-89），南方苏州园林中的留园、拙政园等，是这种类型的代表。

图7-89　避暑山庄

（二）规则式园林

规则式园林又称整形式园林、几何式园林、图案式园林、建筑式园林，以西方古典园林为代表。其特点是园林要素本身及其相互关系均表现为一种规则轴线关系与几何关系，强调几何美和人工美。园区被划分为对称的若干部分，构成一定的几何图形，道路为直线或规则式曲线，树木配置多为行列式对称，且常修剪造型。园林中一般会设置水池、喷泉、雕塑、草坪和花坛。例如，法国的凡尔赛宫园林、意大利埃士特庄园（见图7-90）等都是典型的规则式园林。这类园林总体景观统一严整、视野开阔，给人以庄重、宏伟、整齐、富丽堂皇之感，但由于受规则式布局的束缚，往往缺乏活力和情趣。

图7-90　意大利埃士特庄园

（三）混合式园林

混合式园林也称综合式园林。它集自然式园林和规则式园林于一体，将规则式园林中的整齐划一、对称、明确等特点融于自然式园林的丰富、变化、生动和含蓄美之中，根据园林的具体条件因地制宜，取长补短，起到相得益彰的作用。我国的现代园林多为以自然式园林为主、以规则式园林为辅的混合式园林。

二、中国园林的特点

中国园林具有独特的艺术风格，主要表现在以下几点。

（一）追求自然美

中国园林的造园思想可概括为"虽由人作，宛自天开"，它要求艺术地再现自然。因此，中国园林以山水为主体，山是骨骼，水是血脉，山因水活，水因山转。山水是中国园林的中心内容。

（二）注重体现人的意趣和精神追求

中国园林虽然是艺术地再现自然，然而并不是无目的地再现自然，而是在自然景物中寄托一定的思想和信念，借助自然景物来表达人的志向和趣味，以满足人的精神追求。因此，中国园林往往能借景寓情、以景明志，其山水亭台的配置具有丰富的文化内涵，园林的名称及园林内的建筑、匾额、楹联等都有丰富的文化意蕴。

（三）造园手法富有艺术之美

中国园林的艺术手法讲究含蓄、曲折、变化，反对僵直、单调、一览无余。园林中的道路、水系曲折多弯，且常以树木、假山、曲廊、院墙等为屏障，营造曲径通幽、欲露还藏的含蓄意境。园林重的建筑形式多样且随地赋形、变化多端。中国园林还善于采用借景、对景等方法增加景致。因此，中国园林能在有限的空间内展示自然景物的无限层次，达到小中见大、移步换景的艺术效果。

三、园林艺术欣赏

（一）颐和园

颐和园（见图7-91）的前身为始建于清乾隆十五年（公元1750年）的清漪园。按宫墙以内计算，颐和园占地290公顷，与圆明园毗邻。它是以昆明湖、万寿山为基址，以杭州西湖为蓝本，汲取江南园林的设计手法而建成的一座大型山水园林，也是保存最完整的一座皇家行宫御苑，被誉为"皇家园林博物馆"。

图7-91　颐和园

颐和园主要由万寿山和昆明湖两部分组成，其中水面占四分之三。园内建筑以佛香阁为中心，园中有景点建筑物百余座、大小院落20余处，3555个古建筑，共有亭、台、楼、阁、廊、榭等不同形式的建筑3000多间，古树名木1600余株。其中，佛香阁、长廊、石舫、苏州街、十七孔桥、谐趣园、大戏楼等已成为家喻户晓的代表性建筑。颐和园集传统造园艺术之大成，既富有中国皇家园林的恢宏富丽气势，又充满自然之趣。

（二）拙政园

拙政园（见图7-92）是江南古典园林的代表，其与北京颐和园、承德避暑山庄、苏州留园一起被誉为"中国四大名园"。

图7-92 拙政园

拙政园是苏州古典园林中面积最大的古典山水园林。全园以水为中心，山水萦绕，厅榭精美，花木繁茂，具有浓郁的江南水乡特色。整个拙政园分为东、中、西三部分，其中中园是全园精华所在，东西花园则各具特色。远香堂为中部的主体建筑，位于水池南岸，隔池与东西两山岛相望，池面遍植荷花，两山岛上各建一亭，西为"雪香云蔚亭"，东为"待霜亭"，四季景色因时而异。园南为住宅区，体现典型江南地区传统民居多进的格局。园南还建有苏州园林博物馆，是一座园林专题博物馆。受到空间的限制，苏州园林以精致小巧和写意见长，同时顾及实用性。高起的飞檐考虑的是采光的通透性，开窗则是为了让内外空间更好地相互渗透，得以流动。在追求流通性的同时，通过精致的镂窗让远近美景尽收眼底。

（三）法国凡尔赛宫园林

法国凡尔赛宫园林（见图7-93）是世界上最大的宫廷园林，由勒诺特尔设计。占地6.7公顷，纵轴长3千米。园内道路、树木、水池、亭台、花圃、喷泉等均呈几何图形，有统一的主轴、次轴、对景，构筑整齐划一，带有浓重的人工修凿痕迹，亦体现出路易十四对君主政权和秩序的追求和规范。园中道路宽敞，绿树成荫，草坪树木都修剪得整整齐齐；喷泉随处可见，雕塑比比皆是，且多为美丽的神话或传说中的人物。呈十字交叉的大、小运河，为这个多人文色彩、少自然气息的皇家园林增添了一些天然氛围。

图7-93　法国凡尔赛宫园林

（四）英国邱园

邱园（见图7-94）是英国皇家植物园林，其拥有近5万种植物和3个水面，另有威克赫斯特分园。标本馆收藏着500万份来自世界各地的植物蜡叶标本，可据此鉴定各种植物。图书馆拥有120000余册藏书和大量图册，是世界上内容最丰富的植物学图书馆。温室有棕榈温室、温带温室、澳大利亚植被温室、高山植物温室、多浆植物温室、热带王莲温室、蕨类温室、多气候带温室、T型温室及各种繁殖温室等。邱园的园林景致也丰富多彩，具有岩石园、草木园、禾草园、月季园，有各种草坪植物和观赏植物。

图7-94　英国邱园

这种园林形式颠覆了欧洲传统的园林风景构图和园林文化，它以自然为模仿的素材，用绘画的原理进行构图，但不单纯以绘画作为造园的蓝本，而是再现自然风景的和谐优美。

思考与练习

1. 我们欣赏音乐前需要做哪些准备？
2. 我们可以从哪些方面对绘画艺术进行欣赏分析？
3. 戏曲有哪些特征？怎样欣赏戏曲？
4. 以故宫为例，从建筑的几大审美要素对其进行审美分析。
5. 请简要介绍在谈论一部影视作品时，通常从哪几方面进行赏析评论。

课后实践

班级举办一次微电影大赛，将全班同学分为四组，各组自行设计构思并用手机或者相机合作拍摄制作一部微电影，然后准备一段文字向其他小组推荐这部微电影。各组成员还需要为其他小组的微电影写一篇影评。

第八章 | 科技美

本章导读

科技美即科学技术美，是科学技术领域符合人类进步理想的、使人感到愉悦的事物和现象的美。科技美是人类的本质力量在科学实践中的具象化、形式化、情感化的产物。现代社会的技术以科学为基础，对科技美的认识、研究和应用，已经引起科技界和美学界的共同重视。

育人目标

使学生了解我国古代建筑技术的高明，了解我国现代技术的领先地位，培养学生的民族自豪感，激发学生为建设祖国贡献力量的决心。

思维导图

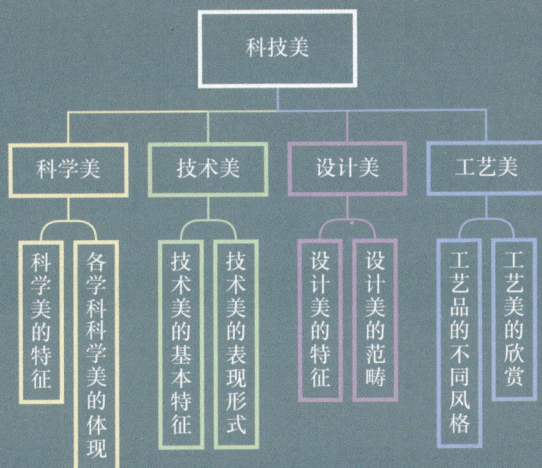

第一节
科 学 美

科学构成了人与现实的认识关系、实践改造关系以及一种特殊的审美关系。科学美是人按照物种的尺度、自己内在尺度以及美的规律进行自由的创造性劳动的结果，其对人们有独特的审美价值，能激发人们的理性升华，唤起人们的审美愉悦。此外，科学美还是人们艺术创作的源泉、动力和手段，能促进艺术的现代化。

美学界对科学美有不同的见解。有人认为，科学发现的美只是自然美的存在形态，并未创造自然美、社会美、艺术美；科学理论、成果形式只具有理性内容和实用价值，本身并无审美价值；对科学及其成果的赞美只是一种科学的论断，而非情感判断，不存在科学美。还有人认为，美以真、善为前提，科学求真向善，是合规律性与合目的性的统一，科学内容与形式既揭示了自然、社会的内在美，又展示了其形式美，合乎人的审美需求，科学美是美的一种特殊形态。

科学美主要体现在科学精神、科学智慧和科学成果方面。科学精神的美包括执着追求真理的求真向善精神的美，以实践、实验、实证为真理标准的唯实精神的美，独立思考、不盲从的理性精神的美，富于独创性的创新精神的美，服务社会和人类的人文关怀精神的美等。科学智慧的美包括科学观察、实验、预见、假设中的创造性思维和直觉、想象的灵感思维之美，表现出科学家透过现象揭示本质的睿智才能的美。科学成果的美包括科学研究所发现的合规律性与合目的性相统一的自然和社会的内在美，科学语言、理论、公式、符号的精确性、逻辑性、简明性和意蕴丰富性所体现出来的理性的美，科学创造的器物、公式、形式、图像的对称、对比、比例、秩序所构成的具有完整性、鲜明性、和谐性的形式美等。

一、科学美的特征

（一）和谐

和谐是指事物的各部分协调合度、分配适当、均衡匀称、多样统一。美学家大都主张"美是和谐"。黄金比是绘画、雕塑、建筑等艺术中最具审美价值的比例，也是人体、动物和植物优化结构的基础。解析几何把代数、几何和逻辑学有机地统一起来，牛顿力学把宏观运动统一起来，元素周期律把物质世界的元素井然有序地统一起来等，都体现了科学美的和谐特征。在自然界进化过程中，凡是能表达自然这种内在特征的理论，都具有美学价值，表现了一定的和谐美。

拓展阅读

黄金分割

　　黄金分割即将整体一分为二，较大部分与整体部分之比等于较小部分与较大部分之比，其比值约为 0.618。这一比例被公认为最能引起美感、最具审美意义。

　　在很多艺术品以及自然景物中，我们都能发现黄金分割的身影。希腊雅典的巴特农神庙就是一个很好的例子，达·芬奇的《维特鲁威人》符合黄金分割比例，《蒙娜丽莎》中蒙娜丽莎的脸也符合黄金分割比例，《最后的晚餐》同样应用了该比例布局。

　　画家们发现，按黄金分割比例来设计模特腿长与身高的比例，画出的人体身材最优美，而正常人腰身以下的长度平均只占身高的 58%，因此古希腊维纳斯女神塑像及太阳神阿波罗的形象都故意延长双腿长度，使之与身高的比值达到 0.618，从而创造艺术美。音乐家发现，二胡演奏中，"千金"分弦的比符合黄金分割比例时，奏出来的音调最和谐悦耳。

（二）对称

　　科学理论的对称性来源于自然界物质形态及其运动图景所具有的广泛对称性。凯库勒的苯分子结构理论之所以美，不仅因为它与实验事实相符合，还因为它采取双轴对称的几何图形，给人以美的感受。自然界的原子、分子以及生物结构都具有这种对称美。这种均衡、稳定给人以美感。因此，凡能反映自然这一特征的理论都是美的，如平衡理论、对称理论、对偶理论、稳定理论都有较高的审美价值。科学理论中，对称性的美学意境让很多科学家心驰神往。如空间对称、时间对称、性状对称、守恒对称（各种守恒定律）等的发现，均令科学家因窥到自然奇异美丽的内部规律而兴奋不已。生物学上的遗传与变异、同化与异化，化学上的合成与分解、氧化与还原，物理上的电场与磁场、负电子与正电子等都因有很美的对称形式而受到人们欣赏。数学上，一个完美命题的充分条件和必要条件，就是这一命题的对称美。许多数学家为追求命题的对称美而耗尽毕生精力。

（三）新奇

科学理论美的新奇特征来源于科学思想的独创性和科学方法的新颖性。独创性和新颖性是科学理论生命力的所在，也是审美价值的所在。新奇与和谐是对立统一的，新奇的内容必须具备和谐性才能显示出科学理论的新奇美。

科学理论在原则上是向人们提供关于自然界的新知识。如果科学理论阐明了人类知识背景所没有的知识，提出了人们意料之外的科学假说，并能在前人可靠的科学成果基础上获得新颖的成就，就会推动科学向更高一级发展，这种理论的审美价值就更大。爱因斯坦提出的相对论就是这种新奇美的典型。

新奇之所以被看作科学美的重要特征，是因为它体现了科学理论发现中的艺术因素。新奇的科学思想可以在观察或实验中萌发，但在本质上是创造思维的结晶，单纯地观察实验无论积累多少资料，都无法直接地、必然地导出独创性思想来。在生物学史上，18世纪的生物学家林奈，用毕生精力从事生物考察和分类工作，积累了大量有关生物性状的材料，却得到物种不变的结论。而19世纪的达尔文通过考察不同生物性状和环境的关系，产生了科学的生物进化论思想。在化学史上，同样进行氧化-还原反应的实验研究，英国化学家普里斯特用观察的结果来修补陈旧的燃素说；而法国拉瓦锡从实验中悟出了氧化学说的新理论。

二、各学科科学美的体现

（一）数学

数学是研究客观世界存在的空间形式和数量关系的科学。数学是一个"美的王国"，数学中的美不仅表现在数的美、形的美、比例的美，还表现在它的精确美、抽象美、逻辑美、符号美、和谐美、对称美、秩序美、统一美上。正如英国哲学家、数学家罗素在《数学的研究》一文中所说的：数学如果正确地看它，不但拥有真理，而且也具有至高的美。纵观数学领域的一切公理、公式和定理，无一不是对客观世界存在的秩序、对称、和谐、统一的美的反映。正是数学家对这种真理和美的追求促进了数学自身的发展。从计数到总结运算法则，从加法、乘法的逆运算到减法、除法，从具体数字到建立代数方程，数的概念也从正数发展到负数，从正有理数发展到负有理数，从实数发展到复数和虚数等，这无一不是对数的王国的秩序、对称与和谐的追求。

数学中各种公式、定理、定律，无不以简洁、优美的形式，显示已知和未知、定量和变量、数量和质量、空间与时间之间的逻辑关系，使人感到一种逻辑的力量。数学研究的成功，使得各门自然科学能用数学的方法和语言建立起自己的理论，成为精准的科学。数学中存在的美不仅为数学家所倾心，也越来越受到其他门类的科学家推崇。

拓展阅读

公式美

科学结论或公式是美的。爱因斯坦提出的质能关系式 $E=mc^2$ 深刻地揭示了自然界微观、宏观、宇观无数质能变化的规律，但形式十分简洁，具有极大的审美价值。首先从公式中各个字母所代表的概念来理解其含义。公式中，E 代表能量，m 代表质量（指物质的多少），c 代表真空中的光速，且 $c=299792458$ 米/秒。按照这个公式，两个鸡蛋（质量约 100 克）所蕴含的能量约为 9×10^{15} 焦耳。而 1 焦耳是多大的能量呢？这个数值约等于把两个鸡蛋从地面举高 1 米所需的能量。也就是说，两个鸡蛋所蕴含的能量足以让人们把其举高 1 米达 9×10^{15} 次之多。若我们 1 秒钟能举一次，那我们要举 3 亿年左右才能完成，其数量之大，完全可以用康德所理解的一种科学崇高美来形容。其次，从应用角度来讲，原子弹所爆发的巨大威力，其原理就是 $E=mc^2$。太阳所发出的巨量的光和热也依据 $E=mc^2$，其通过亏损自己的质量来发出光和热。$E=mc^2$ 通过其结构建构出客观物质世界的某一方面与对应物之间的联系，在引发人们对于科学的惊叹、好奇、兴趣等积极情感后，它就是美的了。

（二）物理学

物理学中的美，有物理现象的美，如阳光在棱镜下被分解成不同色光的美，更重要的是物理规律所显示的美。科学规律是美的，科学规律的发展或认识也必然引起人们的喜悦情绪。这种喜悦与单纯的知识获取有所不同，它之所以产生，是因为在物理学的探索中，我们能在千变万化中寻得秩序的整齐，在纷繁复杂中洞察统一的规律。定理的精髓往往浓缩于简短的表述之中，却能涵盖和解释无数具体的事例，这种从有限到无限的跨越，正是物理学赋予我们的一种独特的精神享受和认知上的升华。这种喜悦源自对深刻真理的洞察，以及对物理学之美的深刻体会。人们研究自然界、对某些重大原理或者普遍规律的认识，就具有这种美。例如，伽利略发现惯性定律把匀速直线运动和静止状态统一起来；牛顿力学更被后人称为科学美的典范，其运用演绎法极其明晰地得出完美的力学体系，把天上和地上的机械运动完美地统一起来。学习牛顿力学，能从中感受到理论美、公式美、数学美、逻辑美和实验美。电磁学中，法拉第从对称美出发，认识到电能生磁、磁也能生电，开始他的精美实验，终于证实了他的美的猜想，发现了电磁统一的法拉第定律。麦克斯韦在这个基础上，创立了著名的麦克斯韦方程，这个方程揭示了电磁波的存在，并认定光是一种电磁波，实现了电、磁、光三种物理现象的统一。方程的预言后被赫兹实验证实，方程简洁、对称，给人以和谐、秩序、统一和新奇的美。

（三）化学

化学中的美，既包括在高倍显微镜下物质结构显现的美，也包括化学实验美，更包括化学理论所反映的和谐与统一之美。

17世纪波义耳提出了科学的化学元素的概念，从而把化学确立为独立的科学。18世纪拉瓦锡的氧化学说把燃烧现象统一起来，19世纪道尔顿的原子论和后来的分子论对已知的化学经验定律做出完美的解释。元素周期律的发现，则进一步把自然界一切化学元素按照内在规律统一起来。在周期表中，人们不仅看到科学的真，还看到惊人的美。这里有秩序、和谐、量变、质变，有节奏、有周期、有循环，充满着音乐的韵律感。它不但加深了人们对元素的本质认识，而且给当时未发现的元素留下了空白，预测其性质，从而推动了对缺环元素的化学研究，呈现其创造性的美。元素周期表成为大家公认的化学美的精彩示例。

德国化学家维勒由无机物合成有机物，证实了有机物和无机物的和谐统一。1965年，我国人工首次合成了具有生物活性的结晶牛胰岛素，进一步证实了非生命物质和生命物质的和谐统一。化学家醉心于对化学世界的美妙和谐和对称统一的追求，促进了化学本身的发展，创造着人类幸福的未来。

（四）生物学

生物学是研究生命运动规律的科学。生物体的生命活动最主要的特征是自我完成的新陈代谢和自我繁殖。在地球上，现存的生物可分为动物、植物和微生物三大类。生物世界绚丽多彩、生机勃勃，生物本身就是美的，但生物学上的美更离不开生物科学的理论美。

第二节
技　术　美

技术美，是指存在于技术领域的美，它是人类社会实践特别是工业生产实践的产物，是人们在物质生产和产品设计过程中运用科学的生产工艺塑造的审美形态。技术美是美的本质的直接展现。它一开始体现在手工操作方法和技术活动中，工业革命以后，则主要体现在机器操作方式的技术活动中。

技术美与技术紧密相连。没有技术，就没有技术美。所谓技术，就是人类在利用和改造自然过程中体现出来的经验、知识、方法、手段和技能技巧。

一、技术美的基本特征

技术美作为美的一种形态，是美的本质的直接显现。具有技术美的工业产品是对人类以科学技术为杠杆改造自然的本质力量的肯定和确证。技术美的本质是内在的、抽象的，而显现技术美本质的特征却是生动的、具体的。

（一）客观社会性

从其根本性质上来说，技术美是一种现实美，是现实美中最重要、最普遍、最直接、最广泛、最深层、最基础的实体部分，是不以人的意志为转移的客观社会存在，是不断物化在客体对象上的自由。这种实现了的自由，是历史发展的成果，是对人类成长和发展历史的记录。技术美的客观社会性，还表现在评判技术美的标准是客观的、社会性的，人们只能用人类社会实践活动为基本内容的历史发展作为评判、鉴别技术领域一切美丑的尺度和标准。

（二）人性化

技术美探讨的核心内容是人与物之间的和谐问题。它的出发点是人，其最终目的也是人。人性化是技术美的重要审美特征，它要求人们利用科学技术创造出能够满足自身物质需要与精神需要的劳动、生活用品及条件，构造人性化的审美空间和环境系统。如人类通信工具从有线电话到无线电话的改变、计算机体积逐渐缩小，都是人性化带来的科技革命，使人类获益良多。

（三）功能的合目的性

技术美是一种人工的美，是人在改变自然物质形态之后创造出来的。它并非仅仅存在于意识形态领域，而且存在于人类的物质生活领域，与人的生产和生活具有密切的联系。技术产品是审美价值的承担者，技术美必然体现在产品的功能之中，人们不会对失去功能的产品感兴趣。然而技术美并不在于功能本身，而在于功能的合目的性。人对机械、设备、条件、环境以及日用产品的占有，首先是作为物质使用对象占有，其次才是作为精神欣赏者占有，而且往往是在物质使用过程中或之后实现审美欣赏目的。因此，产品的最起码的条件就是使用起来舒适、方便。产品的功能的合目的性是唤起主体审美经验的一个必不可少的前提条件，如在设计生产一个手提箱时，不仅应该使它牢固耐用，而且应以人体工程学为依据，使提手、箱体的大小、宽窄、角度、触感符合人的体力和感觉，使人首先能够从功能的角度接受和认可产品。技术美学认为，实用功能是产生一切认知功能和审美功能的根源，但它并不是在任何产品中都永远占主要地位，有些产品的主要功能也可以是认知功能或审美功能。

（四）特殊的形象性

技术美的形象性不仅包含一般形态美的形象特性，而且包含物质生产直接产生的技术美，所反映的是物的社会形象。它必须体现功能的合目的性，而技术美功能的合目的性要通过产品的具体形象表现出来；没有感性形象，合目的性的功能就没有物质载体，也就没有技术美的存在。所以，工业产品的感性形象是技术美得以实现的必要条件。再者，技术美的感性形象是由人创造出来的，但它与工艺美不同，不是由人精雕细琢的，而是由机械制造或工业技术创造的。工业产品的感性形象，还会体现机械制造的发展水平和工业技术的设计能力。手工制作而没有借助机械生产的产品不能体现现代技术美。简言之，产品的感性形象必须是体现功能的合目的性的工业技术的物质载体。

（五）反映和引领时代潮流的新颖性

技术是随着科学水平的发展而不断发展的，新技术、新材料、新工艺的不断产生和运用，必然加速新产品的开发和老产品的更新换代，体现在产品中的审美观念也会随之发生变化。人们从社会消费心理、审美心理的变化中不断发现新的审美需求，并且将其在产品设计中体现出来，因而产品设计的审美观念、审美情趣便处于经常的变化之中。可以这么说，产品的更新换代反映着人们审美观念、审美情趣变化的趋向，而这种不断变化的审美观念、审美情趣又影响着产品的设计思想，这二者处于不断的相互作用中。这种相互作用的周期，是与科学、技术的发展相关联的。

（六）产品技术标准的日趋统一性

随着科学技术的发展，技术美的标准日益趋向统一。目前，国际工业产品的生产趋势是通用化、制式化、规范化。产品的规格、型号、款式，以及各种技术、经济指标都有统一的标准。这种统一的标准对于生产、交换、消费、维修有重要的意义。这要求人们在技术上采用统一的标准，而在产品的审美方面，也应考虑不同民族、不同国家在审美观念、审美情趣上的共同要求，这样才能使产品的价值尽快得到实现。

拓展阅读

"当代毕昇"王选[①]

陪伴我们学习、成长、工作每段时光的那缕墨香，都离不开一项排版技术——汉字激光照排技术。它让汉字出版印刷"告别铅与火，迎来光与电"，将汉字印刷带入信息时代。可以说，汉字激光照排技术对汉字传承乃至中华文明进程都产生了重大的积极的影响。这项技术的诞生，离不开我国著名计算机文字信息处理专家，被誉为"汉字激光照排系统之父"的王选。

在20世纪70年代前，铅活字印刷占据着我国印刷行业的主导地位。铅字排版一般分为三个工序：铸字、捡字和拼版。三个工序全部由人工完成，不仅耗费巨大的人力物力，而且能耗巨大，效率低下，污染严重。激光照

---

①王选：追寻激光的飞蛾[EB/OL].（2008-08-04）[2024-08-02].https://www.cas.cn/kxyj/kj/zg/2001n/wx/mtbd/200908/t20090804_2319271.shtml.

排是将数字化的字模用激光照排机输出在胶片上，然后制版印刷。其过程是先用计算机录入文字，用一定格式进行排版；然后将这一格式的文件用打印机打印，使它的内容呈现在纸上；如果用激光照排机发排输出，再经过冲洗，就能得到用于印刷的软片。

由于我国汉字的特殊字形和庞大的数量，从发明第一代照排机之后过了30年，汉字照排系统的难题还一直横亘在中外科学家的面前。王选创造性地提出了计算汉字轮廓曲率的方法，让庞大的汉字字模减少，使信息量极大地压缩，扫清了研制汉字精密照排系统的最大障碍，使我国印刷业从落后的铅字排版跨进了最先进的技术领域，也让印刷行业的效率提高了几十倍。

一个有成就的科学家，他最初的动力，是因为对未知领域进行探索的热情。王选曾说，求知探索是科学精神的基本要求。卓越的成就，高尚的人品，王选是当之无愧的"当代毕昇"。

二、技术美的表现形式

技术美属于现实美的范畴，但它又有相对的独立性，具有独特的表现形式。

（一）劳动过程中的技术美

劳动创造了人，劳动创造了美。劳动不仅是人维持生命的需要，也是人实现自己本质力量的需要。在技术美要解决的一系列重大课题中，劳动过程中的技术美是核心问题。从对人自身的影响看，人的一生约有四分之一的时间在劳动中度过。劳动过程中的技术美，如采用高新技术的机器设备，既有利于劳动者的身心健康，又有利于劳动者的审美教育，还可以调动劳动者的积极性、创造性，从而提高劳动效率，增加经济效益。劳动过程中的技术美主要体现为劳动环境美，为劳动者创造一个理想和谐的劳动环境，可以使劳动者很快解除疲劳，恢复精力，从而提高劳动效率。如采用美学原则进行厂区规划、建设布局、绿化。厂房排列有序，各适其位，色彩协调，疏密匀称，会给人以整齐、协调、和谐、悦目的美感（见图8-1）。厂内四季青枝绿叶、鲜花不绝，将厂房掩映于一片红花绿树之中，工人们一进厂房，精神无不为之一"爽"。生活在美好环境中的职工，心情舒畅，劳动积极性高，经济效益显著。

图 8-1 某集团厂区

（二）工业设计中的技术美

工业设计中的技术美的一个重要原则是，不仅在技术上是完善的和经济的，而且在使用上应该是舒适的，在外观上是美的。也就是说，要符合"效用＋舒适＋美"的公式。工业设计要实现实用、舒适和美的统一，首先必须注意产品的造型美，不应把造型美仅仅看成外部形式美化，而要注重内在质量与外观质量、部分与整体的有机结合。产品的造型美，不仅要注意点、线、面、体等形式美因素的正确运用，而且要贯彻对称与均衡、比例与尺度、对比与主从等形式美法则。比如，世界汽车史上轿车的发展变化，用技术美的眼光看，主要是造型的发展变化。在轿车造型的发展变化中，始终没有脱离对形式美因素和形式美法则的运用。从形式美看，轿车造型的变化主要表现为一条线的曲折运动，轿车造型的变化既符合美学方向，即越变越美，又符合实用的方向，即越变越有利于行驶。技术美是工业设计的灵魂，当人类的生产水平极大地发展，解决了温饱问题后，人们对美的需求更加强烈。在当今国际市场，质量水平相当的产品，其销路好不好，关键就在于其技术美的含量高低。

（三）艺术创作中的技术美

在艺术创作的过程中，有无艺术方面的技术美以及这方面技术美水平的高低，对艺术创作的水准是有重大影响的。我们在艺术创作中经常遇到这样的情况：人们面对丰富多彩的现实生活、人文景观、现代时尚和传统积淀，产生了强烈的绘画欲望，但苦于没有能力通过艺术造型的绘画语言，将这份感受以艺术创作的特殊形式充分地再现出来。在一次又一次肯定或否定的自我评价中，经过冥思苦想，偶尔在接触其他的艺术作品或事情的时候，得到了一定的启示，找到了一个适合表现这个内容的形式和技术。通过借鉴、吸纳、转移、重构，创造了新的样式和技术，初始的构想也逐渐由模糊走向清晰，作品也就诞生了。其实这是艺术创作过程中比较正常的现象。可以说，艺术作品的创作是创作者通过一定的技术程序将自己的思想转化为一定的物质材料的过程。艺术劳动是一种技术劳动，在艺术创作过程中，如果没有技术程序的转化，其艺术作品在质的含量上，就不能体现其应有的价值。

🌸 拓展阅读

应县木塔

　　应县木塔（图8-2）即佛宫寺释迦塔，位于山西省朔州市应县城西北佛宫寺内，是世界上现存最古老最高大的木塔，与意大利比萨斜塔、巴黎埃菲尔铁塔并称"世界三大奇塔"。2016年，应县木塔获吉尼斯世界纪录，被认定为世界最高的木塔。

　　应县木塔位于佛宫寺南北中轴线上的山门与大殿之间，属于"前塔后殿"的布局。木塔建造在4米高的台基上，塔高67.31米，底层直径30.27米，呈平面八角形。整个木塔共用红松木料3000立方米，有2600多吨重。

图8-2　应县木塔

　　应县木塔大胆继承了汉、唐以来富有民族特点的重楼形式，充分利用传统建筑技巧，广泛采用斗拱结构。全塔共用斗拱54种，每个斗拱都有一定的组合形式，有的将梁、坊、柱结成一个整体，每层都形成了一个八边形中空结构层。

　　应县木塔的结构科学合理，卯榫结合、刚柔相济。这使它有巨大的耗能作用，其在耗能减震作用方面，甚至超过现代建筑学的科技水平。从结构上看，一般古建筑都采取矩形、单层六角或八角形平面，而木塔是采用两个内外相套的八角形，将木塔平面分为内外槽两部分。内槽供奉佛像，外槽供人员活动。内外槽之间又分别有地栿、栏额、普柏坊和梁、坊等纵向横向相连接，构成了一个刚性很强的双层套桶式结构（见图 8-3）。这样就大大增强了木塔的抗倒伏性能。

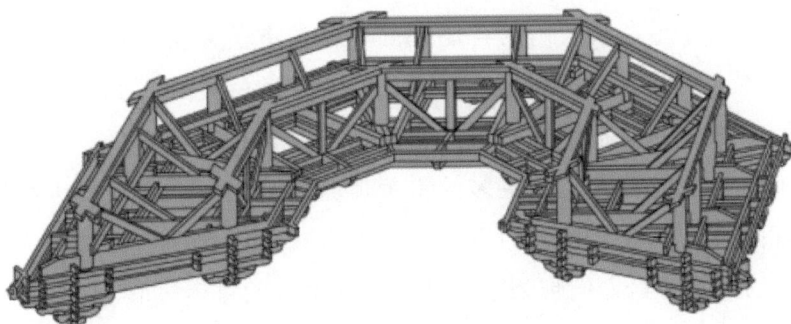

图 8-3 应县木塔的平层结构

木塔外观为五层，而实际为九层。每两层之间都设有一个暗层。这个暗层从外看是装饰性很强的斗拱平座结构，从内看却是坚固刚强的结构层，建筑处理极为巧妙。在历代的加固过程中，又在暗层内非常科学地增加了许多弦向和经向斜撑，组成了类似于现代的框架构层。这个结构层具有较好的力学性能。有了这四道圈梁，木塔的强度和抗震性能也就大大增强了。

斗拱是中国古代建筑所特有的结构形式，靠它将梁、枋、柱连接成一体。由于斗拱之间不是刚性连接，所以在受到大风地震等水平力作用时，木材之间会产生一定的位移和摩擦，从而可吸收和损耗部分能量，起到了调整变形的作用。除此之外，木塔内外槽的平座斗拱与梁枋等组成的结构层，使内外两圈结合为一个刚性整体。这样，一柔一刚便增强了木塔的抗震能力。应县木塔设计有近六十种形态各异、功能有别的斗拱，是中国古建筑中使用斗拱种类最多、造型设计最精妙的建筑，堪称一座斗拱博物馆。

第三节
设 计 美

为了能够更好地生存下来，人类开始了最初的设计活动。当人类的祖先将石头敲出锋利的尖刃用来切割或砍削时，最早的设计活动便开始了。石器的制造具备了设计从预想、选料到加工成型等必要环节。先民使用这样的石器时，一定感受到了智慧的力量。随着技艺的成熟，人们开始了漫长的探索。优美的彩陶、庄重的青铜器、华丽的唐锦、典雅的宋瓷等，无不体现了卓越的设计智慧。

设计美就是设计品带给人们的各层面的丰富的审美体验。设计本身的复杂性和涉及面的广泛性，决定了设计品给人带来的审美体验的复杂性和多层面性。设计有两个最基本的目标：一个是实用，另一个是审美。设计时要使设计品在满足人们实用需求的基础上，尽量带给人们更多的审美体验。事实上，在现代人生活的人造环境中，处处都是设计品带给我们的审美体验。自现代设计产生以来，人们创造出了很多精美绝伦的作品，给人们带来了无数全新和绝妙的审美体验。

一、设计美的特征

（一）功能性

功能是指事物的职能和用途。功能是多方面的，主要有物质使用功能及精神功能，后者又包括审美功能和象征功能。其中，实用性是第一位的，外观形式美应从实用功能中生发出来。设计忌脱离实用的形式美，或附加与功能无关的"精美"的东西。如果设计品不便使用，是不会受到消费者欢迎的。

（二）审美性

设计活动是一种基于现实应用基础的艺术创造活动，因此与功能性相联系的是审美性特征。设计的艺术性和审美性首先体现为设计是一种美的造型艺术或视觉艺术，所以设计美学所研究的艺术性内容，往往与视觉美学、造型艺术所研究的内容相似。从具体应用角度看，设计是把某种计划、规划、设想和解决问题的方法，通过视觉语言传达出来的过程。所以，这种视觉语言只有具备了艺术化的特征，才能体现出设计作为美的形式的特点。因此，除了符合功能性要求之外，审美性是现代设计必须重视的问题。

拓展阅读

潘顿椅

潘顿椅（见图8-4）给人最深的印象是其整体曲线的流畅与舒展。除此之外，潘顿椅被推为经典之作的原因在于，它是世界上第一款采用单一材料一次性压模成型的家具。在此之前，许多设计大师（如米斯、沙里宁等）

都尝试过一次性压模成型家具的研究，但最终都没有成功，直到来自丹麦的维纳尔·潘顿设计出这种优美的椅子——潘顿椅。潘顿椅自诞生之日起，就具有与众不同的意义，因为其集新材料、新造型、新工艺于一身。

潘顿椅的结构无疑是简洁至极的，所有功能结构都融合在一块整体塑料板的造型中。尽管在这之前，悬臂椅、Z形椅的设计已经出现，但像潘顿椅这样完全不靠附件来加固或者支撑的椅子依然是超出人们想象的，以至于看上去难以就座。但事实恰恰相反，潘顿椅对于人体就座时重心位置的考虑是相当全面的。如果说潘顿椅的结构令人叹为观止的话，那么它的造型则让人赏心悦目。人们最初看到潘顿椅，往往会联想到传统舞蹈中的长袖舞，那曲线恰似少女翩翩起舞时划出的优美弧线。材料本身的光泽在灯光的映射下又让椅子平添了几分雕塑的美感，加之明快的色彩，无不让人感到心旷神怡，在触摸间让人感到自然的温馨，这或许就是其经典魅力之所在。

图8-4　潘顿椅

（三）科学性

设计依赖科学发展，而科学总是对设计产生影响。产品设计的美化与产品内部的性能结构、材料选用和加工技术等都与科学紧密相关。因此，产品设计要符合科学性，即造型结构合理、功能和操作符合科学技术标准。比如一座影剧院的设计，并不完全按照审美要求设计，而要由剧场空间、四周墙壁等数据以及音响设备如何发挥最佳效果等因素决定。剧院的整体造型和色彩，也要与周围环境和其他建筑物和谐一致。由此，产品设计只有具有科学性，才能是美的。

（四）流行性

所谓流行性，是指产品的色彩、样式等符合人们的普遍爱好，形成一种风行消费。它是审美时尚即一定时期内人们审美趣味的具体体现。具有流行性的产品具有新鲜感，让人耳目一新。受社会发展影响，人们的喜好也在不断变化。一种产品在流行一段时间后，往往会被另一种形式和色调的产品取代，人们由此享受新的流行美。因此，流行产品必须符合消费者审美心理的变化，必须体现时代美。设计中要研究"流行型""流行色"和"流行生活方式"等，对人们的审美需求进行准确预测，善于把握国内外发展趋势，创造反映时代潮流的新产品。

（五）文化性

设计是一种文化创造，它不仅是社会历史文化积淀到一定程度的产物，还是对人类文化的新贡献。设计美的多元性决定了设计产品对文化的吸纳是多方面的。这意味着设计美中有强烈的物态文化层、制度文化层、行为文化层和大量的精神成果。设计美的文化性以物态文化层为主，物质文明的进步更迅速地渗透到设计中，设计对物质文明的创造也更快速地反馈给物质文明。物态文化层对设计的影响是显性的。审美观念、思维方式都在设计中物态化。当然，设计美的全部不都是物质文明，其最高境界必然通向精神领域。

拓展阅读

北京冬奥会奖牌设计

北京2022年冬奥会奖牌由圆环加圆心构成牌体，形象来源于中国古代同心圆玉璧，共设五环。五环同心，同心归圆，表达了"天地合·人心同"的中华文化内涵，也象征着奥林匹克精神将人们凝聚在一起，冬奥荣光，全球共享。

奖牌造型质朴简洁，体现了北京2022年冬奥会"简约、安全、精彩"的办赛要求。与北京2008年奥运会奖牌"金镶玉"相呼应，展现了"双奥之城"的文化传承。

奖牌正面（见图8-5）中心刻有奥林匹克五环标志，周围刻有北京2022年冬奥会英文全称（XXIV Olympic Winter Games Beijing 2022）。圆环做打洼处理，取意传统弦纹玉璧，上面浅刻装饰纹样，均来自中国传统纹样，其中冰雪纹表现冬奥会的特征，祥云纹传达吉祥的寓意。

奖牌背面（图8-6）中心刻有北京2022年冬奥会会徽，周围刻有北京2022年冬奥会中文全称（北京2022年第24届冬季奥林匹克运动会）。圆环上刻有24个点及运动弧线，取意古代天文图，象征着浩瀚无垠的星空、人与自然的和谐，也象征着第24届冬季奥林匹克运动会上运动员如群星璀璨，创造精彩。奖牌背面最外环镌刻获奖运动员的比赛项目名称。

图 8-5 北京冬奥会奖牌正面

图 8-6 北京冬奥会奖牌背面

挂带采用传统桑蚕丝织造工艺，冰雪底纹上印有北京冬奥会会徽、核心图形以及"Beijing2022"字样等相关信息。红色与中国春节文化特色相契合，表达对运动员的节日祝福。奖牌盒以大漆和竹子为主要材料制作，既突出中国文化特征，又符合"绿色办奥"和可持续性理念。

（六）国际性

加入世界贸易组织，我国外贸活动日益频繁，物质产品相互流通，打破了地区、民族和国家的界限。这就要求我们在设计各种物质产品时符合相关国际质量管理体系标准，使产品具有广泛的适应性；在产品风格上也应考虑与国外相应产品相协调。这样有利于促进技术交流，提高产品质量，扩大贸易，适应国内外需要，有利于产品显现出和谐的一致美。

总之，只有把以上六个方面的要求密切结合起来综合考虑，才能展现"一切为了人"的设计美。

二、设计美的范畴

设计美的范畴主要有功能美、材料美、形式美、造型美、装饰美等。以下简要介绍前三种。

（一）功能美

"功能美"是设计美区别于一般艺术美的重要标志。产品的实用功能虽然与其自身的功能美的产生没有必然联系，但实用功能直接影响着主体对它的审美评价，实用甚至可以转化为审美。我们姑且称这种美为"效用之美"或"功能之美"。

早在200多年前，康德就明确指出，美有两种，即自由美和依存美，后者含有对象的合乎目的性。合乎目的是一个更有优先权的美学原则，它与功能相近。在近代美学史上，关于审美的功利性与超功利性之争由来已久。这一问题随着工业革命带来的功能美的发现而迎刃而解。因为它清楚地表明，美的现实存在使人们不得不考虑被哲学美学忽视的功能与美的关系问题。"工业美""有用美"作为明晰的观念逐步建立起来，"功能美"成为现代设计美学的核心概念。

"功能美"最本质的内容是实用的功能美，即明确表现功能的东西就是美的。"形式服从功能"是芝加哥建筑学派大师路易斯·沙利文的设计标准。功能主义设计思潮不仅使设计摆脱并纠正了18世纪以来注重外在形式而不注重产品内在功能的偏向，同时也创立了一种简洁明快且具有现代审美和时代性的新风格，深刻发掘了来自功能结构的美。但现代主义把装饰美与功能美截然对立，这在对功能美的认识上是有局限的。德国工业设计师曾提出TWM系统功能理论，他们认为产品的功能应包括技术功能（T）、经济功能（W）和与人相关的功能（M）三方面。技术功能主要是指产品在物理、化学方面的技术要求；经济功能涉及产品成本和效能；与人相关的功能涵盖面较大，包括产品使用的舒适性、视觉上的愉悦美观等。这样的功能美实际上包括了设计美的全部内容，与我国学者提出的实用、经济、美观的设计原则有一致性。把功能理解为一个从内到外、从功效价值到审美价值的整体，对设计功能美的解释应当说是比较全面而深刻的。

（二）材料美

材料是设计家在创造过程中用来体现设计作品的物质载体。不同的材料需要不同的工艺手段，即所谓"材美工巧"。各种材料在表现上有不同的特点，直接关系到器物的功能与审美。在制作手工产品时，人们利用双手去接触材料，用心去感悟、探究材料的性能、质感、特征，按照其性能扬长避短地显示其材质。中国古代家具的典范——明式家具（见图8-7）的成就之一就是很好地体现了材质的质地美。不同的器物在选材、表现手法、加工技术、制作工艺以及精神价值上各具特点，在因材施技中，最终达到传递视觉美的目的，实现物与人的亲密无间和物质生产与艺术生产的高度统一。

图8-7 明式家具

当今，材料对于人类的生存和发展是十分重要的，其作为现代文明的三大支柱之一，决定着社会发展的方向。一项新的科学技术要转化为生产力，关键也取决于材料。当然，现代工业设计更离不开新材料的支持。各种材料的物质性使其适用于结构、器件、用具、机器等产品，材料的不同性质和特征往往决定了不同的造物品类和与之相适应的技术属性。在与人的关系中，材料除了必须具有一定的强度、硬度、韧性等实用功能属性之外，还在视觉、听觉、触觉等感受层次上与人产生更深刻的联系，从而成为人们心理和审美活动的一部分。因此，材料自身的空间组合，材料质地的表现效果，不同物质材料与各种人文环境间的有机联系，是现代设计师最为关注的问题。作为设计产品载体的材料本身的美感和功能从多方面体现出来。如木材、石材、陶瓷、钢铁、合金、有机玻璃、塑料、纸、纺织品、复合材料等有不同的质地和美感，对于这些装饰材料的认识和应用，可以让人们充分地使用材料，使每一种材料都能得到最恰当、最理想的表现，进而让人们更彻底地了解各种材料及其性能和表现力。现代设计特别强调产品结构和环境设计中的装饰构件在形态、质感、色彩、肌理甚至光影效果方面的处理，充分显示出高科技材料的特性。

（三）形式美

浑然天成被认为是造物的最高境界。优秀的设计可能巧夺天工、宛若天成，但它毕竟不是自然之物。设计美的创造与设计形式的新颖、独特密不可分。设计美以形式为依托。一件成功的设计，在形式上要与已有设计或多或少存在一些区别。这种区别既可以单独体现在形式方面，也可以体现在形式与功能、文化等的整合中。

　　形式生成的过程一般需要经过以下几个环节。一是感知对象，即通过感觉器官在头脑中形成对象的表象；二是整合表象，即按照认知规律，对已形成的表象进行整合，逐渐淡化表象的生活原型，脱离内容，不断整合为抽象的知觉形态，把握对象的本质，产生形式；三是赋予意义，即在表象被层层剥离、抽象，原有内容被逐渐丢弃的同时，抽象出的形式具有一定的可视性，被赋予了新的意义，让失去具体内容的形式具有了更强的适应性（见图8-8）。

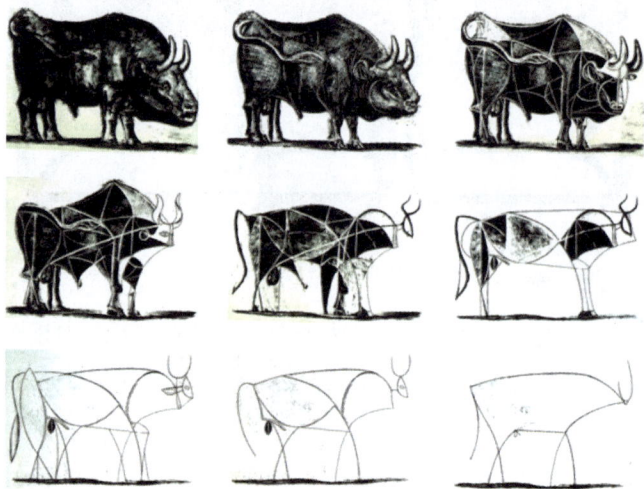

图8-8　毕加索《抽象的牛》

第四节
工　艺　美

一、工艺品的不同风格

　　正如美具有不同形态和个性，工艺品也有不同的个性和风格。我们经常接触的工艺品通常具有华丽与朴素、奇巧与稚拙、清新与古朴等不同风格。

(一）华丽与朴素

华丽的工艺品注重装饰，以质地高贵和色彩浓艳取胜，给人以雍容华贵、富丽堂皇的美感，如金银珠宝制成的手镯、戒指、耳环、胸花（见图8-9）等。再如，供观赏用的金银镶宝石工艺品，是用金、银、珠宝、玉石、景泰蓝等镶嵌而成的，原料高贵、工艺精巧、色彩浓艳、光彩夺目，表现出工艺品的华丽之美。

朴素的工艺品色彩淡雅，不注重装饰，而是以内在品质优良见长。比如，薄胎素色的瓷器（见图8-10）的美建立在优质瓷的基础上，其瓷质地细密，光洁素净，造型简练，单纯自然，表现出工艺品的朴素之美。

图8-9　胸花

图8-10　薄胎瓷器

(二）奇巧与稚拙

奇巧是指工艺品造型奇特而工艺精巧。如在微雕中，工艺师可以在米粒大小的象牙片上刻上一首长诗；在微型面塑中，工艺师可以在半个核桃皮内塑造出"金陵十二钗""十八罗汉斗悟空""大闹天宫"等，表现出工艺品的奇巧之美。

稚拙美是指工艺品表现出的似拙实巧的风格，反映了天真的情趣。儿童玩具中的人物和动物与真的人物和动物的形象相去甚远，做了很大程度的夸张或变形，但活灵活现，颇有神韵。如中国玩具中的布老虎、泥塑兔儿爷（见图8-11），外国的米老鼠、唐老鸭等，不求形象逼真，只求神态相似，童稚纯真、简朴可爱，表现出工艺品的稚拙之美。

图8-11　泥塑兔儿爷

（三）清新与古朴

清新的工艺品其核心是"新"，散发时代的气息。这在服装工艺中尤为明显和突出，通常一个时期会出现一种流行色，在造型上也会出现新的款式，使用的面料也在不断变化，如纯棉、化纤面料、蜡染布料（见图8-12）等。服装工艺反映着社会的进步和勇于创新的精神，表现出工艺品的清新之美。

图 8-12   蜡染布料

古朴的工艺品与清新的工艺品相反，其不追求时髦，而追求传统的美。比如，景泰蓝工艺品《双凤宝亭熏》，凤就是古代传说中的鸟，宝亭是二重檐六角攒尖顶的古建筑。这些内容和形式的工艺品，反映出工艺师和欣赏者对中国古代文化艺术的热爱，表达了怀古恋旧、追求传统之情，表现出工艺品的古朴之美。

二、工艺美的欣赏

工艺品的欣赏内容和方法，要相互联系、相互渗透，由此及彼、由表及里。

（一）整体和谐之美

欣赏工艺品时，首先要分析这件工艺品是否符合工艺品的美学特征，而且要把六个方面的特征有机地联系在一起，这样才能体会到这件工艺品的整体和谐之美。但并不是每件工艺品都同时具备六个方面的特征，一件工艺品总会在某个方面比较突出，而在其他一些方面不大突出。没有重点也就是没有特点，没有特点的工艺品是不美的。

（二）独特风格之美

欣赏工艺品时，还要分析这件工艺品表现了哪种独特的风格。工艺品的风格是多种多样的，但一件成功的工艺品的风格不应该是多种多样的。工艺品只有具备独特的风格，才能显示出独特的艺术魅力。

（三）案例分析

舞蹈纹彩陶盆（见图8-13）是1973年在青海大通回族土族自治县上孙家寨出土的文物，它反映了人类在新石器时代最突出、最丰富的工艺美术创造成就。舞蹈纹彩陶盆造型简练、朴实、厚重，色彩柔和、单纯、雅致，表现出一种朴素淡雅之美。特别是在图案装饰上独具一格，五人一组手拉着手，活泼、鲜明的舞姿以及轻盈、稚气的神态，生动具体地反映了原始社会人们生活的一个侧面。从技术上看，剪影式的准确而规整的描绘，使人联想到现代摄影中逆光的艺术手法。其图案连续反复，盘旋回转，富丽华美；其线描更是流畅生动，饱含节奏韵律之美，表现了作者对对称、均衡、多样、统一的形式美法则的充分运用。最引人注目的是它独具匠心的艺术设计，当盆内注入清水以后，舞蹈者的身姿倒映在水中，巧妙地构成一个池畔欢舞的场面。如果盆内的水发生晃动，倒映在水中的舞蹈者的身姿，就产生一种翩翩起舞、婀娜多姿的艺术效果。当今的工艺美术家对它所表现出的丰富想象和永恒的魅力也深为叹服。

图8-13　舞蹈纹彩陶盆

双面绣《虾》（见图8-14）再现了齐白石老人的名画。画面上的两只虾，虾体透明，在水中游动，洋溢着生命的活力和勃勃的生机。两只虾的不同位置和不同姿态，形成了均衡的造型，表现了一种活泼多样、丰富变化的动态美。工艺品的主要特点是制作上的工艺精巧，工艺师根据虾体黑白灰丰富的层次，选用多种不同颜色、不同光感的丝线，运用细腻、流畅的线条和高超、熟练的针法，绣出了这一对活灵活现、栩栩如生的虾，而且刺绣的正反两面有着相同的画面，体现了刺绣"鬼斧劈线，神工运针"的高超技艺。工艺品讲究"因材施艺"，刺绣作品中的两只虾用丝线绣在轻薄透明的绢纱上，造成了虾体透明和河水清澈的艺术效果，增加了真实感，创造了寓动于静、静中有动的意境美。这件刺绣作品放在一个木支架的圆木框内，支架和圆框的对称造型，造成了一种重心稳定、严格庄重的静态美。支架的圆框选用了传统红木，其造型和装饰的图案具有民族特点和风格，表现了一种古色古香的古朴之美。

图8-14　双面绣《虾》

思考与练习

1. 如何理解物理学科的科学美？
2. 技术美的表现形式有哪些？
3. 设计美有哪些特征？如何使用不同的材料来表现设计美？
4. 以你喜欢的一件工艺品为例，说明怎样欣赏工艺美。

课后实践

班级组织一次创意大赛，同学们将3D打印与音乐、数学、电路等相结合，自己设计一件创意作品，在体验设计乐趣与3D打印过程的同时，切身感受科技妙思与美学碰撞出的火花。

参 考 文 献

[1] 王一川.大学美育[M].2版.北京：北京师范大学出版社，2023.

[2] 李敏艳，莫运晓，李斌.大学美育[M].北京：中国纺织出版社，2021.

[3] 沙家强.大学美育十六讲[M].北京：高等教育出版社，2019.

[4] 姚勇.大学生美育[M].北京：中国人民大学出版社，2021.

[5] 陈建民.美育十六讲[M].长沙：湖南大学出版社，2020.

[6] 郑筱筠，黄妮妮，马仲吉.大学美育教程[M].苏州：苏州大学出版社，2021.

[7] 卢璐，李龙，黄宇辉，等.大学美育[M].上海：上海交通大学出版社，2021.

[8] 陈斌蓉，唐笑宇，易今科.大学美育[M].长沙：中南大学出版社，2021.

[9] 姚继琴，王霞，曾胜强.大学美育[M].北京：航空工业出版社，2019.

引用作品的版权声明